W0358704

1re

Nuevos Rumbos

Direction pédagogique : Lauro Capdevila
Inspecteur Pédagogique Régional, Rennes

Frédéric Bannier
Professeur certifié
Lycée Georges de la Tour, Metz

Jacqueline Fauré
Professeur certifié
Lycée Bellevue, Toulouse
IUFM Midi-Pyrénées

Daniel Garcia
Professeur agrégé
Lycée Alain Borne, Montélimar

Thierry Polirsztok
Professeur agrégé
Lycée Bernard Palissy, Gien

Magali Tekeyan
Professeur certifié
Lycée Montmajour, Arles

Les auteurs et l'éditeur expriment leurs remerciements à Jean-Paul Morro pour sa participation.

Didier

Conception graphique couverture et intérieur : Véronique Lefebvre.
Illustrations :
Marie Diaz : pages 18-19, 68-69, 144-145, 174-175.
Hubert Blatz : pages 132-133.
Frédérique Vayssières : pages 14-15, 20, 24-25, 34-35, 56-57, 60, 72-73, 90-91, 128-129, 170.
Cartographie :
Graffito : page 61.
Véronique Lefebvre : pages 35, 57, 92, 94, 112, 140, 166, 182.
Noël Meunier : 2e et 3e de couverture.
Réalisation P.A.O. et photogravure : MCP.
Enregistrements, montage et mixage : Béryl Productions.

L'éditeur remercie la Didacthèque de Bayonne de l'avoir autorisé à reproduire les interviews des plages 39 et 40.

« Le photocopillage, c'est l'usage abusif et collectif de la photocopie sans autorisation des auteurs et des éditeurs.
Largement répandu dans les établissements d'enseignement, le photocopillage menace l'avenir du livre, car il met en danger son équilbre économique. Il prive les auteurs d'une juste rémunération.
En dehors de l'usage privé du copiste, toute reproduction totale ou partielle de cet ouvrage est interdite. »

« La loi du 11 mars 1957 n'autorisant, aux termes des alinéas 2 et 3 de l'article 41, d'une part, que les copies ou reproductions strictement réservées à l'usage privé du copiste et non destinées à une utilisation collective » et, d'autre part, que les analyses et les courtes citations dans un but d'exemple et d'illustrations, « toute représentation ou reproduction intégrale, ou partielle, faite sans le consentement de l'auteur ou de ses ayants droits ou ayants cause, est illicite. » (alinéa 1er de l'article 40) – « Cette représentation ou reproduction, par quelque procédé que ce soit, constituerait donc une contrefaçon sanctionnée par les articles 425 et suivants du Code pénal. »

© Les Éditions Didier, 2004 ISBN 978-2-278-05524-1 Imprimé en Italie

AVANT-PROPOS

Après *Caminos del idioma, Gran Vía* et *Continentes*, les Éditions Didier présentent ***Nuevos Rumbos 1re***, un manuel pour de **nouvelles perspectives d'enseignement** :

- **Nouveaux programmes** qui s'appliquent dès la rentrée 2004 et redéfinissent en profondeur l'apprentissage de la langue.
- **Nouveaux publics**, considérablement élargis.
- **Horaires très largement modifiés** au cours des dernières années.

À ce titre, ***Nuevos Rumbos 1re*** propose :

- **Une approche équilibrée de la langue de communication et de la langue de commentaire.**
Dans une Europe et un monde aux langues et cultures multiples, l'élève doit pouvoir comprendre et s'exprimer. Le développement organisé des compétences – compréhension de l'oral et de l'écrit, expressions orale et écrite – vise à le lui permettre. *Le Cadre européen commun de référence pour les langues (Portfolio européen des langues)*, explicitement évoqué dans les programmes, inspire cette démarche.
- **Des sources et thématiques diversifiées au service d'un contenu culturel large.**
La presse, la littérature, les chansons, les photographies, les interviews, les œuvres d'art, les documents administratifs ou commerciaux, les poèmes, la radio, les publicités, les reportages authentiques et de qualité donnent à voir la diversité vivante des lieux et des cultures du monde hispanophone.
- **Un axe et un cadre chronologique clairs pour guider la découverte.**
Cette approche sans exclusive de toutes les manifestations de l'hispanité s'ordonne autour de l'axe : « Les relations de pouvoir dans les sociétés de l'aire hispanique » et propose une série de documents s'insérant dans un cadre chronologique qui couvre le XIXe et le XXe siècles en Espagne et en Amérique Latine, conformément aux prescriptions du nouveau programme.

Nuevos Rumbos 1re **: une méthode pour développer l'autonomie de l'élève en espagnol.**
Dans la continuité de la classe de 2e, le manuel met au premier plan **le plaisir de la découverte et de la progression comme source d'exigence.**

- **La langue orale authentique**, indispensable pour qui veut apprendre l'espagnol, **est au cœur du manuel de l'élève, sous forme d'un CD** qu'il peut écouter à la maison ou en classe à la demande du professeur.
- **Les textes sont courts et accessibles**, à la portée des élèves dans le cadre du cours d'espagnol.
- **Les didactisations** n'ajoutent pas de nouvelles questions à celles qui surgissent des documents ; au contraire, elles **proposent à l'élève les moyens de comprendre et de s'exprimer.**
- **Les ateliers permettent à chacun**, seul, avec quelques camarades ou aidé par l'assistant, de s'approprier la langue et de progresser pas à pas. L'écoute est guidée, la prise de parole préparée, l'écriture justifiée. Chaque tâche est conçue pour progresser dans une compétence précise.
- **Les pages magazine**, combinant une illustration abondante et des textes brefs, invitent à la découverte et à l'expression autonomes.

Ainsi, en rendant l'élève acteur conscient de son apprentissage, ***Nuevos Rumbos 1re*** clarifie et facilite le travail du professeur. **L'enseignant** n'est pas confronté à la classe, il **est celui qui, guidant les efforts individuels, permet à l'élève d'en apprécier les résultats.** Il rend possible et féconde la découverte.

Les auteurs

Ton livre

Après celui de seconde, ce nouveau livre et son CD te serviront à progresser en espagnol.

Tu t'entraîneras à comprendre de manière satisfaisante un message oral ou écrit dont tu ne maîtrises pas, pourtant, tous les aspects. Tu t'exerceras à prendre la parole pour exposer ton point de vue, développer une idée ou participer activement à une discussion. Tu découvriras des aspects de la vie, de la culture, des espoirs et des craintes des peuples d'Espagne et d'Amérique latine au cours des deux derniers siècles.

En classe et chez toi, ce manuel doit t'aider à toujours mieux te débrouiller en espagnol et à te préparer efficacement aux épreuves du baccalauréat.

Les rabats te donnent des outils pratiques pour t'exprimer, les cartes te permettent de te repérer, la grammaire s'efforce de te présenter simplement ce qui te semble sans doute complexe et les lexiques bilingues t'éclaireront utilement.

Ne crains pas de faire des erreurs, il faut tâtonner pour progresser. Écoute, lis, prends la parole, écris. Essaie et tu avanceras.

Voici les différentes sortes de doubles pages que tu trouveras.

Documents pour le commentaire

Des textes, photos, tableaux et publicités pour comprendre et t'exprimer. **Des textes courts et à ta portée.**

Pistas. Ce sont des suggestions pour t'aider à découvrir le document et faciliter ta prise de parole.

Entrénate propose des exercices pour t'entraîner à mettre en pratique les règles énoncées.

Des titres avec des pistes de réflexion et du vocabulaire d'expression.

Les mots et expressions **en couleur** sont à retenir.

Recuerda présente de façon simple une ou deux règles ou astuces pour t'exprimer correctement.

MODE D'EMPLOI

PAGES MAGAZINE

Des images et des textes brefs pour découvrir et comprendre les aspects culturels et les périodes au programme (Espagne et Amérique aux XIXe et XXe siècles).

Des énigmes, des phrases à compléter, des questions pour vérifier que tu as bien compris les informations et t'inviter à faire le point avec tes camarades.

Ces pages s'organisent autour **d'un axe clair.** Dans cet exemple, l'accent est mis sur l'histoire d'un peuple et sa culture musicale.

À toi maintenant de les parcourir, en classe ou à la maison.

PAGES D'ATELIERS

Avec **ton CD** et de petits documents variés d'Espagne et d'Amérique latine tu iras à la corrida, tu rencontreras les habitants d'un bidonville, tu chercheras un petit boulot d'été...

Un choix d'ateliers à réaliser seul ou à plusieurs, avec ou sans l'aide de l'assistant(e). La mise en œuvre est clairement indiquée.

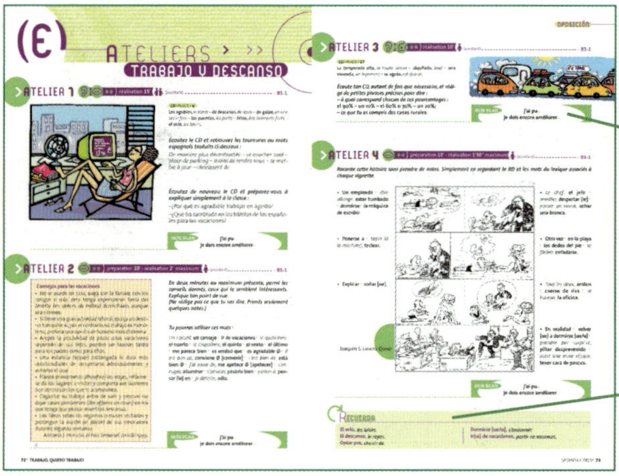

Mon bilan. Cette rubrique t'invite à faire le point sur ton travail de façon constructive.

Tes objectifs pour progresser sont identifiés : tu t'entraînes à écouter, lire, prendre part à une conversation, présenter oralement ton point de vue, écrire.

Recuerda te rappelle les mots et expressions à retenir afin de tirer profit de tes efforts.

Ton CD présente une grande variété d'enregistrements. Habitue-toi à l'écouter et le réécouter chez toi. Tu pourras aussi retenir chansons et poèmes.

CD Élève

CD Classe

ÉVALUE TES PROGRÈS EN ESPAGNOL

Tu voudrais mesurer tes progrès en espagnol ? Tu aimerais savoir sur quels points tu dois porter tes efforts ?
Le tableau ci-dessous t'aidera à le faire.
Il s'agit d'une synthèse, simplifiée, d'un document élaboré par des spécialistes des 41 pays du Conseil de l'Europe : le *Cadre européen commun de référence pour les langues.*
À partir de deux capacités de base, l'aptitude à comprendre et celle à s'exprimer, le tableau distingue cinq types de compétences (colonne de gauche).

✔ Comprendre
- ce qu'on écoute : **Écouter**
- ce qu'on lit : **Lire**

✔ S'exprimer
- dans une conversation : **Prendre part à une conversation**
- en gardant la parole : **S'exprimer oralement en continu**
- par écrit : **Écrire**

Chacune des lettres figurant en haut du tableau correspond à un niveau de compétence défini par des savoir-faire détaillés dans chaque case : « j'ai atteint le niveau B1 en lecture si je sais faire ce qui est décrit dans la case B1 de la ligne *Lire* ». Les niveaux progressent de gauche (A1) à droite (C2).

Comment employer ce tableau ?
Utilise-le régulièrement pour apprécier tes performances dans les diverses situations où tu peux pratiquer l'espagnol :
- écoute d'enregistrements (en classe ou chez toi),
- lecture de textes écrits, de magazines informatifs, de documents sur internet,
- interventions orales personnelles,
- brefs exposés faits en classe,
- improvisations orales préparées (scénarios participatifs, jeux de rôles...),
- rédaction de comptes rendus, de récits, de résumés,

	A1	A2	B1
Écouter	Je peux comprendre des mots familiers et des expressions très courantes au sujet de moi-même, de ma famille et de l'environnement concret et immédiat, si les gens parlent lentement et distinctement.	Je peux comprendre des expressions et un vocabulaire très fréquents relatifs à ce qui me concerne de très près (par exemple moi-même, ma famille, les achats, l'environnement proche, le travail). Je peux saisir l'essentiel d'annonces et de messages simples et clairs.	Je peux comprendre les points essentiels quand un langage clair et standard est utilisé et s'il s'agit de sujets familiers concernant le travail, l'école, les loisirs, etc. Je peux comprendre l'essentiel de nombreuses émissions de radio ou de télévision sur l'actualité ou sur des sujets qui m'intéressent à titre personnel ou professionnel si l'on parle d'une façon relativement lente et distincte.
Lire	Je peux comprendre des noms familiers, des mots ainsi que des phrases très simples, par exemple dans des annonces, des affiches ou des catalogues.	Je peux lire des textes courts très simples. Je peux trouver une information particulière prévisible dans des documents courants comme les publicités, les prospectus, les menus et les horaires et je peux comprendre des lettres personnelles courtes et simples.	Je peux comprendre des textes rédigés essentiellement dans une langue courante ou relative à mon travail. Je peux comprendre la description d'événements, l'expression de sentiments et de souhaits dans des lettres personnelles.
Prendre part à une conversation	Je peux communiquer, de façon simple, à condition que l'interlocuteur soit disposé à répéter ou à reformuler ses phrases plus lentement et à m'aider à formuler ce que j'essaie de dire. Je peux poser des questions simples sur des sujets familiers ou sur ce dont j'ai immédiatement besoin, ainsi que répondre à de telles questions.	Je peux communiquer lors de tâches simples et habituelles ne demandant qu'un échange d'informations simple et direct sur des sujets et des activités familiers. Je peux avoir des échanges très brefs même si, en règle générale, je ne comprends pas assez pour poursuivre une conversation.	Je peux faire face à la majorité des situations que l'on peut rencontrer au cours d'un voyage dans une région où la langue est parlée. Je peux prendre part sans préparation à une conversation sur des sujets familiers ou d'intérêt personnel ou qui concernent la vie quotidienne (par exemple famille, loisirs, travail, voyage et actualité).
S'exprimer oralement en continu	Je peux utiliser des expressions et des phrases simples pour décrire mon lieu d'habitation et les gens que je connais.	Je peux utiliser une série de phrases ou d'expressions pour décrire en termes simples ma famille et d'autres gens, mes conditions de vie, ma formation et mon activité professionnelle actuelle ou récente.	Je peux m'exprimer de manière simple afin de raconter des expériences et des événements, mes rêves, mes espoirs ou mes buts. Je peux brièvement donner les raisons et explications de mes opinions ou projets. Je peux raconter une histoire ou l'intrigue d'un livre ou d'un film et exprimer mes réactions.
Écrire	Je peux écrire une courte carte postale simple, par exemple de vacances. Je peux porter des détails personnels dans un questionnaire, inscrire par exemple mon nom, ma nationalité et mon adresse sur une fiche d'hôtel.	Je peux écrire des notes et messages simples et courts. Je peux écrire une lettre personnelle très simple, par exemple de remerciements.	Je peux écrire un texte simple et cohérent sur des sujets familiers ou qui m'intéressent personnellement. Je peux écrire des lettres personnelles pour décrire expériences et impressions.

- échanges avec l'assistant,
- visionnage de films en VO,
- correspondance avec des hispanophones,
- séjours, vacances dans un pays de langue espagnole, etc.

Repère le niveau que tu atteins dans chacune des compétences. Il est normal qu'il soit différent d'une compétence à l'autre :
par exemple, on comprend généralement plus de choses que l'on ne sait en exprimer.
Repère également le niveau suivant et lis attentivement les performances attendues pour l'atteindre. Oriente tes efforts en conséquence avec patience et persévérance.
Suis tes progrès dans chacune des compétences et note-les avec soin.*

Les pages *Ateliers* de ce livre t'aideront à progresser et à faire le point de façon précise. En effet, chaque atelier proposé est codé : , , , etc. et A2, B1, etc., pour que tu repères la compétence mise en œuvre et le niveau requis. À la fin de chacun, la rubrique **MON BILAN** *(j'ai pu... ; je dois encore améliorer...)* facilitera ton auto-évaluation et te permettra de te fixer des objectifs tout au long de l'année.

Qu'attend-on de toi ? Les textes officiels fixent le niveau B1/B2 comme objectif à atteindre dans les cinq compétences au moment du baccalauréat pour les élèves de LV2.

* Un livret personnel, le *Portfolio européen*, peut t'aider à tenir à jour tes niveaux de compétence en espagnol et dans toutes les langues que tu as l'occasion de pratiquer. Il comprend un *Passeport linguistique* qui attestera tes compétences. Accrédité par le Conseil de l'Europe, il est publié par le CRDP de Basse-Normandie et les éditions Didier.

B2	C1	C2
Je peux comprendre des conférences et des discours assez longs et même suivre une argumentation complexe si le sujet m'en est relativement familier. Je peux comprendre la plupart des émissions de télévision sur l'actualité et les informations. Je peux comprendre la plupart des films en langue standard.	Je peux comprendre un long discours même s'il n'est pas clairement structuré et que les articulations sont seulement implicites. Je peux comprendre les émissions de télévision et les films sans trop d'effort.	Je n'ai aucune difficulté à comprendre le langage oral, que ce soit dans les conditions du direct ou dans les médias et quand on parle vite, à condition d'avoir du temps pour me familiariser avec un accent particulier.
Je peux lire des articles et des rapports sur des questions contemporaines dans lesquels les auteurs adoptent une attitude particulière ou un certain point de vue. Je peux comprendre un texte littéraire contemporain en prose.	Je peux comprendre des textes factuels ou littéraires longs et complexes et en apprécier les différences de style. Je peux comprendre des articles spécialisés et de longues instructions techniques même lorsqu'ils ne sont pas en relation avec mon domaine.	Je peux lire sans effort tout type de texte, même abstrait ou complexe quant au fond ou à la forme, par exemple un manuel, un article spécialisé ou une œuvre littéraire.
Je peux communiquer avec un degré de spontanéité et d'aisance qui rende possible une interaction normale avec un locuteur natif. Je peux participer activement à une conversation dans des situations familières, présenter et défendre mes opinions.	Je peux m'exprimer spontanément et couramment sans trop apparemment devoir chercher mes mots. Je peux utiliser la langue de manière souple et efficace pour des relations sociales ou professionnelles. Je peux exprimer mes idées et opinions avec précision et lier mes interventions à celles de mes interlocuteurs.	Je peux participer sans effort à toute conversation ou discussion et je suis aussi très à l'aise avec les expressions idiomatiques et les tournures courantes. Je peux m'exprimer couramment et exprimer avec précision de fines nuances de sens. En cas de difficulté, je peux faire marche arrière pour y remédier avec assez d'habileté pour que cela passe inaperçu.
Je peux m'exprimer de façon claire et détaillée sur une grande gamme de sujets relatifs à mes centres d'intérêt. Je peux développer un point de vue sur un sujet d'actualité et expliquer les avantages et les inconvénients de différentes possibilités.	Je peux présenter des descriptions claires et détaillées de sujets complexes, en intégrant des thèmes qui leur sont liés, en développant certains points et en terminant mon intervention de façon appropriée.	Je peux présenter une description ou une argumentation claire et fluide dans un style adapté au contexte, construire une présentation de façon logique et aider mon auditeur à remarquer et à se rappeler les points importants.
Je peux écrire des textes clairs et détaillés sur une grande gamme de sujets relatifs à mes intérêts. Je peux écrire un essai ou un rapport en transmettant une information ou en exposant des raisons pour ou contre une opinion donnée. Je peux écrire des lettres qui mettent en valeur le sens que j'attribue personnellement aux événements et aux expériences.	Je peux m'exprimer dans un texte clair et bien structuré et développer mon point de vue. Je peux écrire sur des sujets complexes dans une lettre, un essai ou un rapport, en soulignant les points que je juge importants. Je peux adopter un style adapté au destinataire.	Je peux écrire un texte clair, fluide et stylistiquement adapté aux circonstances. Je peux rédiger des lettres, rapports ou articles complexes, avec une construction claire permettant au lecteur d'en saisir et de mémoriser les points importants. Je peux résumer et critiquer par écrit un ouvrage professionnel ou une œuvre littéraire.

Extrait du *Cadre européen commun de référence pour les langues*

escuchar
argumentar
contestar
comprender
preguntar
redactar
llamar
escribir
rebatir
resumir
expresarse
opinar
leer
informarse
buscar
comunicarse
presentar
pronunciar
hablar

p. 10–35

> REPASO

¡Voces del español o castellano!

(R) Aprender y enseñar

1

Carmela narró lo de[1] Facundo, un niño, hijo de campesinos, que fue llevado por sus padres a la escuela rural, la misma en la que ella estaba terminando primaria. La maestra (sólo recordaba que se llamaba María Eusebia) la llamó y le dijo: "Aquí disponemos de pocos elementos, somos pobres, tenemos que ayudarnos. Vos sos (durante las clases habría dicho: tú eres) la mejor de la clase. Sabes leer y escribir perfectamente. Facundo, no. Así que desde mañana, cuando terminen las clases, te quedás una hora más y le vas enseñando. Ya lo hablé con tus padres y están conformes[2]."
Cuando Carmela emergió del asombro[3] inicial, la idea le empezó a gustar. Facundo era analfabeto pero muy avispado[4]. En realidad, no siguió ningún método, ni clásico, ni improvisado, pero el chico fue aprendiendo con una facilidad pasmosa[5]. En pocos meses adquirió lo fundamental. Al comienzo, escribía con unas letras de imprenta, cuadradas y torpes[6], todas mayúsculas, pero de a poco se fue arriesgando y empezó a usar una caligrafía más fluida, todavía primaria, pero diferenciando mayúsculas y minúsculas.
Años después, Carmela se enteró de que Facundo había alfabetizado a sus padres, como una forma de agradecerle a Carmela[7] lo que había hecho por él. A ella, más que el aprendizaje directo de Facundo, la marcó esa continuidad, esa inesperada constancia[8] de que su trabajo (que para ella, apenas una niña de sólo once años, había sido un sacrificio asumido con entusiasmo y rigor) no había concluido en el niño analfabeto sino que se había proyectado, no sólo hacia el futuro (Facundo terminó siendo maestro) sino hacia el pasado, o sea sus padres.

Mario Benedetti, *Buzón de tiempo*, 1999.

1. la historia de.
2. están de acuerdo.
3. *de sa surprise.*
4. inteligente.
5. *étonnante.*
6. *maladroites.*
7. *de remercier Carmela pour.*
8. demostración.

Para empezar

Carmela, Facundo, María Eusebia L. 1-8
Una alumna · la maestra · *la campagne*, el campo · relatar.

Puntos clave

La misión L. 1-8
Choisir, **elegir [i]** · *confier*, **encomendar [ie]** · obtener la aprobación · la solidaridad · *aider*, echar una mano · una responsabilidad · *faire face à*, apechugar con.

¡Menudo alumno! *(Quel élève !)* L. 9-15
La surprise, **el asombro** · *se remettre de*, reponerse de · *plaire*, agradar · una tarea · *vif*, avispado · la rapidez · *stupéfiant*, **pasmoso**.

De aprendiz a maestro L. 16-23
Apprendre (une nouvelle), **enterarse de** · *devenir instituteur*, hacerse maestro · *tirer profit de*, beneficiarse de · *à son tour*, a su vez · **aprender de alguien** · **enseñar a alguien.**

Tu sentir

Compartir el saber
Être indispensable, **ser imprescindible** · *être autonome*, **independizarse** · recibir · transmitir · intercambiar · *rendre*, devolver [ue] · *garder pour soi*, guardarse · de generación en generación · lo bello · la solidaridad.

Escuelas de hoy y de ayer

Pistas

Dos fotos

Sacar una foto · **en blanco y negro** · en color · de pie · *accroupi*, en cuclillas · las filas · posar · *regarder droit devant*, mirar al frente · *détendus*, relajados · estar natural · *une école maternelle*, **un parvulario**.

Dos épocas

La uniformidad · la variedad · *morne*, tristón · luminoso(a) · la austeridad · *accueillant*, **acogedor** · la tolerancia · **el bienestar** · el pelo · *brun*, moreno · rubio · el origen · *plusieurs*, **varios**.

« Al que no sabe, cualquiera lo engaña. »
Simón Rodríguez (1771-1854), maestro de Simón Bolívar

Recuerda

TEMPS COMPOSÉS DE L'ACTIF

- ***Un seul auxiliaire :*** **haber**
  Le **ha** anunciado → *elle lui **a** annoncé.*
  Había llegado → *il **était** arrivé.*
  Se había perdido por el campo [perder**se**]
  → *il **s'était** perdu dans la campagne.*
  Haber, *quel que soit l'auxiliaire en français.*

- *On ne sépare pas l'auxiliaire du participe passé :*
  Había estudiado **mucho**.
  *Il avait **beaucoup** étudié.*

Entrénate

1. *Relève les temps composés du dernier paragraphe.*
2. *Mets le temps composé qui convient :*

–Carmela explicó que la maestra le [encomendar] una tarea de confianza.
–Ahora el niño puede volver a casa porque [estudiar] bastante.
–En un principio [preguntarse] si sería capaz de cumplir la tarea.
–Cuando [aprender] a leer y escribir pasó a enseñarlo a sus padres.

(R) Ecosistema

El día de mi cumpleaños, mi sobrina me regaló[1] un bonsái y un libro de instrucciones para cuidarlo. Coloqué el bonsái en la galería, con los demás tiestos[2], y conseguí que floreciese[3]. En otoño aparecieron entre la tierra unos diminutos insectos blancos, pero no parecían perjudicar[4] al bonsái. En primavera, una mañana, a la hora de regar[5], me pareció vislumbrar algo que revoloteaba entre las hojitas. Con paciencia y una lupa, acabé descubriendo que se trataba de un pájaro minúsculo. En poco tiempo el bonsái se llenó de pájaros, que se alimentaban de los insectos. A finales de verano, escondida entre las raíces del bonsái, encontré una mujercita desnuda. Espiándola con sigilo, supe que comía los huevos de los nidos. Ahora vivo con ella, y hemos ideado el modo de cazar[6] a los pájaros. Al parecer, nadie en casa sabe dónde estoy. Mi sobrina, muy triste por mi ausencia, cuida mis plantas como un homenaje al desaparecido. En uno de los tiestos, a lo lejos, hoy me ha parecido ver la figura de un mamut.

José María Merino, *Dos veces cuento (Antología de microrrelatos)*, 1998.

1. *m'offrit.*
2. *pots de fleurs.*
3. *je réussis à le faire fleurir.*
4. *nuire.*
5. *arroser.*
6. *attraper.*

“Poco a poco hila la vieja el copo.”

Para empezar

Los personajes y su situación

El narrador · un bonsái · observar · *finir par,* acabar por · cambiar de mundo.

Puntos clave

Una escena común L. 1-3

Un cadeau, un regalo · aficionado a · gustar · un árbol japonés · *nain,* **enano** · necesitar · cuidados minuciosos · habitual · *tout à fait normal,* **la mar de normal**.

Los habitantes del bonsái L. 4-12

Les saisons, **las estaciones** · *au fur et à mesure que,* **conforme** · un microcosmo · *se peupler,* poblarse [ue] · *étrange,* extraño · *passer son temps à + inf.,* pasarse el tiempo + *gér.* · *examiner minutieusement,* escudriñar.

Pasando al otro lado L. 12-16

Tomber amoureux, enamorarse · reunirse con · *sauter le pas,* lanzarse · *faire partie de,* formar parte de · desaparecer · *parmi,* **entre** · *ce qui est minuscule,* lo minúsculo · desmesurado.

Tu sentir

La nièce du narrateur découvre qu'il vit dans le bonsaï. Imaginez le dialogue entre eux.

Mon Dieu !, ¡Dios mío! · increíble · *s'effrayer,* espantarse · decidir Ø · *en avoir assez,* estar harto · *choisir,* elegir [i] · ser feliz · *à l'aise,* a gusto · *revenir,* volver [ue] · nunca.

Pistas

¡Qué curioso descanso *(repos)*!

Una escena nocturna · la originalidad · los mexicanos · *monter dans,* **subir a** · *les branches,* las ramas · *être recroquevillé, blotti,* estar acurrucado · *se couvrir,* abrigarse · el poncho · *se reposer,* **descansar** · dormir [ue/u] · un refugio · *se mettre à l'abri,* **ponerse a salvo**.

Una naturaleza acogedora *(accueillante)*

Considerar · una protección · buscar · *un nid,* un nido · parecerse a · *un oiseau,* **un ave** *(fém.)* · un paisaje gracioso · *appartenir,* pertenecer · *une ambiance paisible,* **un ambiente sosegado** · la luz · la sombra · sugerir [ie/i] · armonioso.

Diego Rivera, *Paisaje nocturno,* 1947.
Óleo sobre lienzo, 110 x 91 cm.

Recuerda

L'IMPARFAIT, LE PASSÉ SIMPLE, LE PASSÉ COMPOSÉ : QUAND LES EMPLOYER ?

- *L'**imparfait** s'emploie **comme en français**, il s'agit d'un passé dans lequel on se replonge.*
  La mujercita **comía** los huevos de los nidos.
- *Le **passé simple** (en français passé simple à l'écrit ou passé composé à l'oral) s'emploie pour un **événement passé** et envisagé comme **ponctuel**.*
  El día de mi cumpleaños, mi sobrina me **regaló** un bonsái.
- *Le **passé composé** : en espagnol c'est le temps du passé avec des **répercussions dans le présent**.*
  Hoy **me ha parecido** ver la figura de un mamut.
  *Aujourd'hui **j'ai cru** voir la forme d'un mammouth.*

LES DIMINUTIFS (Gr. § 5.)

- *Mots terminés par* **-o / -a** *ou par une **consonne sauf*** **-r** *ou* **-n** : **-ito / -ita**. Hoja → hoj**ita**.
- *Mots terminés par* **-e**, **-n** *ou* **-r** *(mots de deux syllabes) :* **-cito / -cita**. Mujer → mujer**cita**.

> Entrénate

1. *Conjugue les verbes entre parenthèses au temps du passé qui convient :*
–Cada mañana (regar) las plantas.
–De repente, (aparecer) un pajarito en el bonsái.
–El narrador (decidir) vivir con la mujercita en el árbol.
–Hoy, el narrador (creer) ver un mamut.
–Antes, los pajaritos (revolotear) en el bonsái, ahora (esconderse) en las ramas.

2. *Forme toi-même quelques diminutifs à partir de :* las aves *(oiseaux)* – los huevos – la casa – el sobrino – la flor – un animal – la figura.

ATELIER 1 ** réalisation 5' (assistant)

Jeroglífico: pasatiempo o juego de ingenio que consiste en un conjunto de signos y figuras de los cuales hay que deducir una palabra o una frase.

Diccionario *Clave*

Découvrez les mots.

1. Del sur de España. (A ... Z)
2. Prenda de vestir que se ajusta a la cintura. (P ... N)
3. Hombre dedicado a la celebración de ritos religiosos. (S ... E)
4. Composición musical y baile que se ejecuta al compás de esta música. (P ... E)

Palabras útiles: un cerdo; un as; andar.

MON BILAN **j'ai pu...**
je dois encore améliorer...

ATELIER 2 ** préparation 15' - réalisation 1' (assistant) > B1-2

Lis cet article et prends quelques notes concises pour répondre aux deux questions que te pose un institut de sondage :

"Sabes que mucha gente está inquieta por la moda de los SMS, ¿verdad?"

"¿Qué opinas, personalmente, del fenómeno?"

SMS, dos opiniones opuestas

A los expertos lingüistas que han investigado *(ont fait des recherches sur)* este tipo de mensajes les preocupan las consecuencias que conlleva esta escritura. Algunos piensan que las expresiones aconsonantadas *(sans voyelles)* perjudican *(nuisent)* al castellano, una lengua basada en el uso de las vocales *(voyelles)*. Además del consabido perjuicio *(préjudice)* para la ortografía. Y añaden que muchas de las abreviaturas que se utilizan, como el xq (porque), han salido de los mensajes o apuntes para entrar en otros contextos como los exámenes.

El profesor de Lingüística General de la Universidad Autónoma de Barcelona Joaquín Listerri tiene otro punto de vista: "Las nuevas tecnologías muestran cómo el lenguaje es una herramienta *(outil)* de comunicación capaz de adaptarse a medios diferentes. El SMS es un ejemplo de cómo se modifica la representación escrita de la lengua para adaptarse a un requisito *(exigence)*: el mensaje no puede ocupar más de 160 caracteres. Por eso se eliminan las redundancias que no comprometen la comprensión del contenido. En mi opinión, no debería verse como un problema, sino como una adaptación del uso lingüístico a un determinado contexto. Escribir un SMS con las abreviaturas y los códigos propios de este sistema es tan natural y coherente como hacer deporte en camiseta y pantalón corto."

Elvis Santos, *El País Semanal*, 27/07/2003.

MON BILAN **j'ai pu...**
je dois encore améliorer...

ATELIER 3 ** réalisation 10' (assistant)

CD > PLAGE > 1-2

La lengua de los piropos

Piropo: requiebro *(compliment galant)* dirigido a una mujer.
Diccionario de uso del español

Écoute les piropos autant de fois que nécessaire et essaie de les transcrire exactement. Puis mémorises-en deux et entraîne toi à les répéter sans autre aide que les mots du livre.

COMUNES
- ¿Qué .... los ángeles están bajando?
- .... mejilla *(joue)*.
- .... frenos.

CREACIONES
- ¿Cómo .... a recordarte?
- Si tú .... enredadera *(plante grimpante)* .... muera.
- Unos .... tu corazón.
- .... tinta *(encre)* .... no alcanzarían *(ils ne suffiraient pas)* .... ti.

MON BILAN j'ai pu... je dois encore améliorer...

ATELIER 4 ** réalisation 15' (assistant) > B1-1

La lengua de los pieles rojas *(Peaux-Rouges)*

Cuervo Ingenuo *(Corbeau Naïf)*

Tú decir que si te votan,
tú sacarnos *(nous faire sortir)* de la OTAN,
tú convencer mucha gente.
Tú ganar gran elección,
ahora tú mandar *(commander)* nación,
ahora tú ser Presidente.

Y hoy decir que esa alianza
ser de toda confianza,
incluso *(et même)* muy conveniente.
Lo que antes ser muy mal
permanecer *(rester)* todo igual
y hoy resultar excelente:

Hombre blanco hablar con lengua de serpiente
Cuervo Ingenuo no fumar la pipa de la paz con tú,
¡por Manitú!

Javier KRAHE,
Cuervo Ingenuo, 1988.

29 de octubre de 1981
El líder socialista Felipe González anuncia que, cuando su partido llegue al poder, convocará un referéndum, para promover que España salga de la OTAN.
http://www.elmundo.es/nacional/constitucion/1986/historia.html
2 de diciembre de 1982
Felipe González es investido Presidente del Gobierno español, cargo en el que seguirá durante 14 años.
12 de marzo de 1986
Tiene lugar el referéndum, en el que el Gobierno propone permanecer en la Alianza Atlántica...
http://www.mde.es/mde/politica/internac/inter19.htm

Tú decir que si te votan,
→ **Dijiste** que si te **votábamos**
tú sacarnos de la OTAN,
→ **nos sacarías** de la OTAN

Finissez de rétablir en langage normal le reste de la chanson :
tú convencer mucha gente.
→ ....

Exprimez brièvement ce que Krahe reproche à Felipe González.
Antes de ...., pero después ....
La conclusión es que ....

MON BILAN j'ai pu... je dois encore améliorer...

RECUERDA

Un jeroglífico, *un rébus.*
Un piropo.
Un lenguaje.
Un código, *un code.*
Una abreviatura.

(R) La goma ponchada[1]

Mario Conde, o el Conde, es un detective cubano.

Necesitó media hora para sustituir la rueda ponchada pero en ese tiempo aprendió que los tornillos[2] se aprietan de izquierda a derecha y no al revés, que ella se llama Karina y tiene veintiocho años, es ingeniera y está separada y vive con su madre y con un hermano medio tarambana[3], músico de un grupo de rock: Los Mutantes. ¿Los Mutantes? Que a la llave de clanes[4] tienes que darle con el pie y que a la mañana siguiente, muy temprano, ella salía en su carro[5] hacia Matanzas con una comisión técnica para trabajar hasta el viernes en la fábrica de fertilizantes, y que sí, muchacho, había vivido toda la vida ahí, en esa casa de enfrente, aunque el Conde llevara veinte años pasando casi todos los días por allí, por esa misma calle, y que una vez leyó algo de Salinger[6] y le parece fabuloso (y él hasta pensó en rectificarla: no, es escuálido y conmovedor[7]). Y también aprendió que cambiar una goma ponchada puede ser una de las tareas más difíciles del mundo.

El agradecimiento[8] de Karina era alegre, total y hasta tangible cuando le propuso que si la acompañaba a echar gasolina lo llevaría hasta su casa, mira cómo te has sudado[9], tienes grasa hasta en la cara, qué pena, le había dicho, y el Conde sintió que su corazoncito se le agitaba con las palabras de aquella mujer inesperada, que sabía reírse y hablaba muy lentamente, con una dulzura magnética.

Leonardo PADURA FUENTES, *Vientos de Cuaresma*, 1994.

1. *Le pneu crevé.*
2. *les écrous.*
3. *dingue.*
4. *clé droite.*
5. su coche *(amér.).*
6. (Novelista norteamericano.)
7. *très sec et émouvant.*
8. *La reconnaissance.*
9. *tu as transpiré.*

Para empezar

Un hombre servicial *(serviable)*

Remplacer, **reponer** · *proposer de,* ofrecerse para · *pendant que,* mientras · *bavarder,* **charlar**.

Puntos clave

El Conde se esfuerza, Karina habla L. 1-5

Maladroit, **torpe** · *mettre longtemps à,* **tardar mucho en** · *pendant ce temps,* mientras tanto · *bavarde,* charlatana · los parientes.

Siguen los esfuerzos y la conversación L. 6-14

La vida laboral · un viaje profesional · el domicilio · *oser,* **atreverse a** · *il a eu beaucoup de mal à,* se vio negro para.

Agradecida *(reconnaissante)* ella, seducido él L. 15-20

Le coup de foudre, **el flechazo** · la seducción · la gracia · *la simplicité,* la llaneza · *émouvoir,* conmover [ue] · *la proposition,* **la propuesta** · *attendrissant,* enternecedor.

Tu sentir

Encuentros *(Rencontres)* casuales

Le hasard, **la casualidad** · el destino · la buena suerte · **enamorarse** · *être attiré,* ser atraído · *aller droit au cœur,* llegar al alma · *l'âme sœur,* el alma gemela · *le Prince Charmant,* el Príncipe Azul.

Pistas

La avería *(La panne)*
Un autobús · *l'écriteau,* **el letrero** · *deviner,* **adivinar** · **escolar** · **el transporte** · **el mecánico** · **el chofer** *(amér.)* · *réparer,* **arreglar** · *être garé,* **estar aparcado.**

Lo gracioso *(Ce qui est amusant)*
Les jambes, **las piernas** · **sobresalir** · **el busto** · **el capó** · *avaler,* **tragar** · *se glisser dans,* **colarse [ue] en** · *la gueule,* **las fauces** · *un dompteur,* **un domador.**

Recuerda

PRONOM PERSONNEL SUJET
Normalement il est omis :
Ø Dice que... → ***Il (Elle)*** *dit que...*
Mais il est exprimé
– *pour lever une ambiguïté :*
Hablan Mario y Karina, y le dice **ella**...
– *ou pour insister :*
Ella piensa que... → ***Elle,*** *elle pense que...*

Entrénate

1. *Dans le premier paragraphe, cherche trois pronoms sujets, puis explique leur utilisation.*
2. *Ajoute le pronom sujet des verbes en gras, puis traduis les phrases en français.*
–¿**Crees** que realmente se enamoró de ella?
–**Es** torpe y lento, y **es** muy charlatana.
–Llevaban media hora hablando y **comprendió** que se había enamorado.

(R) LECTURA

Eyá (Pescado)

El cuento se inspira en los patakís. Son leyendas sobre la vida de los orishas, divinidades de la religión afrocubana.

Este hombre era pescador *(pêcheur)*.

Hacía tiempo que ningún pez quería morder en su anzuelo *(hameçon)*; le robaban la carnada, se burlaban de él.

Retiraba las redes *(filets)*: ¡nada! Basura... Guardó los avíos y dejó de pescar.

Una mañana le dice su mujer:

–Hoy tienes que traerme un pargo (pez) muy gordo o una buena cabrilla (otro pez).

–No podrá ser –dice el pescador– está baja la marea.

–Tú eres un vago *(fainéant)* –le contesta entonces la mujer– todo el vecindario espera para comprarte el pescado, y no vas ni a la orilla del mar.

–Es que no pica *(mord)* el "peje" (los peces) –protesta el pescador– me han echado un "daño" *(un sort)*.

–Pues tráeme aunque sea una sardina si no quieres verme muerta.

¿Por qué dejó de pescar el pescador? ¿Qué espera de él su mujer?

El hombre va a la mar, se aleja en su bote *(barque)*; tira el anzuelo y atrapa un pez muy bello, que le dice:

–¡No me mates!

–Yo no te mataría –contesta el pescador– pero mi mujer me ha dicho que tiene que comer pescado. Si no, se morirá.

–Échame al agua que yo te llenaré tres botes de peces.

Lo arroja al mar y el pez cumple su promesa.

El pescador pregona por el pueblo:

¡Eyá, e! ¡Eyá, e!

¿Qué promesa cumple el pez?

Lo vende todo. Guarda un pescado muy grande para su casa. Cuando está cocinado y servido en el plato, el pescador le dice a su mujer:

–¿Ves este pescado como es de grande y hermoso? Pues es el único que me sobró *(est resté)* de los tres botes que me llenó el primero que saqué.

Y la mujer lo arroja al suelo y dice:

–No quiero comerme este pescado, sino el primero que pescaste.

–No es justo –dice el hombre–. ¡Un pez que me ha dado a ganar tanto dinero!

–No importa –replica la mujer–. ¡Me lo traerás *(apporteras)* mañana si no deseas mi muerte!

¿Qué chantaje le hace entonces su mujer?

Al otro día vuelve a la mar. La mar está tan clara que todo el fondo se ve como a través de un cristal. Se ven las raíces del cielo. Aparece el mismo pez, traga *(avale)* el anzuelo y el pescador lo retira del agua brillando como una joya.

–¡Ay! –le dice el pescador– hoy tengo que llevarte... A quien quiere comer mi mujer es a ti. Si no te come, se morirá. Nunca ha mentido...

–¡Déjame en el mar! En cambio te llenaré seis botes de pescado.

El hombre volvió a pregonar:

¡Eyá, eyá eé eyá dé!

Cuando llegó a su casa traía un pez enorme; dos veces más grande que el anterior.

En la mesa dice el pescador:

–Este es el pescado que hoy me sobró de los seis botes que me llenó de peces el primero que pesqué.

–Pues de éste no comeré –volvió a decir la mujer arrojándolo al suelo–. Si mañana no me traes el primero que pesques, mañana, mañana mismo me moriré.

Muy triste remaba el pobre pescador... Se acercó el mismo pez; sacó del agua su cabeza de oro y le habló así:

–Ya sé que hoy debo morir. Tómame; pero cuando llegues a tu casa, siembra mis agallas *(sème mes ouïes)* al pie del "obbí" *(cocotier)*. Mis tripas se las darás a comer a tu perra Ayabé Kúmbele y mi cola es preciso que se la coma tu yegua *(jument)*.

–Así haré –dijo el pescador.

A los tres días parió tres varones *(accoucha de trois garçons)* la mujer que se comió a Eyá. Parió tres perros la perra. La yegua parió tres potricos. Los tres hijos recién nacidos de la mujer se ponen de pie y le dicen:

–¡Iyá mí! (Madre mía)

Salen al campo donde está el coco *(cocotier)*. Desentierran tres lanzas. Van junto a la perra y toman los tres perros. Van junto a la yegua y toman los tres potricos. Luego vuelven junto a su madre y bailan en torno de ella, agitando las lanzas:

¡Ayambe kúmbele koima...!
Abé kún kua neye. ¡Eh! ¡Allambé Kúmbele koima!
¡Abe kún Kuaniyé...!

Y corriendo se van a la selva...

En África –dicen los abuelos– estos tres se llaman: Taeguo, Kaínde, Oddúo (tres orishas).

Lydia Cabrera, *Cuentos negros de Cuba*, 1936.

¿Qué decisión tomó el hombre y por qué? ¿Cómo se repite la historia?

¿Qué le ordena el pez al pescador? ¿Qué ha producido el sacrificio del pez de oro?

(R) # Semáforos[1], semáforos

>> 3

La falda, los zapatos,
la blusa, la melena[2].
El cuello, con sus rizos[3].
El seno, con su almena[4].

El neón de los cines
en su piel, en sus piernas.
Y, en los leves tobillos[5],
una luz violeta.

El claxon de los coches
se desangra[6] por ella.
Anuncios luminosos
ven fundirse sus letras.

[...]
Un solo parpadeo[7]
y todo se acelera.
El carmín[8] es un punto
y es un ruido la seda[9].

La falda, los zapatos,
la blusa, la melena
se han ido con la luz
verde que se la lleva.

En un paso de cebra[10]
la vi y dije: ¡ella!
Y todos los motores
me clavaron su espuela[11].

El semáforo dijo
hola y adiós. Y era
muy pronto para todo,
muy tarde para verla.
[...]

Jaime Siles,
Semáforos, semáforos,
1987-1990.

1. *Feux tricolores.*
2. *le chemisier, la chevelure.*
3. *ses boucles.*
4. *ici, son rempart.*
5. *ses chevilles légères.*
6. *saigne.*
7. *clignement d'yeux.*
8. *Le rouge à lèvres.*
9. *la soie.*
10. *passage pour piétons.*
11. *m'enfoncèrent leur éperon.*

Para empezar

Una escena callejera

En un paso de peatones • ver • una mujer • el tráfico • desaparecer.

Puntos clave

Una mujer atractiva V. 1-4

La tenue, el atuendo • llevar • femenino • una escena visual • *le charme,* **el encanto** • expresar • *la courbe,* la curva • sensual • una como aparición • fascinante.

Un flechazo *(Un coup de foudre)* V. 5-12

De noche • las luces • *faire tourner la tête,* trastornar • los colores vivos • *les reflets,* los reflejos • *caresser,* **acariciar** • *succomber au charme,* sucumbir al encanto • *fondre,* deshacerse.

Cuando la luz se pone verde V. 13-20

Dès que, **tan pronto como** • moverse [ue] • *rapide,* veloz • *en même temps,* a la vez • *léger,* **leve** • *le tissu,* la tela • *traverser,* cruzar • sugerir [ie/i] • el ritmo • la desaparición • *s'échapper,* escapar.

La ciudad todopoderosa *(toute-puissante)* V. 21-28

S'exclamer, exclamar • demasiado tarde • *démarrer,* arrancar • impedir [i] que + *subj.* • agresivo • la aceleración • *faire mal,* doler [ue] • un dictador • ritmar • *mener la danse,* **llevar la batuta** • fugaz • morirse [ue] de amor • una frustración.

Tu sentir

À la manière de Jaime Siles, choisis un personnage fascinant et évoque-le grâce à des adjectifs, des images et des visions en quelques lignes.

EQUIPO CRÓNICA, *Vallecas Melody*, 1972.
Acrílico sobre lienzo, 150 x 200 cm.
[Vallecas es un barrio *(quartier)* de Madrid.]

Pistas

¡Vaya espectáculo!

Los personajes · la vida nocturna · llevar una máscara · *déguisé*, **disfrazado** · ser viejo / joven · *une canne*, un bastón · apoyarse · **delante de** · *un danseur de cabaret*, un bailarín de cabaret · vestidos atractivos · el music-hall.

Un colage

Una superposición · dos épocas · *se mélanger*, **mezclarse** · claro ≠ oscuro · coexistir · un tubo de pintura roja · flotar · la música · el teatro · la pintura · el cine · *prendre vie*, **cobrar vida** · *entraînant*, animado.

Recuerda

POUR DIRE « DEVENIR »

- *Une transformation passagère :*
  ponerse
  *Le feu **passe** au vert.* La luz **se pone** verde.
- *Une transformation plus durable :*
  volverse [ue]
  *La ville **devient** agressive.* La ciudad **se vuelve** agresiva.
- *Une transformation essentielle :*
  hacerse, convertirse [ie/i] en
  *Elle **est devenue** réalité.* **Se ha hecho** realidad.
  *La ville **est devenue** un enfer.* La ciudad **se ha convertido en** infierno.
- *Un effort :*
  llegar a ser
  *Il **est devenu** médecin.* **Llegó a ser** médico.
  Gr. § 39.3.

Entrénate

Complète les phrases avec l'un des verbes suivants au temps et à la personne voulus :
ponerse – convertirse [ie/i] en – volverse [ue] – llegar a ser

–Cuando el peatón llama a la mujer, los coches ... agresivos.
–El narrador ... triste cuando la mujer desapareció.
–Después de muchos esfuerzos *(efforts)*, ... indiferente a los ruidos del tráfico.
–Con el aumento de tráfico, las grandes ciudades ... insoportables.
–La mujer ... un sueño para el peatón enamorado.

(R) Escándalo público

Comenzó a besarme otra vez y yo creía que eso era la libertad absoluta. La chica más hermosa de la playa, la piel suave, la brisa templada, el sonido de la resaca, el olor a alga, las gaviotas. De pronto vi las botas de un militar clavadas en la arena[1] y junto a ellas la culata[2] de un fusil. Estaba oscureciendo. Julieta dormía. Me volví hacia el otro lado y allí había dos botas más y otra culata. Me incorporé de golpe[3]. En silencio un corro de soldados con el arma reglamentaria montada nos había rodeado. Julieta se quedó sentada. Oí la voz de uno de ellos que preguntó:

–Mi general, ¿qué hacemos?

–Llévenlos al cuartel[4] de la guardia civil –contestó alguien a mi espalda. Detrás del pelotón de soldados había un militar inmenso, con polainas inmensas, con una gorra de plato inmensa, con una vara[5] inmensa azotándose las espuelas erguidas[6] como cola de alacrán[7]. Era el capitán general de Valencia[8] en cuyo territorio vedado[9] de la playa yo había besado a Julieta. Su villa estaba a un centenar de metros construida en zona marítima al borde del agua. Entonces nos cargaron en un jeep de la policía militar y nos dejaron en una sala del cuartelillo. La bicicleta, la toalla y el libro de Sartre se habían quedado en la arena, pero eso era menos preocupante que lo que el sargento estaba escribiendo en la máquina polvorienta teniéndonos de pie a los dos frente a su mesa después de haberle entregado la documentación.

–¿Qué hacían ustedes?

–Nada. Besarnos.

–Eso es escándalo público.

–Allí no había nadie.

–¿Nadie? Estaba el capitán general de la Tercera Región Militar. ¿Les parece poco?

–Nosotros sólo veíamos el mar.

–Se han besado delante del capitán general.

–Esta noche van a dormir en el calabozo[10] –zanjó la cuestión el guardia civil dando un manotazo sobre la carpeta de hule[11].

Manuel Vicent, *Tranvía a la Malvarrosa*, 1994.

1. *plantées dans le sable.*
2. *la crosse.*
3. *Je m'assis d'un coup.*
4. *au poste.*
5. *une badine.*
6. *fouettant ses éperons relevés.*
7. *de scorpion.*
8. *le général commandant la région de Valence.*
9. *réservé.*
10. *cachot.*
11. *le sous-main en toile cirée.*

Para empezar

Paradisíaco *(Paradisiaque)*

Las tres primeras líneas · una playa · *un couple,* una pareja · *profiter,* **disfrutar** · la libertad · *s'embrasser,* besarse · militares.

Puntos clave

Una llegada imprevista L. 1-10

Profiter de, aprovecharse de · *passer un bon moment,* pasar un buen rato · saborear · la quietud · *se détendre,* relajarse · *être couché,* **estar tendido** · una mala sorpresa · siluetas silenciosas · amenazador · *faire peur,* dar miedo · intimidar · decidir.

De la playa al cuartel L. 11-20

Un general · *un portrait effrayant,* un retrato aterrador · *un gros bonnet,* un pez gordo · **un delito** · considerar como · una propiedad privada · sin saberlo · *emmener séance tenante,* llevar en el acto · estar preocupado(a) · *les papiers d'identité,* **la documentación**.

El agravio *(L'offense)* L. 21-30

Un interrogatorio · anodino(a) ≠ escandaloso(a) · la incomprensión · considerar · un beso chocante · *être témoin de,* **ser testigo de** · ser culpable · una condena · *une justice expéditive,* una justicia sumaria.

Tu sentir

Otra época

La dictadura franquista • las normas • *interdire,* prohibir • el orden público • imponer por fuerza • el miedo • el abuso • *dépasser les limites,* extralimitarse • atentar contra • la libertad • hoy por lo contrario.

Avec un(e) camarade, interprétez le dialogue de l'interrogatoire (L. 21-30).

El País, 28/09/2003.

Pistas

La feminidad

Un museo • un cuadro, una pintura • clásico(a) • semidesnudo(a) • *tourner le dos,* **dar la espalda** • *pendre au mur,* colgar [ue] de la pared • la sensualidad • la belleza • el arte.

La curiosidad

Un anciano • *une canne,* un bastón • curioso(a) • *sans-gêne,* descarado(a) • *avoir envie de,* tener [ie] ganas de • *retourner,* voltear • inclinarse • mirar atentamente • imaginarse • detrás • descubrir • **por delante** • *naïf,* **ingenuo(a)**.

Internet

S'adresser à, **dirigirse a** • un(a) internauta • en la red • los gustos • tener [ie] curiosidad por • satisfacer • las respuestas • *être à la portée de,* estar al alcance de.

Recuerda

LES TERMINAISONS DE L'IMPARFAIT

- *Verbes en* **-ar** *:* **-aba, -abas, -aba, -ábamos, -abais, -aban.**
- *Verbes en* **-er** *et* **-ir** *:* **-ía, -ías, -ía, -íamos, -íais, -ían.**
- ***Trois verbes particuliers***
  Ser: era, eras, era, **é**ramos, erais, eran.
  Ir: iba, ibas, iba, **í**bamos, ibais, iban.
  Ver: ve**í**a,...

LE PLUS-QUE-PARFAIT

- *Il est formé avec* **haber** *à l'imparfait de l'indicatif :* **había, habías, había, habíamos, habíais, habían** + ***participe passé*** **(-ado/-ido).**

Entrénate

1. *Relève les imparfaits du texte et donne leur infinitif.*
2. *Combien comptes-tu de plus-que-parfaits ? Donne leur infinitif et conjugue-les.*
3. *Traduis :* "De pronto vi las botas:... nos había rodeado." (L. 3-7)

(R) ATELIERS >>>
ORDENANDO HISTORIAS

> ATELIER 1 ** réalisation 10' (assistant) > B1-1

CD > PLAGE > 4

Una lagartija, *un lézard* – **fija,** *fixée* – **despanzurrado(a),** *écrasé(e)* – **fingir,** *faire semblant* – **la tos,** *la toux* – **doblarse,** *se plier* – **escupir,** *cracher.*

Écoutez le texte plusieurs fois et cherchez les équivalents espagnols des expressions suivantes :

une fois – déjà – pour toujours – jusqu'à ce que – lorsque – après.

Remettez dans l'ordre les éléments de l'histoire :

Se rió mucho mi abuela.	
La lagartija estaba fosilizada.	
Descubrí su uso.	
Entró mi abuela y escupí el bicho.	
La guardé.	
Encontré una lagartija.	

Racontez l'histoire en classe en utilisant les locutions temporelles relevées.

MON BILAN **j'ai pu...**
je dois encore améliorer...

> ATELIER 2 ** réalisation 15' (assistant) > B2

¡La colegiala se fugó una segunda vez!

Avec ton camarade, préparez une lecture de cette anecdote après avoir rétabli l'ordre des épisodes de sa deuxième tentative de fuite.

• Una vez logré la complicidad de un jardinero para saltar la reja *(sauter la grille)* y huir. Paulina del Valle casi sufrió un infarto al verme aparecer con la ropa embarrada *(pleine de boue)* y los ojos hinchados.

A **Cuando** surgí de mi refugio **antes de** llegar a la casa, olvidó sus lágrimas de desconsuelo, me cogió del cogote y me dio una zurra *(raclée)* que duró un par de cuadras **hasta que** el tío Frederick logró calmarla.

B **Mientras** ella y Frederick Williams eran conducidos a la oficina de la madre superiora, yo me escabullí *(me faufilai)* hasta el carruaje *(voiture)* que esperaba en el patio, me subí sin que el cochero me viera y me agazapé *(me blottis)* bajo el asiento.

C **La segunda vez** me escondí entre unos arbustos del patio durante toda una noche con la idea de perecer *(périr)* de frío y de hambre.

D **Al día siguiente** el colegio dio aviso de mi desaparición a Paulina del Valle, quien llegó como una tromba a exigir explicaciones.

E Pero, **al saber que** yo no había comido **desde** el día anterior y había pasado la noche a la intemperie, me cubrió de besos y me llevó a tomar helados *(glaces).*

• **Al final** mi abuela acabó dándose por vencida *(s'avoua vaincue).*

Isabel Allende, *Retrato en sepia*, 2000.

Pour finir, notez le sens en français des différents mots de liaison temporels qui vous ont aidés à remettre de l'ordre.

MON BILAN **j'ai pu...**
je dois encore améliorer...

ATELIER 3 ** réalisation 15' (assistant) > B2

CD > PLAGE > 5

Las gallinas, *les poules* – **ladrar,** *aboyer* – **el plato,** *l'assiette* – **un camarero,** *un serveur* – **traspasar con un alfiler,** *traverser avec une aiguille* – **la papada,** *le double menton* – **el trance,** *l'hypnose* – **armar una gresca,** *faire du scandale.*

Lisez les questions suivantes, écoutez votre CD attentivement, puis répondez précisément.

1. ¿Qué técnica poseía el tío Narciso?
2. ¿La utilizaba siempre con animales?
3. ¿En qué momento solía practicarla?
4. ¿Era serio lo que hacía?
5. Un día, ¿qué pasó con un camarero?
6. ¿Cómo reaccionó el camarero? ¿Y el tío Narciso?

Transcrivez sur votre cahier les expressions utilisées dans le texte pour marquer le temps. Notez leur traduction.

MON BILAN **j'ai pu...**
je dois encore améliorer...

ATELIER 4 ** réalisation 15' (en classe ou à la maison) > B2

À l'aide des structures temporelles rencontrées précédemment, remets les vignettes dans l'ordre chronologique de façon à pouvoir raconter l'anecdote par écrit ou à l'oral.

Joaquín S. Lavado, Quino, *Potentes, prepotentes e impotentes*, 1989.

Le domestique, **el criado** · *le maître,* **el amo** · *sonner,* **llamar** · **tirar del cordón** · **impacientarse** · **estar impaciente por** · *écraser,* **aplastar** · *tomber,* **caerse** · **vestirse [i]** · *dire adieu,* **despedirse [i]** · *préparer un piège,* **preparar una trampa.**

MON BILAN **j'ai pu...**
je dois encore améliorer...

RECUERDA

Una vez, *une fois.*
A veces, *parfois.*
Al día siguiente, *le lendemain.*
Entonces, *alors.*
Para siempre, *pour toujours.*
Hasta que, *jusqu'à ce que.*
Desde, *depuis.*
Mientras, *pendant que.*

(R) Biografía

2

No cojas la cuchara[1] con la mano izquierda.
No pongas los codos en la mesa.
Dobla bien la servilleta.
Eso, para empezar.

Extraiga la raíz cuadrada[2] de tres mil trescientos trece.
¿Dónde está Tanganika? ¿Qué año nació Cervantes?
Le pondré un cero de conducta, si habla con su compañero.
Eso, para seguir.

¿Le parece a usted correcto que un ingeniero haga versos?
La cultura es un adorno[3] y el negocio es el negocio.
Si sigues con esta chica, te cerraremos las puertas.
Eso, para vivir.

No seas tan loco. Sé educado. Sé correcto.
No bebas. No fumes. No tosas[4]. No respires.
¡Ay sí, no respirar! Dar el no a todos los nos.
Y descansar: Morir.

Gabriel Celaya, *Itinerario poético*, 1973.

1. *ta cuiller.*
2. *la racine carrée.*
3. *un ornement.*
4. *Ne tousse pas.*

Para empezar

Las etapas de la vida

El poeta · *se servir de,* **valerse de** · *ce que l'on entend,* **lo oído** · **los recuerdos.**

Puntos clave

La niñez V. 1-4

Los padres · *avoir l'habitude de,* **soler [ue]** · **la educación** · *un ordre,* **una orden** · *une interdiction,* **una prohibición** · *rabâcher,* **machacar** · **la primera infancia** · **el chico** · **la mesa familiar** · *bien se comporter,* **portarse bien** · *punir,* **castigar** · *le début,* **el principio.**

La juventud V. 5-8

Les matières, **las asignaturas** · **aburrido(a)** ≠ **apasionante** · *une vraie plaie,* **una lata** · **repetitivo(a)** · *une question piège,* **una pregunta capciosa** · **una mala nota** · **amenazar** · **aguantar, soportar** · **las obligaciones** · *être aux ordres,* **estar a la orden.**

La madurez V. 9-12

Le monde du travail, **el mundo laboral** · *(il) n'a que faire de,* **le importa un bledo** · **improductivo(a)** · **el materialismo** · **la novia** · *juger,* **juzgar** · **imponer** · *rejeter,* **rechazar** · *un choix,* **una elección.**

El balance *(Le bilan)* V. 13-16

Las negaciones · *les attentes,* **las esperas** · **las normas** · **un buen comportamiento** · *nuire à la santé,* **perjudicar la salud** · **vivir** · *interdire de + inf.,* **prohibir + *inf.*** · *le fait de respirer,* **el respirar** · **una rebelión** · *en avoir assez,* **estar harto** · **la muerte** · *un soulagement,* **un alivio.**

Tu sentir

¿Ser libre?

Los derechos ≠ **las obligaciones** · **los reglamentos** · *cependant,* **sin embargo** · **respetar** · **imponer** · *au lycée,* **en el instituto** · **las leyes** · **la sociedad** · **evolucionar** · **la independencia.**

Apprends le poème et interprète-le.

Manifestante antimundialista realizando una pintada en la fachada de un banco, Barcelona, 01/05/2001.

Pistas

Un acto anónimo

La vitrine, **el escaparate** · **un banco** · *un coin de rue,* **una esquina** · **en pleno día** · *un tag,* **una pintada** · **una pintura aerosol** · **el dólar** · *barrer,* **tachar** · *cagoulé,* **encapuchado(a).**

¿Contra la mundialización?

Oponerse · **la protesta** · **la dominación** · **los Estados Unidos** · **la potencia financiera** · **el dinero** · *les entreprises,* **las empresas** · *la Bourse,* **la Bolsa** · **los beneficios** · **cada vez más rico(a).**

Recuerda

LA DÉFENSE

No + *subjonctif présent aux cinq personnes.*
Exemple : beber
No bebas, **no** beba, **no** bebamos, **no** bebáis, **no** beban.
Gr. § 20.2.

L'ORDRE

Impératif :
Formation ***Gr. § 20.2.***

Entrénate

1. *Relève dans le poème les sept cas de défense et transforme-les en ordres.*
2. *Relève dans le poème les quatre cas d'ordre et transforme-les en défenses.*

(R) Día de la Mujer

El alcalde[1] de Torredonjimeno (Jaén) dictará un bando[2] en octubre que establecerá los jueves como "Día de la Mujer". Ellas saldrán a divertirse mientras sus maridos se hacen cargo de las tareas del hogar[3]. Los que incumplan la norma serán "multados"[4] con un pago voluntario de 5 euros.

El alcalde de Torredonjimeno, Javier Checa, del partido andalucista, explicó que la multa tendrá carácter simbólico y que será un grupo de cuatro mujeres voluntarias las que los jueves, de las 21 horas a las 2 horas, recorrerán la localidad y se dedicarán a "sancionar" a aquellos hombres que estén en la calle y que "voluntariamente" estén dispuestos a pagar las multas. El importe[5] de las sanciones irá destinado a asociaciones y organizaciones que trabajan por la igualdad de géneros y en contra de la violencia doméstica. "Hay que concienciar a los hombres sobre la responsabilidad que deben tener en el hogar para que se den cuenta de que ellos también juegan un papel fundamental en la casa. Que no sólo tienen derecho a tomar cervezas con los amigos, sino que tienen que hacer de amo de casa[6]", explicó el regidor.

Con esta ordenanza, el Ayuntamiento va a intentar que los jueves por la noche "sean las mujeres las que salgan a divertirse y que los hombres se queden cuidando de la casa y de los niños". Para Checa, la lucha contra la violencia doméstica es algo que atañe[7] a toda la sociedad, de ahí que el Ayuntamiento de Torredonjimeno "vaya a poner su granito de arena" con esta iniciativa.

La secretaria de igualdad del PSOE[8], Micaela Navarro, tachó de "demagógica" la decisión[9] y acusó a Checa de "pretender distraer la atención de otros temas". Navarro declaró que "los jueves, como cualquier día, cada persona debe hacer uso de su libertad" e, instó al alcalde a que trabaje[10] por la igualdad de sexos de modo que no sean necesarias estas actitudes paternalistas.

La Razón, 22/07/2003.

1. *Le maire.*
2. *un arrêté.*
3. *du foyer.*
4. *auront une « amende ».*
5. *Le montant.*
6. *jouer les hommes au foyer.*
7. *concerne.*
8. Partido Socialista Obrero Español.
9. *a accusé la décision d'être « démagogique ».*
10. *a incité le maire à travailler.*

"*Una vez al año, no hace daño.*"

Para empezar

Un decreto municipal Entradilla
Un alcalde · *mettre une amende,* multar · los hombres · *dehors,* fuera · los jueves.

Puntos clave

El bando L. 1-16
La municipalité, **el ayuntamiento** · *décider de + inf.,* **decidir** + *inf.* · *empêcher de,* **impedir [i] que** + *subj.* · *prendre du bon temps,* **pasarlo pipa** · **un bar** · **mientras que** · **quedarse en casa** · *les tâches ménagères,* **las labores domésticas** · *changer,* **cambiar** · **los maridos** · *désobéir,* **desobedecer** · **sancionar** · **una patrulla.**

Contra el machismo L. 16-36
Nuancer, **matizar** · **voluntario(a)** · **una multa** · **una buena acción** · **a favor de** · *prendre conscience de,* **concienciarse de** · **la violencia doméstica** · **participar** · *un couple,* **un matrimonio** · *s'occuper de,* **cuidar de** · *inverser,* **invertir [ie/i]** · *un rôle,* **un papel** · **divertirse [ie/i].**

Una condena rotunda *(catégorique)* L. 37-47
Criticar · *un homme politique,* **un político** · *ne pas mâcher ses mots,* **no tener [ie] pelos en la lengua** · *sans appel,* **sin apelación** · *une sottise,* **una tontería** · *sensé(e),* **sensato(a)** · **luchar por** · **la ley** · *être démagogue,* **ser demagogo** · **bien sería que** + *imp. du subj.* · *se consacrer à,* **dedicarse a.**

Tu parecer

El machismo

Un comportamiento • *rabaisser,* rebajar • ser injusto(a) • *viril,* varonil • en comparación con • las violencias domésticas • la desigualdad • la mujer y la sociedad.

Invente un court dialogue entre une femme qui patrouille dans les rues de Torredonjimeno et un mari qui sort d'un bar le jeudi soir. Interprète-le avec un(e) camarade.

Pistas

Los dos carteles

Un parking, un aparcamiento • *laver,* limpiar • *à grande eau,* a chorros • un coche • *nettoyer,* fregar [ie] • *bichonner,* tener [ie] mil delicadezas con • el detergente • una esponja • *s'efforcer de,* afanarse por • hasta que + *subj.* • *être propre comme un sou neuf,* estar limpio como los chorros del oro.

El Ministerio de Asuntos Sociales

Una campaña • un lema • *s'adresser en particulier à,* dirigirse en especial a • con humor • un hombre, un varón • *marié,* casado • sensibilizar • *les travaux ménagers,* las tareas hogareñas • *partager,* compartir • *rechigner à,* poner mala cara por • *à sa portée,* a su alcance.

RECUERDA

LE FUTUR

- ***Pour les trois groupes :***
  infinitif + -é, -ás, -á, -emos, -éis, -án.
- ***Verbes irréguliers***
  Quelques verbes changent de radical, mais les terminaisons sont identiques.
  Salir, saldré... – Tener, tendré...
  Liste : ***Gr. § 21.2.***

ENTRÉNATE

Rédige au futur, en six phrases, ce qu'une femme pourra dire à son mari.
–A partir de la semana que viene, fregarás los platos después de la cena...

(R) ¿Los idiomas?, ¡sin complejos!

Decía Ortega[1] que los hombres egregios[2] detestaban hablar lenguas extranjeras, pero lo que quizá quería decir es que él detestaba hablar lenguas extranjeras. Es natural: para aprender a hablar una lengua no sólo hay que arriesgarse[3] a hacer el ridículo, sino también a pasar por un perfecto idiota, cosas a las que no todo el mundo está dispuesto, sobre todo si, como Ortega, uno se considera a sí mismo un hombre egregio. Pero, incluso si se está dispuesto, el problema persiste; que se lo pregunten[4], si no, a los miembros de parejas[5] mixtas: indefectiblemente, quien habla en la lengua propia es quien acaba llevando los pantalones[6], porque su dominio verbal le otorga[7] una superioridad imbatible. No faltan las parejas que, con una inteligencia admirable, han encontrado en este desequilibrio una garantía duradera de paz conyugal, porque siempre acaban atribuyendo la responsabilidad de sus discrepancias a malentendidos lingüísticos, de forma que su amor queda sin falta a resguardo[8] de las inclemencias de la vida en común. Hay quien halla otras soluciones. Tengo dos amigos que viven en Arles, al sur de Francia. Ella es de París, y él de Belgrado. Cuando se conocieron hablaban francés, pero al irse a vivir juntos, ella decidió que aquello era injusto y propuso una solución intermedia: hablarían en castellano, que era una lengua que ninguno de los dos dominaba del todo y en la que podían hacer mutuamente el ridículo y pasar mutuamente por idiotas, cosa que, según descubrieron con sorpresa, les hacía aún más felices de lo que ya eran. Ahora su castellano es tan bueno que se dedican a traducir libros de nuestra lengua.

Javier Cercas, *El País Semanal*, 13/07/2003.

1. (famoso intelectual español).
2. ilustres.
3. *se risquer.*
4. *demandez-le.*
5. *couples.*
6. *c'est celui qui finit par porter la culotte.*
7. *confère.*
8. *à l'abri.*

« Quien lengua ha, a Roma va. »

Para empezar

Aprender idiomas

La crónica · el tema de sociedad · actual · Europa · *sur le ton de la plaisanterie,* **en son de broma**.

Puntos clave

Tropezar [ie] *(Trébucher)* para aprender L. 1-10

Oser, atreverse a · *se tromper,* **equivocarse** · sentirse [ie/i] tímido · la imagen propia · *supporter,* **aguantar** · la mirada de los demás · el instrumento · el poder.

Dos casos divertidos *(amusants)* L. 10-22

Se protéger, resguardarse · una táctica · juntos · reírse · fortalecer · nadie · *avoir tort,* llevar la culpa · la igualdad · dominar · la superioridad · el equilibrio · el tono · *drôle,* **gracioso** · exagerar · la moraleja.

Tu parecer

Aprender lenguas y sacarle provecho *(en tirer profit)*

Surmonter, **superar** · *ne pas craindre,* no temer · todos igualitos · el humor · la distancia · hoy · *indispensable,* imprescindible · personal · social · profesional · Europa · **comunicarse**.

Academia de idiomas.

Recuerda

LES ÉQUIVALENTS DE « ON »

- *Il s'agit d'un fait général, le sujet est indéterminé :*
  Se *+ verbe à la 3e pers. du singulier ou du pluriel.*
  Se aprende mucho viajando.
  Attention à l'accord : Se aprende**n** varios idiomas.
- *Le « je » est exclu :*
  3e pers. du pluriel.
  En la Real Academia **elaboran** un diccionario famoso.
- *Le « je » est impliqué :*
  Uno(a) *+ verbe à la 3e pers. du singulier.*
  Uno prefiere estudiar en casa.
- *Le verbe est pronominal :*
  Uno(a) *+ verbe à la 3e pers. du singulier.*
  Uno se sumerge en la música.

Gr. § 14.

Pista

¿Te gustaría aprender en el extranjero?

Personalizar · **leer revistas** · **la película** · *le réseau,* **la red** · **comunicarse con** · **la inmersión** · **descubrir** · **compartir** · **el deporte** · **el patrimonio cultural** · **las costumbres** · *les échanges,* **los intercambios.**

> Entrénate

Construis quatre phrases, en rapport avec le texte, en employant les différents équivalents de « on ».

(R) Oda a la pereza[1] 3

Ayer sentí que la oda
no subía del suelo.
Era hora, debía
por lo menos
mostrar una hoja verde.
Rasqué[2] la tierra: "Sube,
hermana oda
–le dije–
te tengo prometida,
no me tengas miedo,
no voy a triturarte,
oda de cuatro hojas,
oda de cuatro manos,
tomarás té conmigo.
Sube,
te voy a coronar entre las odas,
saldremos juntos, por la orilla
del mar, en bicicleta."
Fue inútil.

Entonces,
en lo alto de los pinos,
la pereza
apareció desnuda,
me llevó deslumbrado[3]
y soñoliento,
me descubrió en la arena
pequeños trozos rotos[4]
de sustancias oceánicas,
maderas, algas, piedras,
plumas de aves marinas.
Busqué sin encontrar
ágatas amarillas.
El mar
llenaba los espacios
desmoronando[5] torres,
invadiendo
las costas de mi patria,
avanzando
sucesivas catástrofes de espuma.
Sola en la arena
abría un rayo
una corola[6].
Vi cruzar los petreles[7] plateados
y como cruces negras
los cormoranes
clavados en las rocas.
Liberté una abeja
que agonizaba en un velo de araña
metí una piedrecita
en un bolsillo,
era suave, suavísima
como un pecho de pájaro,
mientras tanto en la costa,
toda la tarde,
lucharon sol y niebla[8].
A veces
la niebla se impregnaba
de luz
como un topacio[9],
otras veces caía
un rayo de sol húmedo
dejando caer gotas amarillas.

En la noche,
pensando en los deberes de mi oda
fugitiva,
me saqué los zapatos
junto al fuego,
resbaló arena de ellos[10]
y pronto fui quedándome
dormido.

Pablo Neruda, *Odas elementales*, 1954.

1. *Ode à la paresse.*
2. *Je grattai.*
3. *elle m'emmena, tout ébloui.*
4. *de petits débris.*
5. *abattant.*
6. *Un rayon ouvrait une corolle unique sur le sable.*
7. *les pétrels (oiseaux).*
8. *brume.*
9. *une topaze (pierre précieuse).*
10. *du sable s'en écoula.*

Para empezar

Falto de inspiración *(En manque d'inspiration)* **V. 1-8**
La inspiración · **una metáfora** · **una planta** · *sortir de terre,* **brotar** · **el poeta** · **inquieto.**

Puntos clave

Esforzándose en crear **V. 1-19**
Tenir ses engagements, **cumplir sus compromisos** · **personificar** · **la muchacha** · *s'adresser à,* **dirigirse a** · **suplicar** · *encourager,* **alentar [ie]** · **seducir** · **juntos** · *l'échec,* **el fracaso.**

Una aparición celestial V. 20-42
El cielo · *inattendu,* inesperado · la musa · maravillado · como un niño · vagar · a orillas del mar · descubrir · *les charmes,* **los encantos** · grandioso · el misterio · la belleza · como una flor · una señal.

Embeleso *(Enchantement)* y poesía V. 43-62
Dejarse llevar · **por todas partes** · *la beauté,* la hermosura · mil espectáculos · una atención fina · **la fauna** · las visiones · las sensaciones · transformarse · las metáforas · *le miracle,* **el milagro** · la poesía.

La transformación del poeta V. 63-70
La arena · simbolizar · la inspiración · al principio ≠ al final · lo primordial · *il a sommeil,* **le entra el sueño** · la forma verbal · *apaisé,* sosegado · *comme un souvenir,* como un recuerdo · un signo.

Tu sentir

La paradoja *(Le paradoxe)*
El título · lo humorístico · cuando ya no se espera · receptivo · la comunión · la fusión · la sensibilidad · **la creación poética** · el arte · ¿exageración?

6 *À six voix, lisez ou récitez le poème de façon expressive.*

El arte es la lágrima de un ángel, el suspiro de una flor, el grito de una roca, la angustia existencial.
Anónimo

Pistas

Una costa encantadora
El espacio · *les nuances,* los matices · suave · casi desierto · madre e hija · el padre · *le tapis,* la alfombra · como en el sofá · la tranquilidad · la armonía.

Un patrocinador persuasivo
El primer plano · *allongé,* tumbado · *faites comme chez vous,* esta casa es suya · el lema · el texto · *s'échapper,* largarse · *profiter de,* disfrutar de · el descanso · los verbos · *se distraire,* solazarse · la variedad · convivir.

Recuerda

LES TERMINAISONS DU PASSÉ SIMPLE

- *Verbes réguliers :* **Gr. § 24.1.**
  -ar : *radical* + **-é, -aste, -ó, -amos, -asteis, -aron.**
  -er/-ir : *radical* + **-í, -iste, -ió, -imos, -isteis, -ieron.**
- *Liste des verbes irréguliers :* **Gr. § 24.2.**

Entrénate

1. *Dans le poème, repère les quinze verbes au passé simple, indique leur infinitif et la personne employée puis dis lesquels sont irréguliers.*
2. *Écris les trois personnes du singulier des verbes relevés entre les v. 6 et 19 en veillant au respect de l'accentuation.*

(R) ATELIERS

INVESTIGANDO

ATELIER 1

* préparation 10' - réalisation 5' (en classe, avec l'assistant) > A2-1 > B1-1

Objeto misterioso

Par groupes de trois, choisissez un objet et écrivez six phrases qui y font référence, certaines faciles, d'autres moins. L'équipe adverse doit deviner quel objet vous avez choisi. Elle vous demandera de lui lire, en guise d'indices, les phrases que vous avez préparées en les désignant par leur numéro. Attention, pour chaque phrase dévoilée elle perd un point sur les six qu'elle a au départ.

Quelle équipe sera la plus perspicace ?

MON BILAN **j'ai pu...**
je dois encore améliorer...

ATELIER 2

** préparation 10' - réalisation 5' (en classe, avec l'assistant) > B1-2

Imaginez la suite du dialogue et un dénouement avec l'entrée en scène de la sœur. Répartissez-vous les rôles et en scène !

Tres ladrones (voleurs), *Suárez, el Nene, y Carlos han atracado una joyería* (bijouterie). *Se esconden* (se cachent) *en un piso* (appartement). *El Nene está enfermo* (malade). *Ha venido al piso una monja* (sœur), *que lo ignora todo, para cuidarlo* (le soigner) *y que descubrió por casualidad* (par hasard) *el arma. Suárez y Carlos hablan entre sí.*

SUÁREZ: ¿Qué significa todo eso?
CARLOS: Significa que tenemos que matar a esta monja.
SUÁREZ: ¿Por qué?
CARLOS: Estamos seguros de que sabe algo.
SUÁREZ: ¿Por qué?
CARLOS: Va descubriendo todo poco a poco.
SUÁREZ: ¿Por qué?
CARLOS: ¡Me estás poniendo nervioso!
SUÁREZ: ¿Por qué?
CARLOS: ¡Yo no tengo la culpa de nada!
SUÁREZ: ¿Quién la tiene entonces? ¿Cómo habéis escondido ahí esa pistola, estúpidos?
CARLOS: La guardó el Nene, provisionalmente. Luego, con la enfermedad, se nos olvidó *(on l'a oublié)*.
SUÁREZ: Entonces, ¿está armada?
CARLOS: ¡Pues claro que está armada...! Y este tiesto *(pot de fleurs)* que riega *(qu'elle arrose)* es donde están las joyas.

Miguel MIHURA, *Melocotón en almíbar*, 1974.

MON BILAN **j'ai pu...**
je dois encore améliorer...

ATELIER 3 ** réalisation 15' (en classe, avec l'assistant) > B1-1 > B1-2

CD > PLAGE > 6

Cocinar, *cuisiner* – **extraña,** *étrange* – **un rostro,** *un visage*.

Écoute trois fois l'enregistrement pour :
– situer l'endroit où a eu lieu le phénomène,
– identifier le témoin de la scène,
– dire ce qui s'est passé.

À vous maintenant ! Par groupes de deux, proposez une ou plusieurs interprétations logiques.

MON BILAN
j'ai pu...
je dois encore améliorer...

ATELIER 4 ** réalisation 15' (en classe ou à la maison) > B1-2

Tu joues le rôle du détective : rédige un rapport au passé et à la première personne en imaginant un scénario à partir du dessin ci-dessus.

Se cacher, **esconderse** · *surveiller,* **vigilar** · *un suspect,* **un sospechoso** · *un rendez-vous,* **una cita** · **desaparecer** · *un vol,* **un robo** · **la víctima** · **un indicio** · **el móvil** · *les empreintes,* **las huellas.**

MON BILAN
j'ai pu...
je dois encore améliorer...

RECUERDA

Una investigación, *une enquête.*
Buscar, *chercher.*
Encontrar [ue], *trouver.*

Solucionar.
Extraño(a).

España p. 40
Luchas p. 50
Amores p. 58
Trabajo, quiero trabajo p. 66
Héroes y víctimas p. 74
Turismo p. 84
Guerra Civil y franquismo p. 92
Futuro p. 102
Tradiciones p. 112

> ESPAÑA

Eduardo Chillida, escultura *El Peine de los vientos*, playa de la Concha, San Sebastián.

ESPAÑA, ¿TE SUENA?

Turismo diverso

1936 - 1939

Parques eólicos en Navarra:
- contribución del 45% al autoabastecimiento eléctrico
- más de 700 puestos de trabajo.

Medio ambiente en cuestión

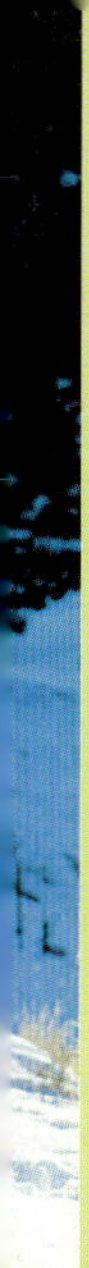

Inmigrantes africanos trabajando en el Maresme, Barcelona.

Inmigración

Buitres *(Vautours)* que se dejaron atrapar por las palas de los aero-generadores.

Gitanos, ayer y hoy

Rosario y Lolita Flores.

La moda española

Manuel Pertegaz

Manuel Pertegaz tuvo una carrera meteórica y con tan sólo 25 años (en 1943) abrió su primera casa de moda. Considerado como uno de los más grandes de la alta costura española, dice: "Puedo hacer desde un traje para *apresquí* hasta un traje de novia, de cóctel, pieles, complementos... Lo importante es tener buen gusto, personalidad y un sello *(une griffe)* propio en cada cosa que haces".
http://www.elmundo.es/magazine/m82/textos/manuel1.html

Zara

Medio millón de españoles trabaja en el sector de la moda.

Con sólo 14 años (en 1950) Antonio Ortega ya ejercía de botones *(coursier)* en una camisería. Ortega se dio cuenta de que trabajando para otros nunca se haría rico y decidió abrir su propio negocio: fabricar, distribuir y vender batas *(blouses)* a bajo coste.
Esta primera aventura empresarial tuvo éxito, lo que animó a Ortega a embarcarse en un proyecto mucho mayor: Zara. La primera tienda se abrió en 1975 y actualmente Zara cuenta con 450 tiendas repartidas en 29 países y da empleo a unas 15.000 personas. Su fortuna (dos mil millones de dólares) le sitúa por encima de otros multimillonarios ilustres en España. El control de la compañía todavía está en sus manos.
http://www.telepolis.com/tec/hemeroteca/perfiles/20020211/113308_modulo4421.htm

Mango

Mango es una multinacional de prestigio internacional, actualmente es la segunda compañía exportadora del sector textil español.
El concepto Mango nace de la relación entre un producto de calidad, con un diseño propio y a un precio asequible, y su comercialización a través de su red de tiendas. Actualmente son un total de más de 520 en 50 países.
http://www.infofranquicias.com/franquicias/franchise.asp?rnav=1&mnuCategory=9

El calzado español exporta el **70%** de su producción a más de **130** países.

JESÚS DEL POZO piensa que "la elegancia es algo inherente a la personalidad" y que la moda española es "un sector con muchas posibilidades por desarrollar."

¿

1. Ofrezco un diseño propio, un precio asequible y una red para comercializar. Soy...
2. Con diseños locos y novedosos, tengo éxito con los jóvenes y los que tienen un espíritu juguetón. Soy...
3. De pequeña, jugaba al escondite con los jerséis del almacén de mi madre. Soy...
4. Puedo hacer todo tipo de traje. Lo importante es tener buen gusto y un sello propio. Soy...

Ágatha Ruiz de la Prada

La moda que alegra la vida

No por nada la diseñadora Ágatha Ruiz de la Prada es un verdadero éxito entre los niños, los jóvenes y todos los que tienen un espíritu juguetón y dispuesto al cambio. Éstos adoran su alegría y sus magníficos diseños locos, novedosos y absolutamente originales.

Actualmente su producción es un verdadero imperio de millones de dólares, con tiendas en España y Francia que ofrecen ropa para adultos y niños, perfumes, elementos de decoración, sábanas y joyas audaces.

http://www.ekono.cl/detalle_artic.asp?id_artic=151

Una de cada diez industrias españolas es del sector moda.

Amaya Arzuaga

Basta con asomarse a cualquier tienda de ropa para encontrar su nombre cosido en muchas de las prendas que iluminan los escaparates *(les vitrines)*.

"No sé cómo surgió la vocación del diseño, creo que fue porque estaba harta del uniforme. En casa, por el trabajo de mi madre, siempre se ha respirado un ambiente de moda. De pequeña jugaba al escondite entre los hilos, o en el almacén, con los jerséis *(pull-over)*."

http://www.el-mundo.es/larevista/num81/textos/amaia2.html

España: **segundo** exportador mundial de trajes de novia *(robes de mariée)*.

Para DEVOTA & LOMBA

la elegancia es "la naturaleza propia de la persona." La moda española es "supercreativa".

Para ROBERTO VERINO

"la elegancia es la silenciosa expresión del conocimiento".
Le parece que la moda española es "plural, cómoda, creativa, luminosa y elegante. En síntesis, una manifestación tan funcional como artística que mueve más de un billón de pesetas al año. Algo, como se ve, divertido pero muy serio."

http://personales.com/espana/salamanca/fashionweb/belleza.htm
http://mujer.terra.es/muj/articulo/html/mu22715.htm

Recorre con atención los textos e imágenes de esta página doble y destaca para tus compañeros los elementos que contribuyen al dinamismo de la moda española.

(E) La casa de Bernarda Alba

F. García Lorca con escritores, Buenos Aires, 1933.

Verano en un pueblo del sur de España. Acaba de morírsele el marido a Bernarda. Sala oscura. Las cinco hijas.

Bernarda –Niña, dame el abanico[1].

Adela –Tome usted. *(Le da un abanico redondo con flores rojas y verdes.)*

Bernarda *(arrojando el abanico al suelo)* –¿Es éste el abanico que se da a una viuda[2]? Dame uno negro y aprende a respetar el luto[3] de tu padre.

Martirio –Tome usted el mío.

Bernarda –¿Y tú?

Martirio –Yo no tengo calor.

Bernarda –Pues busca otro, que te hará falta. En ocho años que dure el luto no ha de entrar en esta casa el viento de la calle. Haremos cuenta que hemos tapiado con ladrillos[4] puertas y ventanas. [...] Mientras, podéis empezar a bordar el ajuar[5]. En el arca tengo veinte piezas de hilo con el que podréis cortar sábanas y embozos[6]. Magdalena puede bordarlas.

Magdalena –Lo mismo me da[7].

Adela *(agria)* –Si no quieres bordarlas irán sin bordados. Así las tuyas lucirán más.

Magdalena –Ni las mías ni las vuestras. Sé que yo no me voy a casar. Prefiero llevar sacos al molino. Todo menos estar sentada días y días dentro de esta sala oscura.

Bernarda –Eso tiene ser mujer[8].

Magdalena –Malditas sean las mujeres.

Bernarda –Aquí se hace lo que yo mando[9]. [...] Hilo y aguja para las hembras. Látigo y mula para el varón[10]. Eso tiene la gente que nace con posibles[11].

Federico García Lorca, *La casa de Bernarda Alba*, Acto primero, 1936.

1. *l'éventail.*
2. *une veuve.*
3. *le deuil.*
4. *On fera comme si nous avions muré avec des briques.*
5. *broder le trousseau.*
6. *couper des draps et des rabats.*
7. Me da igual.
8. *C'est cela être une femme.*
9. *j'ordonne.*
10. *Fil et aiguille pour les femmes. Fouet et mule pour les hommes.*
11. *les fils et filles de bonne famille.*

Para empezar

La situación

Al principio • el luto • la madre • *vivre enfermées,* vivir encerradas • impedir [i] ∅ • salir.

Puntos clave

Ocho años de reclusión L. 1-14

Ordenar que + *subj.* • autoritaria • con violencia • una ofensa • *rudoyer,* tratar duramente • decidir ∅ • *emmurées,* emparedadas • *le qu'en-dira-t-on,* **el qué dirán** • una cárcel • la oscuridad • una sentencia • la resignación • *se consacrer à,* dedicarse a • sacrificar • la juventud • **dirigirlo todo.**

Rebelión de las hijas y despotismo de la madre L. 15-23

Rebelarse • las hermanas • *se disputer,* reñir [i] • desobedecer las órdenes • las convenciones sociales • *refuser,* **rechazar** • someterse • la libertad • una reivindicación • oponerse a • patético • el dolor • expresar • la autoridad despótica.

Tu sentir

Conflicto de generaciones

Un punto de vista • *être en désaccord,* **discrepar** • *démodé,* anticuado • el respeto • aceptar • *s'efforcer de,* **esforzarse [ue] por** • la comprensión.

"Morir a fuego lento."

Pistas

Pelando la pava *(Occupés à faire la cour)*
La grille, la reja · **a través de** · la sombra · tocar la guitarra · abanicarse · *des propos amoureux,* galanterías · *faire les yeux doux,* mirar con ternura · *le charme,* **el encanto**.

Amores de antaño
Una foto en blanco y negro · **las costumbres** · pasado(a) de moda · romántico(a) · los padres · *même pas,* **ni siquiera** · *surveiller,* vigilar · la mentalidad · **evolucionar**.

Recuerda

LE FUTUR

- ***Verbes réguliers***
  Infinitif + terminaisons : **-é, -ás, -á, -emos, -éis, -án.**
  Remarquez l'accent écrit sur cinq personnes !
- ***Verbes irréguliers***
  Quelques verbes changent de radical, mais les terminaisons sont identiques.
  Poder, **podré** – Tener, **tendré**.
  Gr. § 21.2.
- *Dans une subordonnée circonstancielle de temps au futur, l'espagnol emploie le subjonctif présent :*
  En ocho años que **dure** el luto... → *Pendant les huit années que* ***durera*** *le deuil...*
  Gr. § 32.2.

> Entrénate

Complète les phrases suivantes :
–No saldrán mientras...
–Bernarda mandará hasta que...
–Las hijas bordarán el ajuar cuando...
–Se casará en cuanto...

(E) ATELIERS > >>

AUTONOMÍAS

> ATELIER 1 * réalisation 10' (assistant) > B1-1

Las atribuciones y competencias de las Comunidades Autónomas

CD > PLAGE > 7

Tienen potestad, *ils ont autorité* – la sanidad, *la santé* – el fomento, *la promotion.*

Écoute ton enregistrement autant de fois que nécessaire et complète le tableau.

	Sí	No	Completa o rectifica
La Constitución no establece la unidad de la nación española.			
En España existen diecinueve Comunidades Autónomas.			
Existen dos ciudades autónomas.			
Las Autonomías no tienen muchos poderes.			
Asumen, por ejemplo, las obras públicas, la defensa, la educación.			

MON BILAN
j'ai pu...
je dois encore améliorer...

> ATELIER 2 ** réalisation 15' (assistant) > B1-2

La organización de las Comunidades Autónomas

CD > PLAGE > 8

Écoutez votre enregistrement.
Remettez les phrases du tableau dans l'ordre, puis complétez-les à l'aide des mots de la liste.

Mots à placer : Xunta – Asamblea autonómica – Consejo de Gobierno – presidente – consejeros o consejeras – Tribunal Superior de Justicia – Generalitat – un Parlamento – elecciones autonómicas – Junta.

Vous ferez ensuite une présentation orale des trois pouvoirs.

A El poder ejecutivo lo ejerce un ...., que se denomina de forma diferente en cada Comunidad:	B El Consejo está formado por un ...., elegido por la Asamblea, y por diversos	C .... en Galicia, ... en Cataluña y en la Comunidad Valenciana, ... en Andalucía, etc.
D Por último, el poder judicial corresponde al ...., que está sometido al Tribunal Supremo del Estado.	E La división de los poderes está presente en las Comunidades Autónomas:	F El poder legislativo reside en ...... o ...., cuyos diputados y diputadas son elegidos por sufragio universal en las ....

Ciencias sociales, Geografía 1er ciclo, Anaya, 2000.

MON BILAN
j'ai pu...
je dois encore améliorer...

> ATELIER 3 * réalisation 10' (assistant) > B1-1

Las banderas de seis Comunidades Autónomas

CD > PLAGE > 9

La bandera, *le drapeau* – **bicrucífera,** *à double croix* – **de aspa,** *en forme de X* – **carmesí,** *cramoisi* – **anchura,** *largeur.*

Écoute ton enregistrement et relie chaque Autonomie à son drapeau. Justifie oralement tes choix.

1 Andalucía **2 Cataluña** **3 Galicia** **4 Madrid** **5 Murcia** **6 País Vasco**

A

B

C

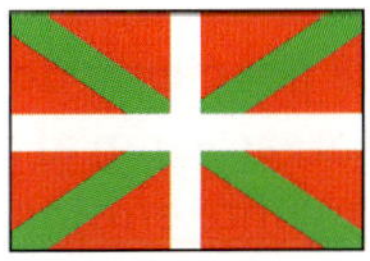
D

E

F

MON BILAN j'ai pu...
je dois encore améliorer...

> ATELIER 4 ** réalisation 15' (en classe ou à la maison) > B1-2

Un vasco critica los abusos respecto al euskera *(par rapport à la langue basque)*

"Muchos de los vascoparlantes consideran muy gracioso *(amusant)* hablar en euskera delante de gente que no lo entiende, para señalarle así su desprecio *(mépris)* y su supuesta condición de extranjero o colono. Además de la tremenda falta de educación, saber estar y sentido común, esta forma de marginar a los no conocedores del euskera, "me da cien patadas" *(m'embête)*. Por si esto fuera poco, los matices *(nuances)* políticos del idioma han convertido *(ont transformé)* los actos de divulgación y protección del euskera en una especie de fiesta nacionalista privada, llena de alusiones políticas... ❶ Hemos conseguido *(Nous avons obtenu)* que si a alguien se le ocurre hablar en euskera en un bar de Madrid, se le eche a la calle. ❷ Y es que el euskera ha tomado tanta importancia que cualquiera que no lo hable (o al menos, lo balbucee dignamente) no puede entrar a formar parte de ninguna pieza de la lehendakaritza, entiéndase esto como Administración, docencia *(enseignement)* en la Universidad, medios de comunicación públicos. ❸ Un vasco puede optar a los puestos que convoque la administración central o autonómica en Cáceres o Segovia, mientras que un segoviano o un cacereño lo tienen ciertamente difícil para acceder a una plaza en Euskadi *(Pays Basque)*, a no ser que decidan aprender euskera." ❹

http://www.lapaginadefinitiva.com/politica/debate25.htm

❶ ¿Qué representa hablar euskera para ciertos vascoparlantes?
❷ Según el que escribe, ¿cómo reaccionan en las otras Comunidades Autónomas?
❸ ¿Qué exige la Comunidad Autónoma vasca a los que quieren obtener un puesto en la Administración?
❹ ¿En qué pueden ser diferentes la situación de un vasco en Castilla y la situación de un castellano en el País Vasco?

MON BILAN j'ai pu...
je dois encore améliorer...

RECUERDA

Un parlamento, *un parlement.*
Una Comunidad Autónoma.
El fomento, *la promotion.*
Una bandera, *un drapeau.*

(E)

Un desierto llamado España

Un 31,8 por ciento de todo el territorio español, es decir, 15,9 millones de hectáreas están al límite de sus recursos naturales, con los suelos totalmente erosionados. Las zonas más afectadas son Levante (sobre todo Alicante y Murcia), Andalucía (Almería) y las islas Canarias (Las Palmas), zonas cuyo grado[1] de desertificación prácticamente alcanza el cien por cien. Hay varias causas que explican el deterioro de nuestros suelos en estas regiones y que se pueden extender a gran parte del territorio.

España es un país cuyas cuatro quintas partes[2] de terreno son mediterráneas. Esto quiere decir que el recurso natural del agua es limitante. Y muchas veces nos hemos excedido en su uso. Demasiadas veces. Según señala el experto Gabriel del Barrio, “al no tener suficiente agua, en tierras agrícolas y ganaderas se ha solido recurrir a[3] los acuíferos (pozos[4] para la extracción del agua que fluye por el suelo y el subsuelo), y se han sobreexplotado, como ha sucedido, por ejemplo, en Castilla-La Mancha causando un decrecimiento[5] en los afluentes de los ríos.”

En otras zonas como Extremadura, la causa mayor de la desertificación se ha debido a que, según del Barrio “se tiende a subvencionar por cabeza de ganado[6] y, por tanto, los ganaderos tienden a tener más animales de los posibles provocando un problema de sobrepastoreo[7] que acaba con las tierras.”

Las asociaciones ecologistas han puesto el dedo en la plaga de la sobreexplotación de acuíferos y la construcción de invernaderos[8], esa alfombra plastificada que aparte de ser un lugar de explotación de marroquíes, suramericanos o europeos del Este, explota también la tierra.

En este sentido, Gabriel del Barrio manifiesta que si Almería atraviesa graves problemas de desertificación en la actualidad se debe a que los cultivos bajo plástico, que ya alcanzan más de 40.000 hectáreas de suelo, están a punto de causar tres problemas: la sobreexplotación y salinización de los acuíferos (por la extracción del agua marina) y la destrucción del suelo donde se implantan.

Paula Corroto, *Cambio 16*, 02/06/2003.

1. *le degré.*
2. *les quatre cinquièmes.*
3. *avoir recours à.*
4. *puits.*
5. *ici, une baisse.*
6. *tête de bétail.*
7. *surpâturage.*
8. *de serres.*

Para empezar

Una situación alarmante... L. 1-5
Épuiser, **agotar** · **estéril** · *devenir,* **volverse [ue].**

Puntos clave

...que amenaza con generalizarse L. 6-15
Afectar · *la majeure partie,* **la mayor parte** · *des ressources peu nombreuses,* **recursos escasos** · *économiser,* **ahorrar** · *au lieu de,* **en vez de.**

El caso de los ganaderos *(éleveurs)* L. 16-19
Recibir subvenciones · **una política oficial** · **un efecto perverso** · **suscitar** · **no preocuparse por.**

Una agricultura intensiva nefasta L. 20-28
La rentabilidad · *s'étendre,* **extenderse** · **irresponsable** · *envisager l'avenir,* **contemplar el porvenir** · *cela lui est égal,* **ni le va ni le viene** · **un patrimonio común.**

Tu parecer

À la maison, préparez un court dialogue dans lequel un écologiste essaie de convaincre un agriculteur de changer ses pratiques.

Ganarse la vida · *ne pas avoir le choix,* **no tener otro remedio** · *économiser,* **ahorrar** · **un abuso.**

Hay muchas Asturias y todas están muy cerca.

Hay una Asturias primitiva y salvaje, en la que el tiempo parece haberse detenido; hay una tapizada en verde y otra teñida de azul. Una de agua y de roca, y otra de hierba y de arena y, en todas, la naturaleza es soberana. Hay una Asturias para el paseante y otra para el deportista; una que invita a la calma y otra que incita a la aventura; una llena de historia y de tradición y otra rebosante de dinamismo y modernidad; una silenciosa y otra musical; una que siempre cambia y otra que siempre es igual; una de colores y otra de sabores; una rural y otra cosmopolita; una detenida en el pasado y otra que corre hacia el futuro. Hay muchas Asturias esperándote y, para encontrarlas todas, no tendrás que ir muy lejos porque están todas cerca. Y, precisamente, porque son muchas, Asturias sólo hay una.

Asturias
paraíso natural

Haberse detenido, *S'être arrêté* – soberana, *souveraine* – rebosante, *débordante* – sabores, *saveurs*.

Pista

Regarde et lis la publicité puis définis séparément chacun des deux visages des Asturies. Explique ce qui à tes yeux fait l'attrait des Asturies.

La costa norte · **un clima húmedo** · *pleuvoir,* **llover [ue]** · *jouir de,* **gozar de** · **un verano soportable** · *un village de montagne,* **un pueblo serrano** · **lo verde** · *faire du vélo,* **hacer bici** · **una naturaleza generosa** · **los deportes marítimos** · **estar de moda.**

Recuerda

LA NUMÉRATION ET LES POURCENTAGES

- *Les nombres décimaux*
  2,5: dos coma cinco – **15,9**: quince coma nueve.
- *Les pourcentages sont toujours exprimés avec un article défini ou indéfini.*
  Un 31,8%: **un** treinta coma ocho **por ciento**.
  El 50%: **el** cincuenta **por ciento**.
  Attention : 100% → el **cien por cien**.
- *Les fractions sont habituellement suivies de* parte(s).
  1/3 = la tercera parte.
  3/4 = las tres cuartas partes.
  4/5 = las cuatro quintas partes.
  1/10 = la décima parte.
  Gr. § 2.1.

Entrénate

1. *Rédige en toutes lettres :*
2/5; 1/4; 53,8%; 99%; 40.000; 15,9.
2. *Retrouve les expressions suivantes dans le texte et cherche la meilleure traduction possible :*
según señala el experto / aparte de ser / por tanto los ganaderos / en este sentido, Gabriel del Barrio manifiesta que.

(E) Fotografía española

Una instantánea • **en blanco y negro** • *un plongeur,* **un buzo** • *nager,* **nadar** • *faire semblant de,* **fingir** • *un canular,* **una broma** • *un pari,* **una apuesta** • *amusant,* **gracioso(a)** • **después de** • *pleuvoir des cordes,* **llover [ue] a cántaros** • **mover [ue] a risa** • **el paraguas** • *les passants,* **los transeúntes** • **insólito(a)** • *un déluge,* **un diluvio** • el mar.

Cristina García Rodero, *El buzo*, 1987.

Ouka Lele, *El Hortelano con pajarita de escuadras*, 1980.

El retrato de un pintor • *un nœud papillon,* **una pajarita** • *une équerre,* **una escuadra** • **una regla** • *pinceaux, feutres et crayons,* **pinceles, rotuladores y lápices** • *une prise électrique,* **un enchufe** • *une carte,* **un mapa** • **al revés.**

TORRECILLA,
No war, 2003.

Una foto de prensa · **manifestarse [ie] contra** · **la guerra contra Irak** · **pintarse** · *une tête de mort*, **una calavera** · **la ropa rota** · *brûler*, **quemar** · **como si** + *subj. imp.* · *une explosion*, **un estallido** · *être couché*, **estar tendido.**

Cerca de 1500 manifestantes se concentraron esta noche frente a la oficina de negocios de EE UU en A Coruña en consonancia con el llamamiento internacional contra la guerra.

EFE, Galicia, A Coruña, 20/03/2003.

Francesc CATALÀ-ROCA,
Salvador Dalí, 1953.

Célèbre, **famoso(a)** · **el pintor** · **mirar hacia lo lejos** · **el pelo** · **el viento** · *d'en bas*, **desde abajo** · *un peignoir*, **un albornoz** · *porter*, **llevar** · **una cruz** · **como un niño** · **simbólico(a).**

Choisissez une photo que vous présenterez à la classe. Préparez aussi quelques questions pour faire participer vos camarades.

(E)

La poesía es un arma cargada de futuro*

* *En estas estrofas, publicadas en tiempos de la dictadura franquista, Gabriel Celaya exponía una concepción de la poesía comprometida* (engagée).

Voz del pueblo, voz del cielo.

[...] Poesía para el pobre, poesía necesaria
como el pan de cada día,
como el aire que exigimos trece veces por minuto,
para ser y en tanto somos dar un sí que glorifica.

Porque vivimos a golpes[1], porque apenas si nos dejan
decir que somos quienes somos,
nuestros cantares no pueden ser sin pecado un adorno[2].
Estamos tocando el fondo.

Maldigo la poesía concebida como un lujo[3]
cultural por los neutrales[4]
que, lavándose las manos, se desentienden[5] y evaden.
Maldigo la poesía de quien no toma partido hasta mancharse[6].

Hago mías las faltas. Siento en mí a cuantos sufren
y canto respirando.
Canto, y canto, y cantando más allá de mis penas
personales, me ensancho[7].

Quisiera daros vida, provocar nuevos actos,
y calculo por eso con técnica, qué puedo.
Me siento un ingeniero del verso y un obrero
que trabaja con otros a España en sus aceros. [...]

Gabriel Celaya, *Cantos iberos*, 1955.

1. *à force de coups.*
2. *un ornement.*
3. *un luxe.*
4. *ceux qui restent neutres.*
5. se desinteresan.
6. *jusqu'à se salir.*
7. *je m'élargis.*

Para empezar

La poesía es un arma cargada de futuro
El título • *frappant,* **llamativo** • enigmático • en vez de • matar • dar vida • *une conception,* un concepto.

Puntos clave

Poesía esencial V. 1-8
La dictadura • la censura • luchar por vivir • una necesidad • vital • tan... como • comer • respirar • **permitir ∅** • resistir ∅ • afirmar • la identidad • **repetir [i]**.

No al poeta neutral, sí al poeta obrero V. 9-16
Condenar • inmoral • privilegiar • la forma • al contrario • *s'engager,* **comprometerse** • solidario • *le porte-parole,* **el portavoz** • responsabilizar • **actuar** • la metáfora.

Poesía para construir futuro V. 17-20
Avec les autres, con los demás • construir • tener [ie] los pies en la tierra • transformar • la sociedad.

Tu parecer

À deux, discutez et illustrez par des exemples concrets l'un des arguments suivants. Puis présentez votre travail à la classe.
La palabra es un lujo. – A veces, hablar es decisivo. – La función de la poesía y/o de la canción en la sociedad actual.

Va por ustedes, *C'est pour vous.*

Pistas

Carátulas *(Pochettes)* **insólitas**

Tres grupos · **actual** · **famoso(a)** · **anticonformista** · **los instrumentos** · *les personnages,* **las figuras** · **el cómic** · **Thor** · **la mitología nórdica** · **un personaje de leyenda** · *exploser,* **estallar** · **como una bomba** · **cambiar** · **el nombre** · **la paradoja** · **entre adulto y niño** · *le geste,* **el ademán** · **el humor.**

Dis si ces pochettes te donnent envie d'écouter les CD, et pourquoi. Un(e) camarade donnera aussi son point de vue et échangera avec toi. Ce sera l'occasion pour vous de dire ce que vous attendez d'une chanson.

Recuerda

LE PRÉSENT DE L'INDICATIF ET LE « JE »

- *Les verbes réguliers :* ***Gr. § 18.1.***
- *Les diphtongues :* poder, p**u**edo – pensar, p**ie**nso.
- *Les verbes à alternance :* pedir, p**i**do.
- *Les verbes en* –zco : conocer, cono**zco**.
- *Les verbes en* –go : decir, di**go**.
- *Les verbes en* –oy : dar, d**oy**.
- Saber, **sé** – ver, v**eo**.
  Gr. § 18.

> Entrénate

Dans le poème, relève les formes verbales à la 1re pers. du sing. du présent de l'indicatif (V. 9-20). Donne leur infinitif et classe-les selon les différentes catégories proposées dans **Recuerda**.

(E) El dos y el tres de mayo

El dos de mayo de 1808, un incidente provocó la sublevación de la población de Madrid contra las tropas francesas de Napoleón.
El tres de mayo, empezó una violenta represión contra los insurgentes. El pintor Francisco de Goya fue testigo de aquellos días que dieron la señal de la guerra de la Independencia.

Francisco de Goya, *El dos de mayo,* 1814. Óleo sobre lienzo, 268 x 347 cm.

Francisco de Goya, *El tres de mayo de 1808 en Madrid* o *Los fusilamientos de la montaña del Príncipe Pío,* 1814. Óleo sobre lienzo, 268 x 347 cm.

Para empezar

Un escenario lúgubre

Las afueras de Madrid · fusilar · de noche · *la lanterne,* **el farol** · *sans cesse,* sin parar · *éclairer,* **alumbrar** · *la foule,* la multitud · el pelotón de ejecución · los colores · los marrones y ocres · **un claroscuro** · un triángulo de luz · dramático.

Puntos clave

El pelotón, máquina de matar

La lumière, la luz • *diviser,* **dividir** • el pueblo • los soldados • *de dos,* **de espaldas** • *à contre-jour,* a contraluz • el uniforme • la repetición • la postura • alineados • el orden • la disciplina • *l'armée,* **el ejército** • *bien équipés,* bien pertrechados • *le sabre,* el sable • **anónimos** • *aveugles,* ciegos • *à l'aveuglette,* a ciegas • *à bout portant,* a quemarropa • *viser,* **apuntar** • los fusiles • *ressembler à,* **parecerse a** • **nos da la sensación de que** • invencible • estático • un bloque • deshumanizados.

Los fusilados, patéticos

S'entasser, arracimarse • en plena luz • *terrorisés,* aterrorizados • el desorden • toda la diversidad de los sentimientos • *ressentir,* **experimentar** • *chacun,* cada uno • *l'effroi,* el pavor • *se cacher le visage,* taparse la cara • *face à face,* **cara a cara** • *attendre son tour,* esperar su turno • irremediable • la desesperanza • *s'agenouiller,* arrodillarse • *déjà,* ya • *le sang répandu,* la sangre derramada.

Frente a la muerte

Les bras en croix, con los brazos en cruz • *se détacher,* destacar • una posición central • *lancer un cri,* lanzar un grito • la humanidad • una figura emblemática • **la lucha por la independencia** • una causa justa • el sacrificio.

Tu sentir

Una dimensión universal

Le témoignage, **el testimonio** • un cuadro monumental • expresar • por una parte... por otra • *une violence inouïe,* una violencia inaudita • *au-delà de,* más allá de • la expresión de una idea • el espíritu de resistencia.

DOS DE MAYO DE 1808
ORDEN DEL DÍA

(En francés y en español a dos columnas.)

Soldados:

La población de Madrid se ha sublevado y ha llegado hasta el asesinato. La sangre francesa ha sido derramada[1]; clama por la venganza: en consecuencia mando lo siguiente:

Art. I.
El general Grouchy convocará esta noche la comisión militar.

Art. II.
Todos los que han sido presos en el alboroto[2] y con las armas en la mano serán arcabuceados[3].

Art. III.
Todos los habitantes, quienes después de la ejecución de esta orden se hallaren armados o conservasen armas sin una permisión especial, serán arcabuceados.

Art. IV.
Toda reunión de más de ocho personas será considerada como una junta[4] sediciosa, y deshecha por la fusilería.

Art. V.
Todo lugar en donde sea asesinado un francés será quemado[5].

Dado en nuestro Cuartel General de Madrid
a 2 de Mayo de 1808.
Firmado Joachim,
por mandado de S.A.I. y R.
El jefe del Estado Mayor general Belliard.

1. *versé.* 2. *pris dans les émeutes.* 3. fusilados. 4. *un rassemblement.* 5. *sera brûlé.*

Pistas

Un documento oficial

La administración francesa • la ocupación • *le rôle,* **el papel** • una reacción inmediata • tener miedo a que + *subj.* • la inseguridad • protegerse.

La represión

Se venger, **vengarse** • *interdire,* prohibir • la injusticia • expeditivo • *étouffer la révolte,* sofocar la rebelión • *les droits,* **los derechos** • sublevarse • *menacer de,* amenazar con • *dissuader,* disuadir • *faire peur,* infundir miedo.

L'affiche fut publiée à Madrid en espagnol et en français, sur deux colonnes. À l'aide du dictionnaire, rétablis la version française.

(E) Plan contra la violencia

Ocurrir, *advenir*.

Para empezar

Un anuncio en dos partes

La Comunidad de Madrid · denunciar · **prevenir [ie]** · la violencia · contra las mujeres · dos páginas · derecha ≠ izquierda.

Puntos clave

Un encuentro decisivo

Joven · hermosa · sensual · suave · pensativa · lo que comprendemos · *un témoignage*, un testimonio · una historia de amor · *tomber amoureux*, **enamorarse** · los sentimientos · *le couple*, **la pareja**.

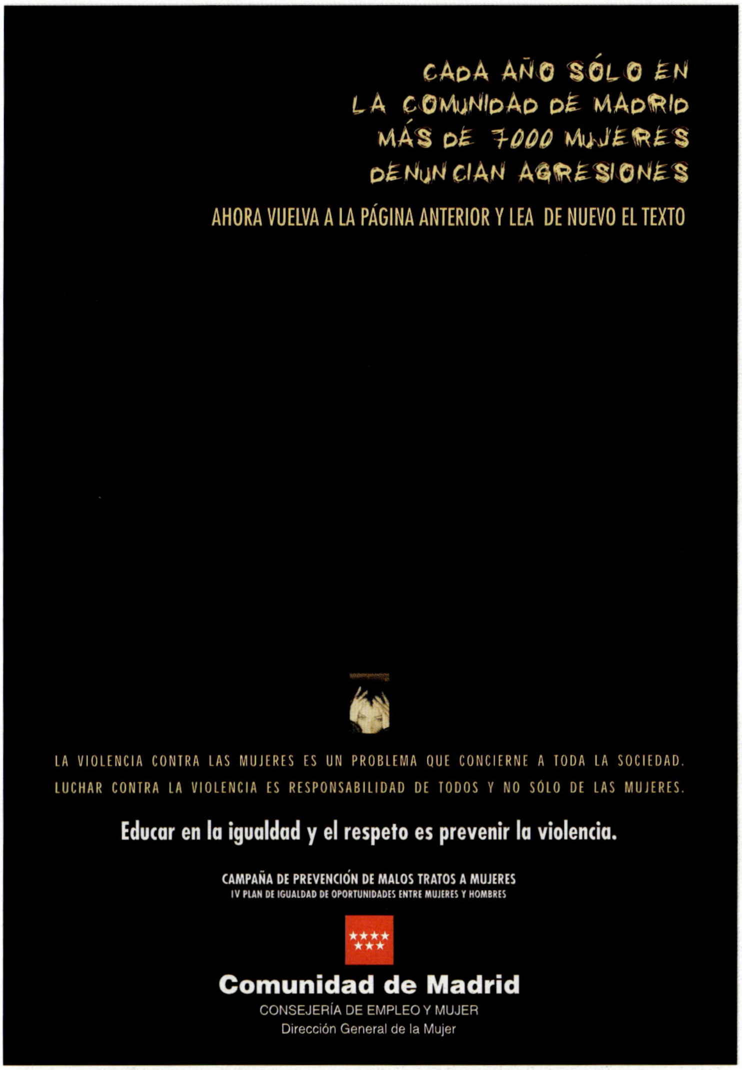

Una nueva lectura
L'écriture, la letra • informar • la estadística • volver [ue] de nuevo sobre la primera página • interpretar de modo diferente • leer de nuevo el texto • deducir • la víctima • **el culpable** • *agresser,* agredir • el horror • sugerido(a) • quizás • *des traces,* huellas • físico(a) • moral • *blesser,* herir [ie/i].

Prevenir [ie] educando
Un hecho de sociedad • **concernir [ie]** • ignorar • darse cuenta de que • *à côté,* al lado • *les proches,* los familiares • los poderes públicos • sobre todo • la educación • respetar • los valores fundamentales • individual • social • **el gobierno** • la paridad.

Tu parecer

Un anuncio eficaz
El contraste de colores • el misterio • dirigirse a • cada uno • a la vez que • todos • una toma de conciencia activa • impresionar • el impacto • un comportamiento • por todas partes • desde hace siglos • actual • incitar a que + *subj.* • **actuar** • una voluntad política.

FORGES, *El País,* 2002.

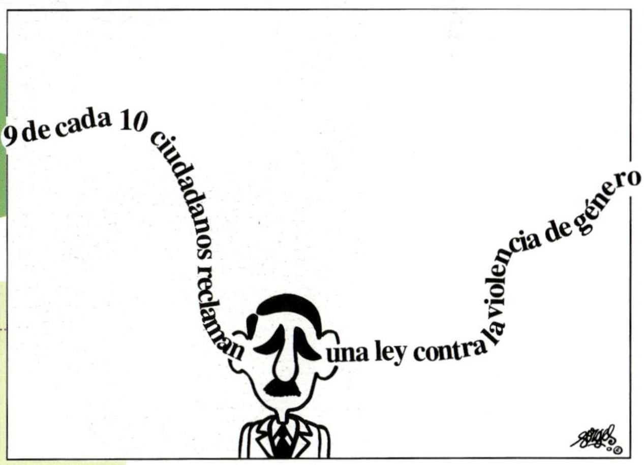

RECUERDA

EXPRIMER LE TEMPS

- *Il y a peu de temps,* **hace poco**
- *dès lors,* **desde entonces**
- *depuis (date précise),* **desde**
- *depuis (durée),* **desde hace**
- *un jour ou l'autre,* **algún día**
- *toujours,* **siempre**
- *de nos jours,* **hoy día**
- *souvent,* **a menudo**
- *maintenant,* **ahora**
- *bientôt,* **pronto.**

> ENTRÉNATE

Tu es chargé(e) de présenter au conseil municipal la campagne contre la violence faite aux femmes. Rédige dix lignes montrant l'ampleur du problème, ses manifestations et les propositions du maire en utilisant un maximum d'expressions de temps.

(E) ATELIERS >>>

SALIR ADELANTE

> ATELIER 1 ** réalisation 15' > B1-2

Dar clases *(des cours)* **particulares**

CD > PLAGE > 10

La asignatura, *la matière (scolaire)* **– una cabecita loca,** *un(e) écervelé(e).*

Écoutez votre CD, retrouvez l'équivalent des expressions suivantes et notez-les.

Quelque chose où tu te débrouilles – Si les études, c'est ton affaire – Peu importe que – que ça marche super bien en langues – si tu t'engages auprès de quelqu'un – prends les choses au sérieux.

Écoute à nouveau ton CD et présente à ton tour des conseils à ta (ton) camarade qui doit donner des cours particuliers. Tu emploieras trois des expressions que tu as notées.

Avec ta (ton) camarade, imaginez un scénario de négociation du tarif de l'heure de cours : l'un sera celui qui propose ses services, l'autre jouera le rôle de la mère (du père) de l'élève qui a besoin de soutien.

Soler [ue] • dar clases • el año pasado • *déjà,* **ya • progresar • ir en bici •** *chez vous,* **a (en) su casa • unos euros • de acuerdo.**

MON BILAN j'ai pu...
je dois encore améliorer...

> ATELIER 2 * réalisation 15' (en classe ou à la maison) > B1

Currículo

CD > PLAGE > 11

Écoute ce récit de la vie du poète et dramaturge Federico García Lorca et complète son curriculum vitae.

Datos personales:
Nombre y apellidos: ....
Fecha de nacimiento: ....
Lugar de nacimiento: ....
Hermanos: ....
Formación académica: ....
Otros cursos y seminarios: ....
Experiencia profesional: ....
Idiomas: ....
Estancias (Séjours) *en el extranjero:* ....
Otros datos de interés: ....

Federico García Lorca, 1919.

Prépare maintenant ton propre curriculum vitae pour postuler à un stage.

MON BILAN j'ai pu...
je dois encore améliorer...

ATELIER 3

** préparation 15' - réalisation 2' (assistant) > B1-1

¡Ojo con tu imagen!

CD > PLAGE > 12

Los zapatos, *les chaussures* **– las uñas,** *les ongles* **– el escote,** *le décolleté* **– el vestido,** *la robe* **– la corbata,** *la cravate* **- la carpeta,** *le dossier.*

Dans un entretien d'embauche, l'image que vous donnez de vous est importante. Écoutez ces conseils et associez chacun à la vignette qui lui correspond. Attention aux vignettes intruses !

Avec ta (ton) camarade, préparez-vous maintenant pour un prochain entretien en vous donnant réciproquement des conseils.

Peinarse • la vestimenta • llamar la atención • una imagen formal • clásico(a) • *la jupe,* **la falda • el pantalón •** *prendre un stylo à bille,* **llevar un bolígrafo • varias copias • papel blanco •** *la montre,* **el reloj • ser puntual • el lugar • la dirección • el plano.**

A

B

C

D

E

F

G

MON BILAN j'ai pu...
je dois encore améliorer...

ATELIER 4

** préparation 15' - réalisation 2' (assistant) > B1-1

¡Sácate unos euros!

CD > PLAGE > 13

Buzones, *boîtes à lettres* **– octavilla entregada,** *tract distribué.*

Écoutez le CD plusieurs fois et répondez par écrit aux questions.

¿Cuáles son las dos formas de repartir publicidad?
¿Qué se puede encontrar en las páginas amarillas?
¿Cómo se paga el reparto de publicidad?
¿Cuánto se puede ganar en un día?

CD > PLAGE > 14

Gogó, *danseur-animateur* **– tener buen tipo,** *être beau garçon* **– el encargado,** *le responsable.*

Écoutez le CD et placez sur la carte le nom des lieux que vous entendez.

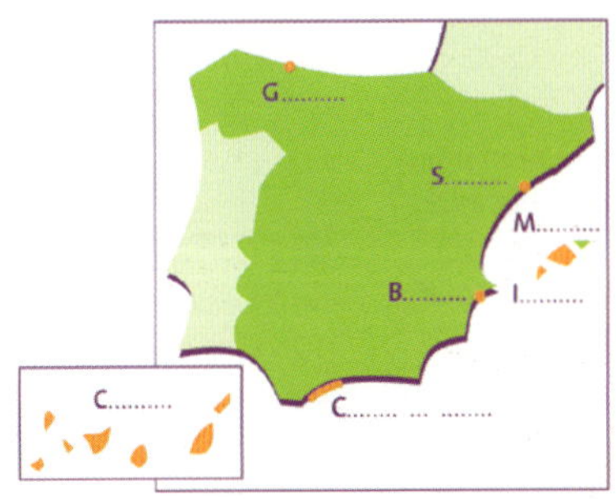

Avec ton camarade, écoutez à nouveau le CD puis discutez de ce qui vous convient ou non dans les deux emplois, en réutilisant une partie du vocabulaire entendu.

MON BILAN j'ai pu...
je dois encore améliorer...

RECUERDA

Los idiomas, *les langues vivantes.*
La asignatura, *la matière (scolaire).*
La carpeta, *le dossier.*
La empresa, *l'entreprise.*
Una octavilla, *un tract.*

(E) Canción de Casandra

6

Dicen que me case yo:
no quiero marido, no.

Más quiero vivir segura
n'esta sierra a mi soltura[1],
que no estar en ventura
si casaré bien o no.
Dicen que me case yo:
no quiero marido, no.

Madre, no seré casada
por no ver vida cansada[2],
o quizá mal empleada
la gracia que Dios me dio.
Dicen que me case yo:
no quiero marido, no.

No será ni es nacido
tal para ser[3] mi marido;
y pues que tengo sabido[4]
que la flor yo me la só[5]
dicen que me case yo:
no quiero marido, no.

Gil Vicente, *Auto de la Sibila Casandra*, 1513.

1. *à mon aise.*
2. *ennuyeuse.*
3. el que será.
4. *ici, éprouvé.*
5. soy.

« El que se casa, por todo pasa. »

Para empezar

La situación V. 1-2
La que habla · una muchacha · *refuser de*, **negarse [ie] a** · casarse.

Puntos clave

Una moza rebelde V. 3-8
La felicidad · al azar · los padres · la gente · *honnête*, **honrado(a)** · *refuser*, rehusar · *la coutume*, **la costumbre** · la sierra · apartado(a) · un valor simbólico.

Una moza atrevida *(audacieuse)* V. 9-14
La vida matrimonial · su madre · parecer · *l'ennui*, el aburrimiento · *ennuyeux(se)*, aburrido(a) · *rejeter*, **rechazar** · el modelo · la semejanza fónica · *se méfier de*, **desconfiar de** · consciente · su belleza · disfrutar · insistir en · el estribillo · las rimas.

Una moza muy determinada V. 15-20
La certitude, la certidumbre · resistir · independiente · *la fierté*, el orgullo · defender [ie] · **merecer** · reivindicar · la libertad · desflorar · la forma sencilla · la repetición.

Tu sentir

Una composición tradicional con tema actual
Una composición · popular · la musicalidad · la ligereza · versos octosílabos · la frescura · lírico(a) · hoy · la pasión · *partager*, **compartir** · convivir · la libertad · **el casamiento** · el futuro.

Lisez le poème à quatre voix de façon expressive.

MAITENA, *El País Semanal*, 14/12/2003.

Pistas

Una historieta expresiva

La estructura · *un cliché*, un tópico · *la bulle*, el bocadillo · matizar · *l'allure*, la pinta · el rasgo de carácter · divertido(a) · sugestivo(a) · exagerar · *affectueux(se)*, cariñoso(a) · burlarse de.

La visión de la mujer actual

Exigente · contradictorio(a) · profesional · social · personal · la independencia · la sensualidad · dinámico(a) · el estereotipo · idealista · querer [ie] lo imposible.

Imaginez maintenant les textes d'au moins trois vignettes consacrées à l'homme moderne.

Le cadre, el ejecutivo · *réussir*, triunfar · el coche · *vite*, de prisa · el tiempo · practicar deportes · *faire la fête*, ir de juerga · *partager*, compartir · la novia · seducir · un don Juan · *le prince charmant*, el príncipe azul · viajar · el estrés · *commander*, mandar · el poder.

RECUERDA

***DIRE DE...*, DECIR QUE...**

Dicen que me case. *Ils me **disent de** me marier.*
Gr. § 32.2.

> ENTRÉNATE

Construis des phrases sur ce modèle :
Decir + escribir → Te digo que escribas.
Pedir + sacar una foto.
Rogar [ue] + volver [ue].
Aconsejar + hacerlo.
Prohibir + irse.

(E)

Definiciones del amor

7

Es hielo abrasador[1], es fuego helado,
es herida que duele y no se siente,
es un soñado bien[2], un mal presente,
es un breve descanso muy cansado[3].

Es un descuido que nos da cuidado[4],
un cobarde[5], con nombre de valiente[6],
un andar solitario entre la gente,
un amar solamente ser amado.

Es una libertad encarcelada[7],
que dura hasta el postrero parasismo[8];
enfermedad que crece si es curada.

Éste es el niño Amor, éste es su abismo.
¡Mirad cuál amistad tendrá con nada
el que todo es contrario de sí mismo[9]!

Francisco de Quevedo, *Poemas amorosos*, 1549.

1. *de la glace brûlante.*
2. *un bonheur rêvé.*
3. *repos très fatigant.*
4. *une insouciance qui nous cause du souci.*
5. *lâche.*
6. *courageux.*
7. *emprisonnée.*
8. la última crisis.
9. *Imaginez l'aversion pour tout que doit avoir celui qui en tout point se contredit.*

Para empezar

Definir el amor
El poeta · ilustrar · el carácter contradictorio · como un juego.

Puntos clave

Unas sensaciones físicas opuestas V. 1-4
Cada verso · articularse · *des termes opposés,* términos opuestos · la pasión · *inspirer,* **infundir** · emociones contrarias · extremado · *tantôt... tantôt,* **tanto... tanto** · la paradoja · parecer · predominar · *la déconvenue,* el desengaño.

Unos conceptos (ideas) y su revés V. 5-11
Jugar [ue] con las palabras · la semejanza fónica · el valor ≠ la cobardía · **la soledad** · *la foule,* la muchedumbre · el egoísmo · la cárcel · **la salud** · versos endecasílabos · la pausa · ritmos diferentes · evocar · *l'agitation,* el zarandeo · el alma · *un clin d'œil,* un guiño.

El niño Amor V. 12-14
La metáfora · personificar · insoportable · versátil · la inmensidad · el infierno · el paraíso · desconfiar de ≠ **confiar en.**

Tu sentir

El amor y tú
Excesivo · lírico · barroco · pesimista · *le coup de foudre,* **el flechazo** · una hormona · *être le jouet de,* ser juguete de · *la jalousie,* los celos · *lancer des compliments,* **echar piropos** · diferentes tipos de amor · el cariño · *la tendresse,* la ternura · el deseo · la vida.

Es hielo (V. 1) → Si pasa y no me mira, se me hiela el corazón.

Sur ce modèle, seul ou avec un camarade, imagine quelques situations qui pourraient illustrer des expressions du poème.

Es herida (V. 2) - es un soñado bien (V. 3) - es un cobarde (V. 6) - valiente (V. 6) - enfermedad que crece (V. 11).

El lenguaje del abanico

Antaño, cuando las mozas iban a bailar, las acompañaba su madre u otra persona adulta para vigilar su comportamiento. Como eran muy celosas, las jóvenes tuvieron que inventarse un medio para poder comunicarse con sus pretendientes a escondidas *(en cachette)*. Usaban su abanico en diferentes formas para transmitir los mensajes que deseaban.

Abrirlo y taparse la boca:
Estoy sola.

Presionarlo medio abierto sobre los labios:
Puedes besarme.

Guardarlo cerrado en las manos:
Cuidado ¡nos están observando!

Pasarlo por la mejilla: Te amo.

Colocarlo abierto en la mano izquierda:
Tengo ganas de conocerte.

Dejarlo caer:
Quedemos amigos.

Abanicarse rápidamente:
Estoy comprometida (fiancée).

Pista

¡A ver si sabes seducir!

(classe) *Comme une jeune Espagnole de jadis, envoie un message muet à l'un de tes soupirants avec une feuille de papier pliée en éventail. Tes camarades devront discuter en espagnol pour en déchiffrer le sens.*

Lo que está diciendo es que · **le reprocha que** + *subj.* · **le invita a que** + *subj.* · **desea que** + *subj.* · **teme que** + *subj.* · *les parents,* **los padres** · **no le quiere** · **mandar un beso** · *donner rendez-vous,* **citar** · **de noche y de día** · **infiel** · **amenazar** · **prometer.**

Recuerda

SER

Ser + *nom attribut, obligatoirement.*

El amor **es un fuego**.

Gr. § 29.2.

Entrénate

Relève dans le poème les emplois du verbe **ser** *suivi d'un nom attribut.*

(E) Crimen 8

Un hombre está sentado frente al mar en algún lugar de Francia, o en cualquier otro sitio. El hombre tiene ochenta años y poco más que hacer que sentarse frente al mar a pasar las tardes con un libro entre las manos. Su mujer es una adorable anciana que tal vez, seguramente, ha sido una mujer muy guapa. El caso es que vemos al hombre que lee y a su mujer que le mira desde la ventana. De pronto, el hombre deja caer el libro, y al principio pensamos que se ha quedado dormido, pero luego nos damos cuenta de que ha muerto.

Hasta ahí, nada fuera de lo normal. Y ahora es cuando empieza la historia. El forense[1] se dispone a extender el certificado por muerte natural, sin duda el más extraño de los papeles firmados[2], cuando se encuentra con una bala alojada[3] a tan sólo milímetros del corazón del anciano. Para su sorpresa y la de todos los que conocen a la pareja, familiares y amigos, el forense sale de la autopsia con una conclusión bien distinta: asesinato.

La policía del pequeño pueblo costero se rasca la cabeza[4]. No es de extrañar[5], nadie oyó un disparo[6], y es más, no había sangre en la ropa del hombre, ni agujero de bala, ni herida[7] sobre su pecho. Sí que la hay, dice el forense, señalando una pequeña cicatriz, pero se trata de una herida antigua. El comisario no entiende nada. Los vecinos se alarman, no hay nada que agite más a un pequeño pueblo que un crimen. La viuda guarda silencio. Al sacar el proyectil, los expertos en balística determinan el momento exacto del crimen. El anciano ha muerto, concluye el comisario, por herida de bala, de arma corta, disparada hace 48 años.

Se inicia una investigación, sin éxito. Es un crimen tan viejo que se han borrado ya todas las huellas[8].

Finalmente, traen a la única hija de la pareja desde París. La hija sabe algo, pero no dice nada. El comisario presiona. La hija llora. Su madre, que no soporta verla sufrir, se decide a confesar. El misterio se aclara. La anciana, la mujer que fue seguramente muy guapa, disparó contra[9] su marido 48 años atrás. La bala se quedó alojada en el corazón y el hombre siguió viviendo hasta que esa misma bala, un buen día, acabó matándole.

La anciana es juzgada por el asesinato de un hombre que no sólo la había perdonado, sino que había decidido seguir a su lado casi medio siglo más. El abogado defensor empieza su alegato[10] con estas palabras: "El corazón tiene razones que la razón no entiende."

El resultado del juicio no se lo cuento, ni tampoco por qué o en qué circunstancias ocurrió el crimen.

Ray Loriga, *El País*, 24/08/2003.

1. *Le médecin légiste.*
2. *procès-verbaux.*
3. *logée.*
4. *se gratte la tête.*
5. *Cela n'a rien d'étonnant.*
6. *de coup de feu.*
7. *de blessure.*
8. *toutes ses traces se sont effacées.*
9. *a tiré sur.*
10. *L'avocat de la défense commence sa plaidoirie.*

Para empezar

Los personajes y la situación

El marido · asesinado · su esposa · cuarenta y ocho años atrás · inesperadamente.

Puntos clave

Una muerte banal L. 1-8

Una pareja · **la armonía** · **pasarse el tiempo** + *gér.* · *la vieillesse,* **la vejez** · *profiter de,* **disfrutar ∅** · *mener une vie agréable,* **llevar una vida regalada** · *sans crier gare,* **de golpe y porrazo** · **morir [ue/u].**

Herido *(Blessé)* a muerte 48 años antes L. 9-23

Estar a punto de · descubrir · *ce qui est étrange,* lo extraño · deducir · revelar · la incomprensión · *un casse-tête,* **un rompecabezas** · *invraisemblable,* inverosímil · *mettre du temps à,* tardar en · durante.

Se aclara el misterio L. 24-37

À force de, de tanto · *mener l'enquête,* **investigar** · buscar · encontrar [ue] · una pista · *finir par,* acabar por · la culpable · *bien que,* aunque + *ind.* · olvidar · *une dispute conjugale,* una riña conyugal · *rester,* **permanecer** · un secreto.

> COMME AU BAC

Compréhension du texte

1 ¿Cuál fue la causa de la muerte del hombre?

Expression personnelle

2 Imagina en unas líneas el alegato *(plaidoirie)* del abogado defensor: "El corazón tiene razones que la razón no entiende..."

Traduction

3 *Traduis depuis* "Un hombre está sentado..." *jusqu'à* "...de que ha muerto." (L. 1-8)

Tu parecer

Imagine dans quelles circonstances a eu lieu ce crime.

Être jaloux, **tener [ie] celos** · quizás + *subj.* · ponerse nerviosa · *perdre la tête,* perder [ie] el seso · vengarse · *menacer de,* amenazar con · *se tromper,* **equivocarse** · indulgente.

"Antes de que te cases mira lo que haces."

Juan BALLESTA

El destripador, *l'éventreur* – ¡qué asco!, *quel dégoût !* – se está hurgando los dientes, *il se cure les dents* – un cerdo, un guarro, *un porc* – un ruido de lavabo succionante, *un bruit de siphon de lavabo.*

Pistas

Commence par traduire les paroles de la dernière vignette.

Las apariencias

Un couple, una pareja · el restaurante · *en tête à tête,* a solas · *face à face,* **cara a cara** · el ambiente · romántico(a) · estar enamorado(a) · *la tendresse,* la ternura · *porter à croire,* hacer creer · ideal.

La realidad

En fait, de hecho · *chacun(e),* cada uno(a) · **pensar [ie] en** · *une bulle,* un globo · los defectos · *la façon dont...,* **la manera como...** · *supporter,* aguantar · *faire semblant de,* fingir Ø · *semblable,* **semejante** · mentir [ie/i] · hipócrita · la hipocresía.

(E) Romance de la linda Alba 9

—¡Ay, cuán linda que eres, Alba,
más linda que no la flor;
blanca sois, señora mía,
más que los rayos del sol!
¡Quién la durmiese esta noche
desarmado[1] y sin temor;
que siete años había, siete,
que no me desarmo[2], no!
–Dormidla, señor, dormidla,
desarmado y sin pavor;
Albertos es ido a caza[3]
a los montes de León.
Apead[4], conde don Grifos,
porque hace muy gran calor.
¡Lindas manos tenéis, conde!
¡Ay, cuán flaco[5] estáis, señor!
–No os maravilléis, mi vida,
que muero por vuestro amor,
y por bien que pene y muera,
no alcanzo ningún favor[6].
–Hoy lo alcanzaréis, don Grifos,
en mi lindo mirador[7].
Ellos en aquesto estando,
Albertos toca al portón:
–¿Qué es lo que tenéis, señora?
¡Mudada estáis de color[8]!
–Señor, mala vida paso,
pásola con gran dolor
que me dejéis aquí sola
y a los montes os vais vos.
Esas palabras, la niña,
no eran sino traición[9].
–¿Cúyo[10] es aquel caballo
que allá abajo relinchó[11]?
–Señor, era de mi padre,
y envíalo para vos.
–¿Cúyas son aquellas armas
que están en el corredor?
–Señor, eran de mi hermano,
y agora os las envió.
–¿Cúya es aquella lanza
que tiene tal resplandor?
–Tomadla, Albertos, tomadla
matadme con ella vos,
que aquesta muerte, buen conde,
bien os la merezco yo[12].

Romance anónimo, siglo XVI.

1. *Si je pouvais dormir cette nuit sans armes.*
2. *je ne pose pas mes armes.*
3. *est parti à la chasse.*
4. *Descendez de cheval.*
5. *maigre.*
6. *j'ai beau souffrir et me mourir d'amour, je n'obtiens aucune faveur.*
7. *dans ma jolie tour.*
8. *Vous êtes toute pâle !*
9. *trahison.*
10. De quién.
11. *a henni.*
12. *je la mérite.*

Para empezar

Los personajes y la situación

Don Grifos · Alba · enamorarse · don Albertos · el marido · descubrir · el adulterio · traicionar.

Puntos clave

Cuando el gato no está, los ratones bailan V. 1-22

Faire l'éloge de, **alabar** · **estar cansado** · *depuis sept ans,* **desde hace siete años** · *profiter de,* **aprovechar Ø** · *l'absence,* **la ausencia** · *faire des avances,* **dar los primeros pasos** · **diabólica** · *être aux petits soins avec,* **tener [ie] mil delicadezas con** · *un amoureux transi,* **un enamorado perdido** · **morirse [ue/u] de amor por** · *tromper (son mari),* **engañar (a su marido).**

¡Cielos, mi marido! V. 23-32

Soudain, **de repente** · *remarquer,* **notar** · *tout de suite,* **enseguida** · *le trouble,* **la confusión** · **disimular** · *essayer de,* **intentar Ø** · *en flagrant délit,* **in fraganti** · *le mensonge,* **la mentira** · *rejeter la faute sur,* **echar la culpa a** · *plus... plus,* **cuanto más... más** · *cousu de fil blanc,* **claro como el agua** · **caer en la cuenta de que.**

Descubriendo el pastel *(La découverte du pot aux roses)* V. 33-46

Hacer preguntas · dramático · el suspense · seguir mintiendo · dar miedo · salvarse la vida · proteger · *s'avouer vaincu(e),* **darse por vencido(a)** · *le châtiment,* **el castigo.**

Tu parecer

Préparez à plusieurs voix une lecture expressive de ce poème ou apprenez-en une partie (V. 1–22 ou V. 23–46) et jouez-la devant la classe.

El juez de línea, *le juge de touche* – un penal, *un penalty* – una vergüenza, *une honte* – es un asco, *c'est dégoûtant* – tánjos depút, tan hijos de puta – amargándote, *t'empoisonnant* – cambiaste peinado, *tu as changé de coiffure* – los rulitos rubios, *les bouclettes blondes* – picarona, *coquine*.

Sorprender con las manos en la masa.

Joaquín S. Lavado, Quino

Pistas

Un hincha *(supporter)* furioso

Un partido de fútbol • perder [ie] • un sentimiento de injusticia • *même pas*, **ni siquiera** • notar • el amante • lamentarse • *aveuglé*, cegado.

Una pasión que ciega *(aveugle)*

Le réconfort, **el consuelo** • *être anéanti*, **estar anonadado** • *pleurer à chaudes larmes*, **llorar a lágrima viva** • *se plaindre*, **quejarse** • *le comble*, **el colmo** • **confundir** • *un idiot fini*, **un tonto de remate** • **burlarse de**.

Recuerda

L'APOCOPE

C'est la disparition d'une voyelle ou d'une syllabe à la fin d'un mot.
Gr. § 6.1. et 15.3.

> Entrénate

1. *Repère tous les cas d'apocope dans le* romance.
2. *Utilise dans des phrases chacun des mots suivants apocopés :*
Cuanto – grande – bueno – malo – uno – tanto.

(E) "Nurses" españolas

En enero de 2001, enfermeras y enfermeros de España comenzaron a desembarcar en el Reino Unido. Allí faltaban profesionales; aquí no encontraban trabajo. Más de 600 han hecho ya el traslado[1].

El 19 de enero de 2001 se puso en marcha un experimento. En los informativos de tarde de todo el Reino Unido se vio cómo las primeras 75 enfermeras españolas contratadas por el gobierno británico aterrizaban en el aeropuerto de Manchester, cruzaban la pista y se subían a unos autobuses.

En aquel entonces, al Reino Unido le faltaban 20.000 enfermeros, y podía cubrir el hueco[2] con rapidez si recurría a parte de los 40.000 enfermeros en paro[3] o subempleados en España, con una oferta de contratos de dos años y un curso de introducción para ayudar a mejorar su inglés. Esa era la teoría.

Como les gusta subrayar a los supervisores de contratación del NHS[4], los enfermeros españoles están técnicamente más capacitados[5] que sus homólogos británicos, hasta el punto de que están preparados para hacer cosas que en el Reino Unido reservan a los médicos. Sin embargo, allí se cuenta con que un enfermero, por muy cualificado que esté, se encargue de las labores básicas de atención al paciente, como lavarle u ocuparse de su comodidad e higiene, unas tareas que en España recaen sobre los auxiliares.

Ahora bien[6], el programa ha servido de lección, en términos muy prácticos, sobre lo difícil que puede ser pasar de una cultura europea a otra. Sólo 20 del primer grupo de enfermeros han decidido quedarse al terminar su contrato de dos años. Les ha costado mucho adaptarse tanto a la vida británica como a la práctica de la enfermería británica, sobre todo en las ciudades pequeñas del norte. La diferencia más visible, el clima, no es más que un motivo indirecto de queja[7]. Un enfermero español dijo a sus jefes del NHS que se iba a causa de él, pero la verdad es que lo que más ajeno les resulta a los españoles suele ser el modo de vida.

El final de cuento de hadas[8] que seguramente le gustaría al NHS se ha producido en algunos casos. Paloma Usoz llevaba cinco años como enfermera en paro en Almería antes de llegar a Blackpool. "Me alegro de haber venido; además de conseguir trabajo, conocí a mi novio." La boda[9] de Paloma con Simon, de Blackpool, se celebró en Almería, y mostró que se pueden acortar las distancias culturales. La pareja está comprándose una casa en Blackpool. Paloma está orgullosa de su trabajo y se dispone a quedarse mucho tiempo.

Justin Webster, *El País Semanal*, 18/05/2003.

1. *sont déjà partis s'y installer.*
2. *faire face à la pénurie.*
3. *au chômage.*
4. *National Health Service* (Servicio Nacional de Salud).
5. *qualifiés.*
6. Sin embargo.
7. *de plainte.*
8. *conte de fées.*
9. *Le mariage.*

Para empezar

Dos situaciones opuestas

Un enfermero • expatriarse a • *manquer,* faltar • *résorber le déficit,* cubrir el déficit • Reino Unido • **el hospital**.

Puntos clave

Una medida de emergencia *(d'urgence)* L. 1-16

Embaucher, contratar • *se déplacer,* trasladarse • los medios de comunicación • *le chômage,* **el paro** • estar parado(a) • el gran número • el empleador • *une embauche immédiate,* una incorporación inmediata • gubernamental • un contrato temporal • el idioma.

Diferencias L. 17-47

Un décalage, **un desfase** • una formación profesional • el nivel de formación • **esforzarse [ue] por** • personal • climático(a) • el aislamiento • convivir • un choque cultural • el porcentaje • *un échec,* **un fracaso**.

Un caso ejemplar L. 48-62
Un testimonio · *une réussite,* **un éxito** · casarse · el norte y el sur · mixto(a) · la integración · Europa.

Tu parecer

Trabajar o estudiar en Europa
A mí me gustaría... · los intercambios · una experiencia · encontrarse [ue] con nueva gente · las costumbres · *un enrichissement,* **un enriquecimiento** · *être facile de + inf.,* **ser fácil Ø + *inf.*** · la soledad · ser autónomo.

« Enfermedad que no estorba para dormir ni comer, poco médico ha menester. »

Pistas

Una foto impactante
Un bureau, **una oficina** · un empleado · un maniquí de prueba de choque · un ordenador · un robot · idéntico(a) · inhumano(a) · el arquetipo · los colores · parecerse a · una película de ciencia ficción.

Europa contra la discriminación
La Unión Europea · *légiférer,* legislar · proteger · la pluralidad · una riqueza · *mélanger,* **mezclar** · la costumbre · reforzar [ue] · la tolerancia · los intercambios · los estudios · los empleos · la armonía.

UNIÓN EUROPEA, *Contra la discriminación,* 2003.

Donde radica, *que se fonde* – creencias, *croyances.*

RECUERDA

GUSTAR, *AIMER, PLAIRE*

Gustar *s'accorde comme « plaire ».*
A las enfermeras, les gusta **el trabajo** en Europa.
Le travail *en Europe* ***plaît*** *aux infirmières =* ***les infirmières*** *aiment le travail en Europe.*
*Attention, donc, à l'**accord**.*
Gr. § 13.7.

> ENTRÉNATE

Construis des phrases sur ce modèle :
Los enfermeros + el Reino Unido → A los enfermeros, les gusta el Reino Unido.
–Los médicos + no + trabajar sin enfermeros.
–La NHS + los enfermeros españoles.
–Paloma + su trabajo.
–Las enfermeras + condiciones de trabajo.

(E) Lectura

El anuncio (La publicité)

Palmira Gadea, aristócrata sevillana de unos cincuenta años de edad, está en un gran almacén (grand magasin) *de la ciudad. Un señor la aborda.*

–¿Me permitiría, señora, tener una conversación de unos cuantos minutos con usted? Quisiera proponerle algo que de seguro le resultará muy interesante... Escúcheme un instante... –la actitud de Palmira, entre curiosa y resignada, le autorizaba tácitamente a hablar–. Soy director de una agencia de publicidad. He venido esta tarde aquí para echar una ojeada *(jeter un coup d'œil)* a muchísimas señoras. Busco alguna que me convenza para ser protagonista de un espot de televisión. Nos lo ha encargado una marca andaluza con proyección nacional e internacional: una casa importante.

–Comprenderá usted –tartamudeó *(bégaya)* Palmira intentando disimular su asombro *(sa stupéfaction)*, claramente halagada *(flattée)* por la propuesta– que no me es posible ni comenzar a tratar del tema sin saber lo que se me propone que anuncie.

¿Dónde estamos? ¿Quiénes son los dos protagonistas? ¿Qué proposición le hizo el señor a Palmira?

Fuera lo que fuese –Palmira pensaba en una urbanización junto al mar, en un perfume, en unos nuevos y exquisitos bombones *(chocolats fins)*, o en algo por el estilo– la vida le daba la respuesta a la cuestión de la edad que se estaba planteando. "Soy la más joven, la más atractiva, la más deseable... de todas las que hay aquí. Me lo está diciendo... un profesional."

¿Con qué anuncios soñaba Palmira?

Pero era imprescindible comprobarlo:

–¿Y cómo sabré que todo esto no es una broma insulsa *(une banale plaisanterie)*?

El hombre le mostró su tarjeta *(sa carte)*: Gumersindo Lozano, director gerente de Promovies.

–Promovies –aclaró– es la empresa de publicidad. No deje de telefonearme, por favor. Se llevará una gratísima sorpresa...

Antes de dormirse aquella noche estuvo a punto de comentar a Willy lo del anuncio. Creyó más prudente, sin embargo, reunir más datos antes de hablarle. Al día siguiente, desayunando, estuvo a punto de hacerlo de nuevo, pero logró contenerse.

A media mañana, paseó por el jardín dando órdenes a Manuel (el jardinero de la casa). Le regañó *(Elle le disputa)* por esto o por aquello, y le felicitó por lo maravilloso que se veía el jardín blanco. Allí todas las flores eran de ese color.

¿Quién será Willy?

Después entró en la casa, recogió la tarjeta que le había dado aquel hombre en los grandes almacenes, marcó el número, preguntó por don Gumersindo Lozano... y esperó un momento más alterada de lo que le habría gustado reconocer...

–Señora –dijo la voz deformada del publicista– muy buenos días. Me alegro que se haya puesto tan pronto en contacto con ésta su casa. Se trata de un buen síntoma: acepta nuestra propuesta.

–Primero, tiene que haber propuesta –replicó Palmira–. ¿Cuál es el objeto del anuncio?

Finalmente ¿qué hizo Palmira?

Solemne y triunfal, la voz del hombre dijo:

–Lejía *(De l'eau de Javel)*.

–¿Cómo? ¿Qué ha dicho?

–Lejía. Una nueva marca de lejía, tanto para lavadoras *(machines à laver)* como para otros abundantísimos usos domésticos.

¿Qué le anunció el publicista?

Palmira se quedó de piedra. El señor Lozano continuó, imparable ya, informándola:

–Nada más verla ayer comprendí que usted era la personificación española del ama de casa *(maîtresse de maison)* media y responsable. No ya joven sino en la edad perfecta, en la que una señora experimentada piensa más en su casa que en ninguna otra cosa de este mundo...

Seguía hablando Gumersindo Lozano cuando Palmira, que había dejado de escucharle, cortó la comunicación.

¿Cómo reaccionó Palmira? Explica el desenlace *(le dénouement)*.

Antonio GALA, *Más allá del jardín*, 1995.

(E) Alí, el magrebí

>> 15

No sé si te acuerdas de mí, yo soy Alí,
aquel pobre desgracia(d)o de la canción de al la(d)o
que le pillaron[1] con hachís.
Alí, Alí, Alí el magrebí, un día triste decidí
huir de la miseria, cruzando la frontera
para llegar a tu país,
contra el viento y a través del mar, Alí.

Mi sueño se ha hecho realidad, voy a llegar.
Yo sólo quiero trabajar, no pido caridad[2],
tan sólo una oportunidad.
Alí, Alí, Alí el magrebí, pasé el Estrecho sin dudar[3],
jugándome la vida, dejando a mi familia
para algún día regresar,
contra el viento y a través del mar, Alí.

En Londres o en París, Berlín, Roma o Madrid,
Alí, Alí no sabe dónde vivir.
Alí, cerca del año 2000,
Alí, intenta sobrevivir.
Alí, Alí, tu media luna está gris.
Alí, el cielo llora por ti,
Alí, perdido en este país.

Más de seis días sin comer, ¡qué voy a hacer!
No tengo ni donde dormir, no podré resistir,
¡no sé qué coño pasa aquí!
¡Alá, Alá, asísteme, Alá!, ¡qué largo es este Ramadán!
Nadie me echa una mano[4] aunque somos hermanos:
tu antepasado[5] es magrebí.
Grito al viento que me asista: Alá, Alá.

[Estribillo]

SKA-P, *SKA-P*, 1994.

1. *qu'on a arrêté.*
2. *la charité.*
3. *sans hésiter.*
4. *ne me tend la main.*
5. *ton ancêtre.*

Para empezar

¡Alí, todos te conocemos! V. 1-3

Un emigrante • *porter témoignage,* **dar testimonio** • *s'adresser à,* **dirigirse a** • **un vecino** • *un dealer,* **un camello.**

Puntos clave

Recuerda todas sus ilusiones V. 4-14

Los motivos • **una difícil decisión** • *ne pas avoir le choix,* **no tener [ie] remedio** • **la esperanza** • *risquer sa vie,* **arriesgarse la vida** • *rien d'extraordinaire,* **nada del otro mundo** • *la fierté,* **el orgullo** • **llevar una vida decente** • *rentrer chez soi,* **regresar.**

La voz del cantante V. 15-21

Le refrain, **el estribillo** • **por toda Europa** • *ne pas avoir de place,* **no caber** • **un destino común** • *se contenter de,* **conformarse con** • **un escándalo** • *se révolter,* **escandalizarse** • **los clandestinos.**

Una sociedad indiferente V. 22-28

Souffrir de la faim, **pasar hambre** • insoportable • sentirse [ie/i] abandonado • la fraternidad humana • un mundo egoísta • *ne pas faire attention à,* **no hacer caso de** • *rejeter,* rechazar • ignorar la Historia • la ironía • *l'amertume,* la amargura.

Tu sentir

¡Déjate de lloriqueos! *(Arrête de pleurnicher !)*

Une chanson engagée, una canción comprometida • combativo • un ritmo dinámico • denunciar • el tráfico de drogas • *un appel,* un llamamiento • *faire un peu de place à,* hacerle sitio a.

Inmigrantes en una playa cerca de Gibraltar tras cruzar (avoir traversé) *el Estrecho en una patera* (barque).

Pistas

Una escena insólita

Dos hombres jóvenes • *la peau foncée,* la piel oscura • clandestino • *épuisé,* **agotado** • *des baigneuses,* bañistas • *la serviette,* la toalla • una actitud fraterna • **con mucho cuidado** • *offrir,* ofrecer • *les premiers secours,* los primeros auxilios • la sociedad del ocio • *prendre du bon temps,* pasarlo bien • un deber humanitario • **arriesgarse la vida** • *fuir,* huir.

Imaginez le dialogue entre la baigneuse et l'émigrant.

Recuerda

« BIEN QUE » ET « MÊME SI » **= AUNQUE**

Attention, pour les modes, c'est l'inverse du français.

Aunque + *indicatif = bien que (+ subjonctif) :*
Aunque somos hermanos, nadie me ayuda.
Aunque + *subjonctif = même si (+ indicatif) :*
Aunque no lo **quieras**, la vida es así en España.
Gr. § 32.4.

Entrénate

Rédige sur ton cahier quatre phrases en rapport avec le texte, en employant successivement **aunque** + *indicatif et* **aunque** + *subjonctif.*

(E) ATELIERS >> TRABAJO Y DESCANSO

ATELIER 1 ** réalisation 15' (assistant) > B1-1

CD > PLAGE > 16

Los agobios, *le stress* – **de descanso,** *de repos* – **de golpe,** *en une seule fois* – **los puentes,** *les ponts* – **hitos,** *des moments forts* – **el ocio,** *les loisirs*.

Écoutez le CD et retrouvez les tournures ou mots espagnols traduits ci-dessous :

De manière plus décontractée – se coucher tard – place de parking – moins de rendez-vous – se mettre à jour – choisissent de.

Écoutez de nouveau le CD et préparez-vous à expliquer simplement à la classe :

–¿Por qué es agradable trabajar en agosto?

–¿Qué ha cambiado en los hábitos de los españoles para las vacaciones?

MON BILAN **j'ai pu...**
je dois encore améliorer...

ATELIER 2 ** préparation 10' - réalisation 2' maximum (assistant) > B1-1

Consejos para las vacaciones

- No se quede en casa; salga con la familia, con los amigos o solo, pero tenga experiencias fuera del ámbito *(en dehors du milieu)* domiciliario, aunque sean breves.
- Si tiene una gran actividad laboral, escoja un destino tranquilo; si, por el contrario, su trabajo es monótono, prefiera una opción de turismo más dinámica.
- Acepte la posibilidad de pasar unas vacaciones separado de sus hijos; pueden ser buenas tanto para los padres como para ellos.
- Una estancia *(séjour)* prolongada le dará más oportunidades de recuperarse adecuadamente y asimilar el ocio.
- Planee previamente *(Planifiez)* los viajes, infórmese de los lugares a visitar y comparta sus ilusiones *(vos désirs)* con los que le acompañen.
- Organice su trabajo antes de salir y procure no dejar casos pendientes *(des affaires en cours)* en los que tenga que pensar mientras descansa.
- Lea libros sobre las regiones o países visitados y prolongue la ilusión *(le plaisir)* de sus emociones durante algunas semanas.

Antonio J. Hurtado, *El País Semanal*, 01/08/1999.

En deux minutes au maximum présente, parmi les conseils donnés, ceux qui te semblent intéressants. Explique ton point de vue. (Ne rédige pas ce que tu vas dire. Prends seulement quelques notes.)

Tu pourras utiliser ces mots :

Un conseil, **un consejo** • **ir de vacaciones** • *le quatrième,* **el cuarto** • *le cinquième,* **el quinto** • **el sexto** • **el último** • **me parece bien** • **es verdad que** • **es agradable Ø** • *il est bon de,* **conviene Ø [convenir]** • *c'est bien de,* **está bien Ø** • *j'ai envie de,* **me apetece Ø [apetecer]** • *s'ennuyer,* **aburrirse** • *s'amuser,* **pasarlo bien** • *penser à,* **pensar [ie] en** • *je déteste,* **odio.**

MON BILAN **j'ai pu...**
je dois encore améliorer...

> ATELIER 3 ****** réalisation 10' (assistant) > B1-1

CD > PLAGE > 17

La temporada alta, *la haute saison* – **alquilado,** *loué* – **una vivienda,** *un logement* – **se agota,** *est épuisé*.

Écoute ton CD, autant de fois que nécessaire, et rédige de petites phrases précises pour dire :
– à quoi correspond chacun de ces pourcentages :
el 90% – un 10% – el 60% o 70% – un 20%;
***– ce que tu as compris des* casas rurales.**

MON BILAN
j'ai pu...
je dois encore améliorer...

> ATELIER 4 ****** préparation 10' - réalisation 1'30" maximum (assistant) > B1-1

Raconte cette histoire sans prendre de notes. Simplement en regardant la BD et les mots du lexique associés à chaque vignette.

- **Un empleado** · *être allongé,* **estar tumbado** · **dormirse** · **la máquina de escribir.**
- **Ponerse a** · *taper (à la machine),* **teclear.**
- **Explicar** · **soñar [ue].**

Joaquín S. Lavado, Quino

- *Le chef,* **el jefe** · *réveiller,* **despertar [ie]** · *passer un savon,* **echar una bronca.**
- **Otra vez** · **en la playa** · **los dedos del pie** · *se fâcher,* **enfadarse.**
- *Tous les deux,* **ambos** · **caerse de risa** · *le bureau,* **la oficina.**
- **En realidad** · **volver [ue] a dormirse [ue/u]** · *prendre par surprise,* **pillar desprevenido** · *avoir une mine réjouie,* **tener cara de pascua.**

MON BILAN
j'ai pu...
je dois encore améliorer...

RECUERDA

El ocio, *les loisirs.*
El descanso, *le repos.*
Optar por, *choisir de.*
Dormirse [ue/u], *s'endormir.*
Ir(se) de vacaciones, *partir en vacances.*

(E)

El Robin Hood de la cárcel[1]

Robin Hood existe. Su verdadero nombre es Francisco del Moral Espinosa, un viejo conocido de la policía de Madrid que se dedica a robar bancos y joyerías durante sus permisos penitenciarios para repartir el botín entre sus compañeros de rejas. A su juicio, "el dinero está mejor en manos de los necesitados que en las sucursales". Francisco fue arrestado el pasado viernes. El juez decretó su ingreso[2] en la prisión de Soto Real.

Los agentes detuvieron a Francisco, de 54 años, al considerarle sospechoso del atraco[3] a una sucursal del BBVA[4] el pasado 14 de enero en Leganés (Madrid). Según sus pesquisas[5], Francisco –cuya última condena fue en 1997– aprovechó un permiso penitenciario para robar, pistola en mano, 250.637 euros (41,7 millones de pesetas). Unos días más tarde, el Robin Hood de las prisiones –como se le conoce en el mundo policial y penitenciario– envió 40 giros[6] postales a otros tantos internos de la cárcel de Aranjuez. Todos los sobres[7] iban firmados con su apodo[8].

Fuentes policiales explicaron ayer que el error de Francisco fue actuar de la misma manera que en anteriores. "Como siempre, y para ocultar su característico pelo cano[9], llevaba un gorro[10]. Tenía muy bien estudiada la distribución de la sucursal y a primera hora de la mañana solicitó una entrevista con el director. Cuando estaba frente a él, sacó una pistola, intimidó a los empleados y les ordenó que le entregasen todo el dinero en efectivo[11] disponible", añadieron las mismas fuentes.

Los agentes añadieron que la sangre fría con la que el autoproclamado Robin Hood atracó el banco "sólo es posible gracias a su veteranía".

Unos días después del delito, fueron enviados 40 giros postales por valor de 8.000 euros (1,3 millones de pesetas) a internos del centro penitenciario de Aranjuez con el remite de[12] Robin Hood.

Olga Pereda, *El Periódico*, 11/04/2002.

1. prisión.
2. *internement.*
3. *du hold-up.*
4. Banco Bilbao Vizcaya Argentaria.
5. *investigations.*
6. *mandats.*
7. *enveloppes.*
8. *surnom.*
9. *cheveux blancs.*
10. *bonnet.*
11. *l'argent liquide.*
12. *avec pour nom d'expéditeur.*

Para empezar

Un nuevo Robín de los Bosques *(Bois)*

Un détenu, **un recluso** · **un permiso** · *avoir l'habitude de,* **soler [ue]** + *inf.* · **atracar un banco** · **repartir** · **un botín** · **unos compañeros de cárcel.**

Puntos clave

Un ladrón *(voleur)* generoso L. 1-14

Legendario(a) · **un héroe** · *profiter de,* **aprovechar Ø** · **el tiempo libre** · **justificar** · **un justo reparto** · **la riqueza** · *récidiver,* **reincidir** · **una ayuda** · **generoso(a)** · *un cadeau,* **un regalo** · **una sorpresa** · *une somme (d'argent),* **una cantidad (de dinero)** · *surnommer,* **apodar.**

Explicaciones policiales L. 15-26

Une enquête policière, **una pesquisa policíaca** · **el método** · **experimentado(a)** · **organizado(a)** · **amenazar** · *un bureau de poste,* **una oficina de correos** · *envoyer,* **mandar** · *rusé,* **astuto** · *une signature,* **una firma** · **los policías** · *arrêter,* **detener [ie]** · *comme d'habitude,* **como siempre.**

Tu parecer

¿Delincuente o justiciero?

Un acto generoso · **la generosidad** · **confundir** · *jouer un rôle,* **desempeñar un papel** · **ser rico ≠ ser pobre** · **verdadero(a) ≠ falso(a)** · **un delito** · **culpable.**

Manifestación después del naufragio del petrolero Prestige *en las costas de Galicia en noviembre de 2002.*

Chapapote : *pétrole, goudron (répandu par une marée noire).*
Aznar, Cañete, Fraga, Cascos, Rajoy, Trillo, Rato, Matas: responsables políticos.

Pistas

¡Vaya regalo! *(Tu parles d'un cadeau !)*
Los Reyes Magos · **el petróleo** · **la marea negra** · **la contaminación** · **la cólera** · *nettoyer,* **limpiar** · *s'insurger,* **sublevarse** · **la ineficacia** · **manifestarse [ie].**

Preservar la naturaleza
L'environnement, **el medio ambiente** · **un movimiento ecologista** · **proteger** · **luchar por** · **la desaparición** · **sensibilizar** · *indispensable,* **imprescindible** · *concerner,* **afectar** · *faire prendre conscience,* **concienciar.**

Recuerda

AL + *INFINITIF*

C'est une expression qui indique la ***simultanéité*** *et qui équivaut à* **cuando** *+ verbe conjugué :*
Al llegar el atracador, les amenazó con una pistola
= **Cuando** llegó el atracador...
Gr. § 35.2.

Entrénate

1. *Remplace la tournure en gras et traduis la phrase suivante :*
Los agentes detuvieron a Francisco, **al considerarle** sospechoso del atraco.

2. *Remplace les tournures en gras par une tournure équivalente.*
–**Al salir** de la cárcel, atracó un banco.
–**Cuando tuvo** el dinero, envió 40 giros postales.
–**Al recibir** el dinero, los prisioneros se alegraron.
–**Cuando** le **arrestaron**, le mandaron a la cárcel.
–**Al notar** su sangre fría, explicaron que sólo era posible gracias a su veteranía.

(E) Un reo de muerte[1]

Un pueblo entero obstruye ya las calles del tránsito. Las ventanas y balcones están coronados de espectadores sin fin, que se pisan, se apiñan[2] y se agrupan para devorar con la vista el último dolor del hombre.

–¿Qué espera esa multitud? –diría un extranjero que desconociese las costumbres–. ¿Es un rey el que va a pasar, ese ser coronado[3] que es todo un espectáculo para el pueblo? ¿Es un día solemne? ¿Es una pública festividad? ¿Qué hacen ociosos[4] esos artesanos? ¿Qué curiosea esta nación[5]?

Nada de eso. Ese pueblo de hombres va a ver morir a un hombre.

"¿Dónde va? ¿Quién es? ¡Pobrecillo! Merecido lo tiene. ¡Ay, si va muerto ya! ¿Va sereno? ¡Qué entero va!"

He aquí las preguntas y expresiones que se oyen resonar en derredor[6]. Numerosos piquetes de infantería y caballería esperan en torno del patíbulo[7]. ¡Siempre bayonetas en todas partes! ¿Cuándo veremos una sociedad sin bayonetas? ¡No se puede vivir sin instrumentos de muerte! Esto no hace, por cierto, el elogio de la sociedad ni del hombre.

Un tablado[8] se levanta en un lado de la plazuela: la tablazón desnuda manifiesta que el reo no es noble. ¿Qué quiere decir un reo *noble*? ¿Qué quiere decir garrote *vil*[9]? Quiere decir indudablemente que no hay idea positiva ni sublime que el hombre no impregne de ridiculeces.

Mientras estas reflexiones han vagado por mi imaginación, el reo ha llegado al patíbulo. Las cabezas de todos, vueltas al lugar de la escena, me ponen delante que ha llegado el momento de la catástrofe; el que sólo había robado acaso[10] a la sociedad, iba a ser muerto por ella; la sociedad también da ciento por uno; si había hecho mal matando a otro, la sociedad iba a hacer bien matándole a él. Un mal se iba a remediar con dos. El reo se sentó por fin. ¡Horrible asiento! Miré el reloj: las doce y diez minutos; el hombre vivía aún... De allí a un momento, una lúgubre campanada de San Millán, semejante al estruendo[11] de las puertas de la eternidad que se abrían, resonó por la plazuela. El hombre no existía ya; todavía no eran las doce y once minutos.

"La sociedad, exclamé, estará ya satisfecha: ya ha muerto un hombre."

José Mariano de Larra, *Un reo de muerte*, 1835.

1. *Un condamné à mort.*
2. *s'entassent.*
3. *cet être couronné.*
4. *oisifs.*
5. *Que regarde cette nation avec curiosité ?*
6. alrededor.
7. *autour de l'échafaud.*
8. *Une estrade.*
9. *(Anneau de métal serré autour du cou utilisé en Espagne pour la peine de mort, avant son abolition.)*
10. *avait peut-être volé.*
11. *semblable au fracas.*

Para empezar

Contra la pena de muerte

Una ejecución pública · *s'opposer à,* **oponerse a.**

Puntos clave

Esperando el espectáculo L. 1-15

La foule, **la muchedumbre** · *ne pas rater,* **no perder [ie]** · *une sorte de fête,* **una como fiesta** · *s'étonner de,* **extrañarse de** · *un voyeur,* **un mirón** · **la insensibilidad** · *s'insurger,* **sublevarse** · **la violencia.**

Un crimen público L. 16-30

La puesta en escena · **la discriminación** · **trágico** · **una justicia arbitraria** · *le mépris,* **el menosprecio** · *juger,* **juzgar** · *pire,* **peor** · **la indignación** · **un ambiente lúgubre** · **estar en contra de** · **un espíritu progresista.**

Tu parecer

Una denuncia

Tomar partido · **luchar por** · **un ideal** · **en defensa de** · **la rebelión** · **las armas** · **estar en pro (en contra) de** · *faire partie,* **formar parte** · **la abolición.**

Ramón Casas, *Garrote vil*, 1893. Óleo sobre lienzo, 127 x 166 cm.

Pistas

Ejecución pública

Espectacular · *une estrade*, un tablado · **estar a punto de** · *garrotter*, agarrotar · *un condamné à mort*, **un reo de muerte** · *la foule*, la muchedumbre · las autoridades · encapuchado(a) · servir [i] de ejemplo.

La muerte omnipresente

Se dégager, **desprenderse** · el frío · el invierno · los colores · *entourer*, rodear · los árboles · *l'oppression*, el agobio · la inmovilidad · *donner des frissons*, causar escalofríos · **dar miedo** · **participar en.**

Recuerda

YA, YA NO, AÚN, TODAVÍA

- **Ya** *indique que l'action est terminée. En français : déjà, maintenant, ça y est…*
  Ya lo han ejecutado. *Ils l'ont **déjà** exécuté.*
  Ya *placé devant le verbe sert aussi à renforcer l'affirmation. En français : bien, parfaitement…*
  Ya sabes cómo es la gente. *Tu sais **bien** comment sont les gens.*
- **Ya no**, *ne… plus*
  Attention à la construction : **Ya no** vive. *Il **ne** vit **plus**.*
- **Todavía, aún**, *encore.*

Entrénate

1. *Relève dans le texte les phrases contenant* **ya**, **aún**, **todavía** *et traduis-les.*
2. *Traduis les phrases suivantes :*
– *Le condamné à mort n'est pas encore arrivé.*
– *Les exécutions n'existent plus en Espagne.*
– *Les spectateurs sont déjà partis.*
– *Je connais parfaitement cela.*

(E) En comisaría

10

En una comisaría está hablando una anciana[1].

—Me va a volver loca, va a acabar conmigo –dijo después de secarse las lágrimas[2] y peinarse con los dedos.
–¿De qué se trata, señora?
–Usted parece buena persona, inspector.
–Lo soy, señora.
–Verá. Yo comprendo a la juventud.
–Me parece muy bien.
–Yo también fui alegre, ¿sabe? –dijo con una sonrisa melancólica.
–Estoy seguro de ello, señora.
–Verá. No consigo dormir. Tomo pastillas, Valium, Tranxilium... Todo eso. Pero ¡oh, Dios!, tengo la sensación de que él va a venir, de que sin que yo me dé cuenta fuerza la puerta, y que entra en mi habitación, y con ese horrible cuchillo de matar cerdos[3]...
–¡Venga, señora, que no pasa nada!
–Usted no sabe lo terrible que es. Lo rematadamente malvado[4] que es. Es, es...
–¿Quién, señora? –pregunté intrigado de verdad.
Volvía a tener la mirada fragmentada, quebrada[5], como un cristal después de una pedrada. Hizo un gesto para que me acercase y me susurró al oído[6]:
–Toni. Toni Grief. ¡Quiere matarme señor!
Busqué con la mirada a Fandiño, pero ya se había perdido en un crucigrama[7].
–Así que alguien quiere asesinarla y usted sabe quién es.
–¿No conoce a Toni Grief? No me diga que no conoce a Toni Grief. ¡Claro, así funciona la policía!
La voz de la anciana iba subiendo de volumen. Ahora estaba enojada[8].
–¿Es que usted no ve la televisión? ¿Cómo piensa entonces encontrar a los criminales? ¿Por qué no tiene aquí un televisor? ¿De qué les sirven tantos papeles? ¿Para eso pagamos impuestos?
–Toni Grief –dijo Fandiño, molestándose por fin en echar una mano– es el de *Tiempo de crisantemos*. Una serie de mucho tomate[9].
–¿Sabe una cosa, señora? Si hay una clase de forajidos que odio[10] –dije con vehemencia– es la de esos tipos que no dejan dormir a las ancianitas solitarias.
Mi interés la dejó confundida. Por la reacción de Fandiño, no debía de ser la primera vez que se presentaba en la comisaría para denunciar el caso. Lo más probable es que, en las anteriores ocasiones, le hubiesen recomendado cambiar de canal.

Manuel Rivas, *Una flor blanca para los murciélagos*, 2000.

1. *une vieille dame.*
2. *ses larmes.*
3. *couteau de boucher.*
4. *terriblement méchant.*
5. *brisé.*
6. *à l'oreille.*
7. *des mots croisés.*
8. *fâchée.*
9. *très mouvementée.*
10. *un genre de hors-la-loi que je déteste.*

Para empezar

Entre lágrimas

Una anciana · estar emocionado(a) · llorar · un inspector · una comisaría.

Puntos clave

Una denuncia L. 1-16

Porter plainte, **presentar una denuncia** · **tranquilizarse** · **un policía** · **comprensivo(a)** · *terrorisé(e)*, **atemorizado(a)** · *un assassin*, **un asesino**.

El nombre del asesino L. 17-27
Murmurer, **susurrar** · **un secreto** · **desconcertar [ie]** · **un desconocido** · **buscar ayuda** · **ver por la tele** · *célèbre,* **famoso(a)** · *se mettre en colère,* **enojarse.**

Delirio L. 28-35
Un méchant, **un malvado** · **una serie** · *rendre fou (folle),* **volver [ue] loco(a)** · *la folie de la persécution,* **la manía persecutoria** · **entrar en el juego** · *avoir l'habitude de + inf.,* **soler [ue]** + *inf.* · *un cauchemar,* **una pesadilla.**

Tu parecer

La tele y la realidad
Une émission, **un programa** · **una escalada de violencia** · *un téléspectateur,* **un televidente** · *habitué(e),* **acostumbrado(a)** · **lo real y lo ficticio** · **la telerealidad.**

"Cada loco con su tema."

Pistas

Un sombrero extravagante
Une coiffure, **un tocado** · **un televisor** · *allumé(e),* **encendido(a)** · **un presentador** · **rígido** · **estrangular** · **una minerva** · *un collier,* **un collar** · *orange,* **anaranjado(a).**

Una denuncia visual
Influir en · *l'esprit,* **la mente** · **un walkman** · *l'esclavage,* **la esclavitud** · **esclavizar** · *un anneau,* **una argolla** · *enchaîné(e),* **encadenado(a)** · **la omnipresencia.**

Ouka Lele, fotografía de la serie *Peluquerías,* 1979.

Recuerda

L'EXCLAMATION INDIRECTE AVEC LO

Elle porte sur l'adjectif.
Lo + *adj.* + que → *« combien, comme, à quel point »*
L'adjectif s'accorde avec le nom qu'il qualifie :
Il n'imagine pas ***combien*** *elle est* ***apeurée.***
No se imagina **lo asustada que** está (ella).
Gr. § 10.4.

> Entrénate

1. *Traduis :* Usted no sabe lo terrible que es. Lo malvado que es.
2. *Construis des phrases sur le modèle :*
Fíjate + malísimo + estas películas → Fíjate, lo malísimas que son estas películas.
–Mira + violento + estas teleseries.
–No puedes imaginar + loco + este policía.
–Tienes que saber + tremendo *(terrible)* + la situación.

(E) ¡Clac! 11

Tenía los bigotes[1] más rígidos que nunca; tanto, que una mosca podría haber caminado por ellos igual que un convicto sobre la plancha[2] de un barco pirata. Sólo que no hay mosca que sobreviva en una cámara frigorífica a treinta grados bajo cero: y tampoco Néstor Chaffino, jefe de cocina, repostero famoso por su maestría[3] con el chocolate *fondant*, el dueño[4] de aquel bigote rubio y congelado. Y así habrían de encontrarlo horas más tarde: con los ojos muy abiertos y atónitos, pero aún con cierta dignidad en el porte; las uñas garfas arañando[5] la puerta, es cierto, pero conservaba en cambio el paño de cocina colgado de las cintas del delantal[6], aunque uno no esté para coqueterías cuando la puerta de una cámara Westing-house del año 80, dos metros por uno y medio, acaba de cerrarse automáticamente a sus espaldas[7] con un *clac*.

Y *clac* el último sonido exterior que uno percibe antes de admirarse de su pésima suerte[8], *carajo, no puede ser*, porque la incredulidad siempre antecede al miedo, y luego: *Dios mío, pero si esto no me ha ocurrido nunca,* a pesar de que ya se lo habían advertido los guardeses de la casa antes de marcharse y a pesar también de que hay un aviso en tres idiomas en un lugar muy visible de la cocina sobre la conveniencia de no olvidar algunas aburridas precauciones, como levantar pestillo[9] para evitar que la puerta de la cámara se cierre por descuido[10]. Nunca se puede estar seguro del todo con estos aparatos antiguos. *Pero por amor de Cristo, si no habré tardado más de dos minutos, o tres a lo sumo, en apilar mis diez cajas de trufas de chocolate heladas.* Y sin embargo la puerta ha hecho *clac*, no cabe duda. *Clac*, la fastidiaste[11], Néstor. *Clac*, ¿y ahora qué? Mira el reloj: las agujas fosforescentes marcan las cuatro de la mañana, *clac*, y así está él, completamente a oscuras, dentro de la gran cámara frigorífica de esta casa de verano, ahora casi vacía después de una fiesta en la que quizá han desfilado una treintena de invitados.

Carmen Posadas, *Pequeñas infamias*, 1998.

1. *ses moustaches.*
2. *comme un repris de justice sur le pont.*
3. *pâtissier célèbre pour son habileté.*
4. *le propriétaire.*
5. *les ongles griffant.*
6. *le torchon de cuisine accroché à la ceinture de son tablier.*
7. *derrière soi.*
8. *s'étonner de son sort désastreux.*
9. *lever le verrou.*
10. *par mégarde.*
11. *tu as tout faux.*

Para empezar

El personaje y la situación

Un cocinero · estar encerrado · una cámara frigorífica · morir [ue].

Puntos clave

Hallazgo macabro L. 1-12

El cadáver · el frío · endurecido · el suspense · revelar · la identidad · *le geste,* **el ademán** · *les efforts,* **los esfuerzos** · *demander de l'aide,* **pedir [i] auxilio** · **el humor negro** · *effrayer,* **espeluznar** · *le bruit,* **el ruido** · *signer,* **firmar** · **una condena a muerte.**

Compartimos *(Nous partageons)* los últimos instantes de vida L. 13-27

Ne pas arriver à le croire, **no acabar de creérselo** · *trop,* **demasiado(a,os,as)** · *se rendre compte que,* **caer en la cuenta de que** · *bien que,* **aunque** + *ind.* · *éprouver,* **experimentar** · **el miedo** · **un sentimiento de injusticia** · **obsesivo** · *sans aide,* **sin ayuda** · **el horror** · *envahir,* **invadir.**

Tu parecer

¿Accidente o crimen?

Le commissaire interroge le cuisinier qui a découvert le corps de Néstor Chaffino. Imaginez un court dialogue que vous jouerez devant la classe.

Enquêter, **investigar** · *se rappeler,* **recordar [ue] ∅** · *depuis quand,* **desde cuándo** · **cómo** · **dónde** · **conocer** · **un detalle** · **un indicio** · **enemigos** · *en vouloir à quelqu'un,* **tener [ie] algo contra alguien** · *le mobile,* **el móvil.**

Fotograma del cortometraje *La Cabina*, de Antonio MERCERO, 1972.

Pistas

¡Socorro!

Estar encerrado · **una cabina telefónica** · *à l'intérieur de,* **dentro de** · **tener [ie] miedo** · *prier de,* **rogar [ue] que** + *subj.* · *venir en aide,* **prestar ayuda** · *vite,* **de prisa** · **salvar** · **una cuestión de vida o de muerte.**

Imagine ce que dit le personnage prisonnier dans la cabine à un ami qu'il appelle.

Un suceso *(Un fait divers)*

Descubrir · **un desconocido** · **misterioso** · *effrayant,* **espeluznante** · **elucidar** · *selon,* **según** · *une enquête,* **una investigación** · *un règlement de comptes,* **un ajuste de cuentas** · *soupçonner,* **sospechar.**

Tu es journaliste ; rédige un fait divers rapportant ce qui s'est passé. Tu pourras également t'aider du vocabulaire des Pistas *qui accompagnent le texte* ¡Clac!

Recuerda

LES ÉQUIVALENTS DE « ON » (Gr. § 14.)

- *Il s'agit d'un fait général, le sujet est indéterminé :*
  Se + ***verbe à la 3e pers. du singulier ou du pluriel.***
  Se oye un grito.
  Attention à l'accord : Se oy**en gritos**.
- *Le « je » est exclu :*
  3e pers. du pluriel.
  Llaman a la puerta.
- *Le « je » est impliqué :*
  Uno(a) + ***verbe à la 3e pers. du singulier.***
  Uno está encerrado.
- *Le verbe est pronominal :*
  Uno(a) + ***verbe à la 3e pers. du singulier.***
  Uno se marcha a las nueve.

Entrénate

1. *Relève les emplois de « on » dans le texte et traduis-les.*

2. *Conjugue les verbes suivants en introduisant un des équivalents de « on ».*

–[vender] helados en verano.
–[acostumbrarse] *(s'habituer)* a la oscuridad.
–Siempre [buscar] *(chercher)* pruebas antes de acusar.
–Cuando pasa esto, [intentar] abrir la puerta.
–En esta situación, [morirse (ue)] de miedo.

(E)

Don Quijote contra los molinos de viento

12

En esto, descubrieron treinta o cuarenta molinos de viento que hay en aquel campo; y, así como don Quijote los vio, dijo a su escudero[1]:

–La ventura va guiando nuestras cosas mejor de lo que acertáramos a desear[2], porque ves allí, amigo Sancho Panza, donde se descubren treinta, o pocos más, desaforados gigantes[3], con quien pienso hacer batalla y quitarles a todos las vidas, con cuyos despojos comenzaremos a enriquecer[4]; que ésta es buena guerra, y es gran servicio de Dios quitar tan mala simiente[5] de sobre la faz de la tierra.

–¿Qué gigantes? –dijo Sancho Panza.

–Aquellos que allí ves –respondió su amo– de los brazos largos, que los suelen tener algunos de casi dos leguas[6].

–Mire vuestra merced –respondió Sancho– que aquellos que allí se parecen no son gigantes, sino molinos de viento, y lo que en ellos parecen brazos son las aspas[7], que, volteadas del viento, hacen andar la piedra del molino.

–Bien parece –respondió don Quijote– que no estás cursado[8] en esto de las aventuras: ellos son gigantes; y si tienes miedo, quítate de ahí, y ponte en oración[9] en el espacio que yo voy a entrar con ellos en fiera y desigual batalla.

Y, diciendo esto, dio de espuelas[10] a su caballo Rocinante, sin atender a las voces que su escudero Sancho le daba, advirtiéndole que, sin duda alguna, eran molinos de viento, y no gigantes, aquellos que iba a acometer[11]. Pero él iba tan puesto en que eran gigantes, que ni oía las voces de su escudero Sancho ni echaba de ver, aunque estaba ya bien cerca, lo que eran; antes[12], iba diciendo en voces altas:

–Non fuyades, cobardes y viles criaturas, que un solo caballero es el que os acomete.

Levantóse en esto un poco de viento y las grandes aspas comenzaron a moverse, lo cual visto por don Quijote, dijo:

–Pues, aunque mováis más brazos que los del gigante Briareo, me lo habéis de pagar.

Y, en diciendo esto, y encomendándose de todo corazón a su señora Dulcinea, pidiéndole que en tal trance le socorriese, bien cubierto de su rodela[13], con la lanza en el ristre[14], arremetió[15] a todo el galope de Rocinante y embistió con[16] el primero molino que estaba delante; y, dándole una lanzada en el aspa, la volvió el viento con tanta furia que hizo la lanza pedazos[17], llevándose tras sí al caballo y al caballero, que fue rodando muy maltrecho[18] por el campo. Acudió Sancho Panza a socorrerle, a todo el correr de su asno, y cuando llegó halló que no se podía menear[19]: tal fue el golpe que dio con él Rocinante.

Miguel de Cervantes, *El ingenioso hidalgo don Quijote de la Mancha*, 1605.

1. (Sancho Panza).
2. *mieux que nous ne pouvions le désirer.*
3. *d'énormes géants.*
4. *nous enrichir.*
5. *mauvaise semence.*
6. *deux lieues.*
7. *les ailes.*
8. *que tu ne t'y connais pas.*
9. *en prière.*
10. *il donna des éperons.*
11. atacar.
12. *au contraire.*
13. *bouclier.*
14. *la lance en arrêt.*
15. atacó.
16. *chargea.*
17. *qu'elle mit la lance en morceaux.*
18. *fort malmené.*
19. *bouger.*

Para empezar

Don Quijote y los gigantes

Apercevoir, **divisar** · **en busca de** · *un haut fait,* **una hazaña** · *la chevalerie,* **la caballería.**

Puntos clave

Descubriendo unos molinos L. 1-13

Alegrarse · **tomar por** · **una multitud** · **hercúleo(a)** · **desigual** · *ne pas douter de,* **no dudar en** · **la realidad** ≠

el sueño · vencer · una masacre · contra el mal · un justiciero · *en revanche*, en cambio · estar asombrado · nada de peligro · contradecir [i] · respetuoso(a).

¡A por el enemigo! *(Sus à l'ennemi!)* L. 14-28

Rechazar · *peureux*, miedoso(a) · un malentendido · ordenar que + *subj.* · tener ganas de · *courageux*, valiente · *en découdre*, pelearse · *têtu*, **cabezudo(a)** · mientras que · esforzarse [ue] por · inútilmente · *faire la sourde oreille*, hacerse el sordo · estar loco(a) · desafiar · cómico(a).

El combate L. 29-36

Un chevalier, un caballero · *attaquer*, arremeter · heroico(a) · sin embargo · volar [ue] por el aire · *passer un mauvais quart d'heure*, pasar un mal rato · derrotado(a) · *terminer*, acabar · en mal estado · burlesco(a) · lamentable · *la folie*, **la locura**.

Tu parecer

Las parodias

Avoir du succès, tener [ie] éxito · *se moquer de*, **burlarse de** · héroes y antihéroes · *jouer un rôle*, desempeñar un papel · el carácter/caracteres · positivo(a) ≠ negativo(a) · la exageración · divertir [ie/i].

Pablo Picasso, litografía, 1955.

Dubout, ilustración, 1951.

Gustave Doré, ilustración, 1863.

Pistas

Un héroe mítico en acción

Don Quijote · Sancho Panza · ir por los campos de la Mancha · lanzarse al ataque · un molino de viento · *les ailes*, las aspas · *la moustache*, el bigote · perder [ie] · quedarse patas arriba · *émouvant*, **conmovedor**.

Artistas inspirados

Inspirarse de · *le roman*, la novela · una interpretación · respetar · caricaturizar · *un trait*, **una raya** · *une silhouette*, una figura · estilizado(a) · un tebeo, un cómic · una personificación · ilustrar · la comicidad.

Recuerda

INFINITIF EN FRANÇAIS → SUBJONCTIF EN ESPAGNOL

- *Avec les verbes d'ordre ou de conseil.*
  *Il lui demande **de rester** loin.* Le pide que **se quede** lejos.
- *De même :*
  *Dire **de**...* Decir **que...**
  *Ordonner **de**...* Ordenar **que...**
  *Empêcher **de**...* Impedir [i] **que...**
- *On pensera aussi à la **concordance des temps**.*
  *Il lui a demandé **de rester** loin.* Le pidió que **se quedara** lejos.
  Gr. § 33.

> Entrénate

Tu es auteur de théâtre : imagine un court récit où Sancho raconte ce qu'il a vécu. Utilise : dire de, ordonner de, demander de, empêcher de...

EL TURISMO

CONSEJOS PARA ECOTURISTAS

- **Planifique** con criterios ecoturistas sus vacaciones.
- **Piense** en lugares donde el deterioro medioambiental sea menor y en los que no vaya a favorecer la desintegración de las culturas locales.
- **No despoje** de nada a la naturaleza y contribuya a la mejora del entorno.
- **Renuncie** en la medida de lo posible a medios de transporte contaminantes *(moyens de transport polluants)*.
- **Contribuya** al mantenimiento de las áreas rurales y a la conservación de la fauna y flora local.

http://revista.consumer.es/web/es/19990701/medioambiente/31165.jsp

El museo Guggenheim de Bilbao

España, potencia turística mundial

Según la Cuenta Satélite del Turismo, elaborada por el Instituto Nacional de la Estadística, el turismo proporciona en España el 10,1% de los empleos y supone el 12,1% del PIB (producto interior bruto). España es una de las primeras potencias turísticas mundiales. Es el segundo destino del mundo en cuanto a número de visitantes, por detrás de Francia, y el segundo de nuevo en cuanto a ingresos *(revenus)* por turismo, por detrás de EEUU, con un crecimiento *(croissance)* importante en ambos *(les deux)* aspectos en los últimos años.

http://www.ine.es/revistas

Habla un mallorquín 18

Escucha en tu CD la entrevista a este mallorquín. Te ayudará el siguiente vocabulario: Una pasta, *un paquet d'argent* - el payés, el campesino - potenciar, facilitar.

Una muerte programada, la del Mar Menor

Una presión humana insoportable en los meses de verano; creación de playas artificiales; dragado de las golas *(dragage des goulets)* que lo comunican con el Mediterráneo; construcción de puertos deportivos; miles de embarcaciones surcando sus aguas; volúmenes de construcción mastodónticos, sobre todo en La Manga; son algunas de las acciones que han modificado su equilibrio ecológico.

La introducción de nuevas especies de fauna y flora a través de los canales dragados para el paso de embarcaciones, ha llevado a la desaparición de algunas de las especies autóctonas (anguilas, doradas) y ha dado paso a plagas *(calamités)* que amenazan con la destrucción del medio.

http://www.marmenor.org/descripcion/index.html

El Mar Menor en los años 60

El Mar Menor hoy en día ►

El turismo alternativo

Se está dando la espalda *(On tourne le dos)* a aquello que se ha denominado, durante largo tiempo, turismo de sol y playa con todas las connotaciones negativas que comporta: multitud, bullicio, masa, y se opta por una manera de vivir el tiempo libre mucho más selectiva. Lejos de la vida urbana, las casas o centros de turismo rural ofertan algo más que unas simples vacaciones, ofrecen al viajero la posibilidad de integrarse en la cultura rural. Se busca una vuelta *(retour)* a lo auténtico, a la vivencia *(expérience)* total de lo rural con todo lo simbólico que conlleva: cultura popular, tradición, gastronomía, respeto por el medio ambiente.

El desarrollo *(développement)* del turismo alternativo provocó la aparición en masa de diversas actividades actualmente asociadas a éste, como por ejemplo, los deportes de naturaleza y aventura. Por eso actualmente se le denomina Turismo Activo ya que funciona adaptándose a aquellas personas que buscan en su tiempo de ocio *(loisir)* la adecuación perfecta entre descanso *(repos)* y actividad.

http://www.turismoyocio.net/articulos.asp?id_noticia=149

EL TURISMO CULTURAL

El casco viejo de Cáceres

El camino de Santiago

1. ¿Cuáles son las distintas formas de turismo en España?
2. ¿Qué te parece bueno y malo en esta particular industria turística?
3. ¿Qué soluciones se imaginan a los problemas creados por el turismo?

(E) Contra la estrategia del hormigón[1]

1. *du béton.*

Yann ARTHUS-BERTRAND, *Benidorm, en 1950 un pueblo pesquero, hoy emblema del turismo de masas...*

Pistas

Una campaña de protección del litoral

Un immeuble, un edificio · un castillo · *le sable,* la arena · una yuxtaposición · *exploser,* estallar · *s'effondrer,* derrumbarse · regenerar · *abîmé(e),* **dañado(a)** · destruir ≠ construir · la urbanización ilegal · la degradación del litoral · dar marcha atrás.

La foto de Benidorm

El turismo de masas · *une forêt,* un bosque · *un gratte-ciel,* un rascacielos · *fou,* loco(a) · otro continente · una plaza de toros · a pie de playa · moderno(a) · devastar · *le profit,* **el provecho** · inmobiliario(a).

Tu sentir

Turismo y medio ambiente

Un turista · *une vache à lait,* **una mina** · *attirer,* atraer · ir de vacaciones · un clima agradable · la contaminación · *payer les pots cassés,* **pagar el pato** · un exceso de construcción · *l'environnement,* el medio ambiente · proteger.

Recuerda

VERBE + PRÉPOSITION

Des constructions à mémoriser :

- **amenazar con,** *menacer de*
- **bastar con,** *suffire de*
- **comparar con,** *comparer à*
- **soñar [ue] con,** *rêver à / de*
- **pensar [ie] en,** *penser à*
- **esforzarse [ue] por,** *s'efforcer de*
- **interesarse por,** *s'intéresser à*

Gr. § 38.7.

> Entrénate

En t'inspirant des deux documents, rédige un court texte en employant l'ensemble des verbes de la liste ci-dessus.

(E) Los otros españoles

En verano se aplica la lógica del transporte público: dejen salir antes de entrar. Este caos demográfico estacional[1] y provisional crea situaciones lingüísticas insólitas, como que el camarero[2] ecuatoriano de un bar propiedad de un ruso tenga que atender a[3] unos holandeses que le hablan en inglés y que le piden una paella mexicana cocinada por una inmigrante ilegal filipina y que, a la hora del café, reciban la visita de un vendedor de flores paquistaní que, por las mañanas, se gana la vida repartiendo pesadas bombonas de butano. Estadísticamente, la mayoría de los visitantes son turistas, ya que, con comprensible astucia, muchos de los futuros inmigrantes aducen motivos de placer[4] para justificar su entrada en un país del que no vuelven a salir hasta que les deportan. Lo de viaje de placer es un eufemismo, que conste. Si ya resulta difícil relacionar este concepto con ciertas formas de turismo masificado, imaginen lo que será para la inmigración más desvalida, hacinada[5] en lugares insalubres. En este sentido, la hostelería ofrece un interesante mapa del organigrama social en función de orígenes y condición. Sentados en la terraza están los turistas. Sirviendo, los nativos con contratos basura[6] o los inmigrantes con papeles basura. En la cocina, algún que otro ilegal preparando los platos o ayudando y, removiendo el contenedor donde se guardan las sobras[7], un comando de personas sin techo[8] que intentan buscarse la vida[9].

Ejercicio del día. Rellene los huecos con los artículos y preposiciones correctos: no te damos ... permiso ... residencia hasta que tengas ... permiso ... trabajo y no te damos ... permiso ... trabajo hasta que no tengas ... permiso ... residencia.

Sergi Pàmies, *El País*, 24/08/2003.

1. *saisonnier.*
2. *le serveur.*
3. ocuparse de.
4. *prétextent des raisons d'agrément.*
5. *la plus déshéritée, entassée.*
6. *des contrats de travail pourris.*
7. *où l'on jette les restes.*
8. *de sans-abri.*
9. *ici, trouver de quoi manger.*

Para empezar

España, ¡a tope! *(pleine à craquer)* L. 1-8

El verano español · *attirer,* **atraer** · **la diversidad** · *se côtoyer,* **codearse** · **los turistas** · *les employés,* **los empleados** · **los inmigrantes** · **una Torre de Babel.**

Puntos clave

¡Entrar a toda costa! *(à tout prix)* L. 8-14

Faire semblant de, **fingir** · *contourner la loi,* **burlar la ley** · **los ilegales** · *s'accrocher à,* **aferrarse a** · *à la recherche de,* **en busca de** · **condiciones penosas** · **viajar** · **la clandestinidad** · *un logement,* **una vivienda** · *se contenter de,* **conformarse con.**

Cada uno en su lugar *(Chacun à sa place)* L. 14-20

Un rôle social, **un papel social** · *prendre du bon temps,* **pasarlo bien** · **explotar** · **la explotación** · **la escala social** · *de haut en bas,* **de arriba abajo** · *de plus(moins) en plus(moins),* **cada vez más(menos)** · **al servicio de** · *un effet grossissant,* **un efecto de lupa** · *se rendre compte de,* **darse cuenta de.**

Tu parecer

Una tarea escolar L. 21-23

Compléter, **rellenar los huecos** · **llamar la atención del lector** · **una evidencia** · **un círculo vicioso** · **absurdo** · *une voie sans issue,* **un callejón sin salida.**

Avec ton camarade, réfléchissez au sens du titre et présentez vos conclusions à la classe.

HADERER,
Muy interesante,
03/04/2002.

Mallorca, Menorca, Ibiza y Formentera, son las principales islas Baleares.
Los teutones son un antiguo pueblo guerrero germánico; hoy vale por alemanes.

Pistas

La dominación

Un pastiche · *l'étendard*, **la insignia** · *planter*, **hincar** · **invadir** · **una invasión** · **una caricatura** · **la jarra de cerveza** · **conquistar** · *une attitude blessante*, **una actitud injuriosa**.

Tomarlo a broma *(Tourner l'affaire en dérision)*

Se sentir dépouillé, **sentirse [ie/i] despojado** · *une lutte dérisoire*, **una lucha irrisoria** · *se moquer de*, **mofarse de** · *accaparer*, **copar** · **ser incapaz de** · **una lupa** · **sentirse [ie/i] extranjero** · **minúsculo** · *il n'y a pas moyen de*, **no hay manera de**.

Recuerda

HASTA QUE = *JUSQU'À CE QUE*

- ***Avec l'indicatif***, *le moment attendu se produit effectivement :*
  No habló **hasta que** salimos de casa → *il n'a rien dit jusqu'au moment où nous sommes sortis.*
- ***Avec le subjonctif***, *le moment attendu ne se produira peut-être pas :*
  Esperaré **hasta que** vuelvas → *j'attendrai jusqu'à ce que tu reviennes.*
- ***Dans une phrase négative***, **hasta que** *équivaut à **tant que**.*
  No sales **hasta que** termines → *tu ne sors pas tant que tu n'as pas terminé.*

Entrénate

Recherche dans le texte les emplois de **hasta que**, *et justifie le temps de la proposition.*

(E) ATELIERS >>>
DE UN IDIOMA A OTRO

> ATELIER 1 * réalisation 5' ----- > A2

Écris les abréviations ou les sigles français correspondants.

Sr.; Sres.; Sra.; Sta. – EE UU – RENFE (Red Nacional de Ferrocarriles) – INEM (Instituto Nacional de Empleo) – IVA (Impuesto sobre el Valor Añadido) – PYMES (Pequeñas y Medianas Empresas) – INE (Instituto Nacional de Estadística) – CSIC (Consejo Superior de Investigaciones Científicas) – AVE (Alta Velocidad Española).

MON BILAN **j'ai pu...**
je dois encore améliorer...

> ATELIER 2 * réalisation 10' (assistant) ----- > A2

CD > PLAGE > 19

Écoute ton CD ; tu vas entendre l'équivalent espagnol des mots et expressions ci-contre, dans le même ordre. Transcris-les et note les ressemblances, les petites différences, les « pièges »...

en noir et blanc ....
une escorte ....
une vacherie ....
une énigme ....
la réussite ....
tôt ou tard ....
filer à l'anglaise ....
un stratagème ....
l'échec ....
un colonel ....

MON BILAN **j'ai pu...**
je dois encore améliorer...

> ATELIER 3 ** réalisation 15' (assistant) ----- > B1

CD > PLAGE > 20

Voici un texte bilingue (!) que tu dois rétablir en espagnol. Écoute sur ton CD les passages qui ont été traduits en français. Attention, ils sont enregistrés dans le désordre.

Recuerdo que estaba lloviendo a mares *(et que je suis entrée dans ce cinéma parce que je n'avais pas d'autre endroit)* donde meterme. *(C'était dimanche, dix heures avaient sonné et cela faisait un bon moment)* que había empezado la película. Me senté en la última fila y *(la première chose que j'ai faite)* fue quitarme los zapatos...
(Au bout d'un moment je me suis endormie comme une souche) y cuando me despertó el acomodador había salido casi toda la gente. Ya estaban encendidas las luces, pero a pesar de todo me puso la linterna a un palmo de la nariz y *(il m'a demandé si je pensais que ce cinéma était un hôtel)*. Le contesté que no, *(que je savais bien que ce n'était pas un hôtel, mais qu'il pleuvait et que ce soir-là)* no tenía otro sitio donde meterme.

Javier Tomeo,
El crimen del cine Oriente, 1995.

MON BILAN **j'ai pu...**
je dois encore améliorer...

ATELIER 4 ** réalisation 15' (assistant) > B1

Traduisez cet article en vous servant des aides et conseils situés sous le dessin.

Pongamos que → *la journaliste fait une supposition.*
cuentan con → *équivaut à* poseen.
la vocecilla → *c'est un diminutif.*
enlatada → enlatar, *mettre des conserves en boîte.*
Tal → *remplace n'importe quel nom propre.*
desea → *attention à bien identifier le sujet.*
marque el uno → *il faut chercher l'expression française qu'on entend dans cette circonstance.*
dispara la voz → disparar, *tirer avec une arme. La voix parle à la vitesse d'une arme qui tire.*
Casualmente → *signifie littéralement « par hasard ».*

Soy una forofa *(fan)* de las nuevas tecnologías, pero toda realidad tiene su infierno, y sin duda las centralitas *(standards)* telefónicas automatizadas forman parte del averno (= infierno) informático. **Pongamos que** llama usted, por ejemplo, a Radio Nacional, o al BBV*, o a otra de las muchísimas empresas que **cuentan con** este instrumento de tortura. En cuanto que *(Dès que)* aparece **la vocecilla enlatada** me entra el pánico: "Bienvenido al servicio telefónico del banco **Tal**", dice la máquina; "si **desea** hacer un ingreso *(un versement)* **marque el uno**; si desea consultar el saldo, marque el dos; si desea realizar una transferencia *(virement)*...", **dispara la voz** virtual durante un lapso de tiempo interminable, poniéndote la cabeza como un bombo *(tambour)* porque, **casualmente**, tú no quieres ninguna de las posibilidades que te ofrecen.

Rosa Montero, *El País Digital*, 16/5/2000.

* Banco español.

MON BILAN **j'ai pu... je dois encore améliorer...**

ATELIER 5 * réalisation 5' (assistant) > B1

CD > PLAGE > 21

Écoutez les quatre proverbes espagnols et transcrivez-les. Essayez d'en traduire le sens ; vous pouvez donner des équivalents en français, si vous les connaissez.

Ciego, *aveugle* – **tuerto,** *borgne.*

No mama, *ne tète pas.*

Más vale, *il vaut mieux.*

No se arriesga, *ne court pas le risque.*

MON BILAN **j'ai pu... je dois encore améliorer...**

RECUERDA

Sr.; Sres.; Sra.; Sta.
El éxito.

El fracaso.
Un idioma, ***une langue.***

Bombardeo.

Guernica,

Ruinas de Guernica.

Primer bombardeo de civiles en la Historia

De 1936 a 1939 la Guerra Civil asola *(ravage)* España. El lunes 26 de abril de 1937 los 7.000 habitantes de la localidad guipuzcoana de Guernica viven el ajetreo *(l'animation)* habitual de un día de trabajo y mercado cotidiano. A las cuatro y media de la tarde, aviones de la Legión Cóndor alemana cruzan el cielo soltando su carga destructiva hasta aniquilar la ciudad. Picasso aprende la noticia y comienza a trabajar en una obra que refleje aquel horror.

Picasso denuncia la barbarie

Para la Exposición Universal de París en 1937, el gobierno de la República le había encargado una obra *(lui avait commandé une œuvre)* para el pabellón español. Picasso concibió *Guernica* como un gran mural propagandístico, casi publicitario, para consumo de una colectividad. De ahí su tamaño *(taille)* y la elección de la gama de blanco y negro, para imprimir más dramatismo a la brutalidad y la crueldad humana que reflejan la obra. El toro, el caballo, el soldado, la mujer con el niño en brazos, la bombilla que estalla *(éclate)* en luz... todos los iconos desmembrados, "afeados" *("enlaidis")*, entre claroscuros.

Fuentes : *Cambio 16*, 29-04-2002. - Hershel B. Chipp, *El Guernica de Picasso. Historia. Transformaciones. Significado*, 1991.

Con tu compañero, inventa el corto diálogo en el que un habitante de Guernica le cuenta a Picasso lo que presenció el 26 de abril de 1937.

¡Sólo un mes para crear el Guernica!

Tras numerosos dibujos y 48 bocetos *(esquisses)*, Picasso logró ilustrar la tragedia humana con todo su horror y sus sufrimientos.

las pinceladas del horror

Pablo PICASSO,
***Guernica*, 1937.**
Óleo sobre lienzo.
349 x 777 cm.

"Un cuadro no se concibe ni se fija de antemano. Mientras se está haciendo, cambia como cambian las ideas de uno. Y, cuando está terminado, sigue cambiando de acuerdo con el estado de ánimo de quienquiera que lo mire."
Pablo Picasso

El Guernica en Madrid después de 41 años de exilio

"El cuadro será devuelto al gobierno de la República española el día en el que en España se restaure la República." Picasso
El cuadro permaneció en el Museo de Arte Contemporáneo de Nueva York de 1939 a 1981.
Volvió a España como contundente *(frappant)* recuerdo de una etapa que entonces se cerraba y que no debía repetirse.

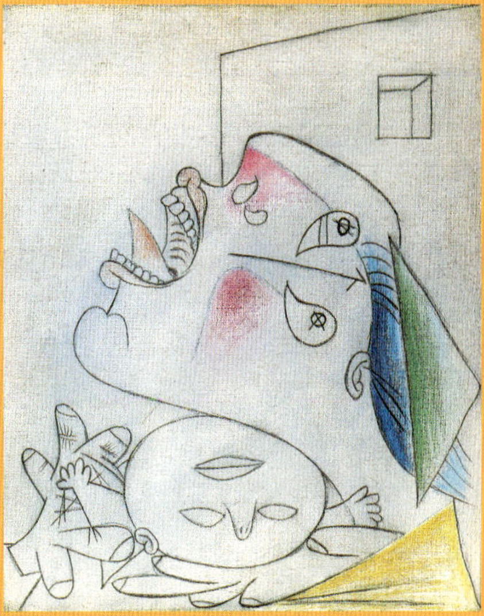

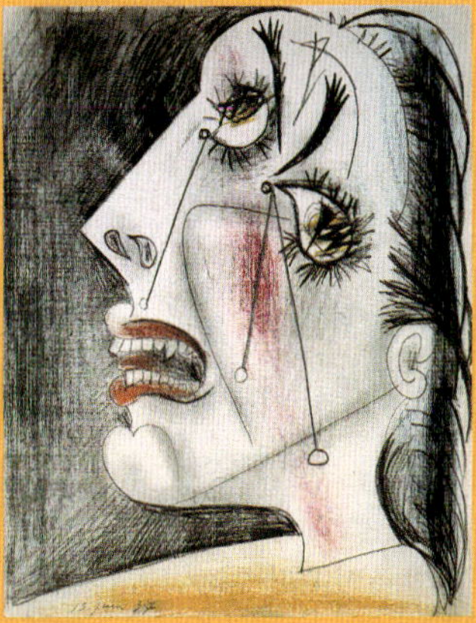

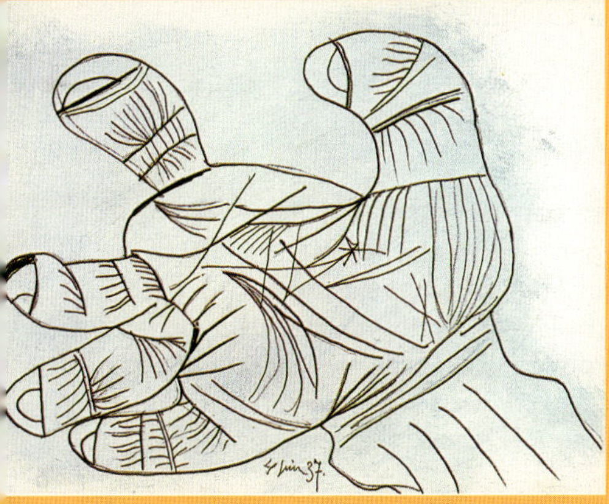

Pablo Picasso, *Bocetos para Guernica*, 1937.
Técnicas y tamaños diversos.

"*Guernica*, el cuadro más emblemático y famoso del siglo veinte".
Observa y lee esta página doble y di en qué coincides o no con esta opinión.

(E) Parientes y enemigos

Las zonas nacionalista y republicana a principios de la Guerra Civil, en el verano de 1936.

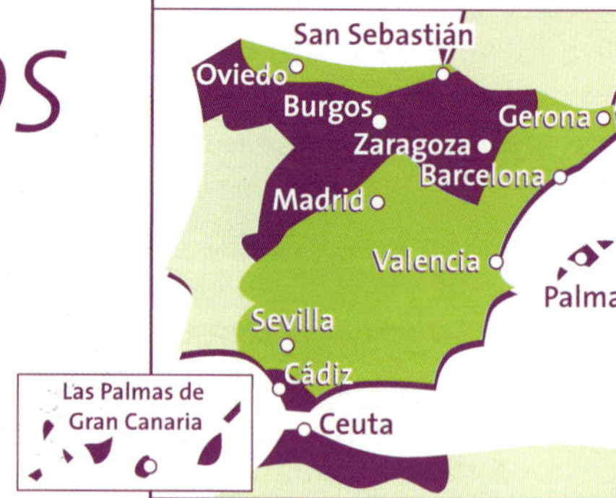

zona nacionalista, ocupada por el ejército de Franco

zona ocupada por el ejército republicano

Ignacio ha huido de Gerona (en zona republicana) donde un hermano suyo fue fusilado por los republicanos. Acaba de llegar a Burgos (en zona nacionalista). Decide visitar a su tío, un republicano, pero descubre que fue matado; sólo están su tía y su prima (cousine) *Paz.*

Las dos mujeres pusieron a Ignacio al corriente de la situación general. Le hablaron del despotismo de los militares y de la chulería[1] de los falangistas[2]; de las cabezas rapadas[3] y del aceite de ricino; de la obligada incorporación al Ejército de los hijos de los fusilados cuya quinta[4] era llamada... Ignacio, sin reaccionar... El muchacho comprobó[5] esto con violenta perplejidad. Quería sentir piedad y no lo conseguía. Peor aún, se iba sintiendo piedra cada vez más dura. De piedra las manos, el tórax y la cabeza. Las balas de que las mujeres hablaban rebotaban[6] en él como las pelotas en el frontón Chiqui. Las personas que ellas citaban pertenecían "al otro bando"[7]; no eran, pues, personas en el sentido natural.

Ignacio optó por no replicar con su catálogo de ferocidades. ¿Para qué? Se interesó por la situación económica en que vivían las dos mujeres. Paz vendía tabaco, cerillas y chicles[8] por los cafés, y su madre lavaba ropa[9] a domicilio.

"En casa de militares, naturalmente...

–¿Qué podría hacer por vosotras?

–Nada, dijo la madre.

–Irte al frente y disparar[10]", dijo la hija.

Ignacio miró a su prima con ternura[11]. Por un momento le pareció que veía a Pilar*. Ésta y Carmen Elgazu** reaccionarían lo mismo si José Alvear*** las visitara en Gerona.

"¿No podría hacer algo por ti, Paz? ¿Crees que eso de vender tabaco...?

–Ya te lo he dicho: al frente y disparar. Porque te irás al frente, ¿no?"

Ignacio meditó un momento y asintió[12].

José María Gironella, *Un millón de muertos*, 1961.

* Hermana de Ignacio. ** Madre de Ignacio. ***Hermano de Paz.

1. la grosería.
2. miembros de Falange Española, partido fascista.
3. *des têtes rasées.*
4. *la classe (de recrutement).*
5. constató.
6. *rebondissaient.*
7. *faisaient partie de l'autre camp.*
8. *des allumettes et des chewing-gums.*
9. *du linge.*
10. *au front et tirer.*
11. *tendresse.*
12. *acquiesça.*

Para empezar Mapa y texto en itálicas

La situación de España, y de Ignacio

1936-1939 · Guerra Civil · el general Franco · **los republicanos** · **los nacionalistas** · un levantamiento militar · opiniones diferentes · la represión · *dans les deux zones,* **en ambas zonas** · *exécuter,* ejecutar · refugiarse.

Puntos clave

Ignacio no se conmueve *(ne s'émeut pas)* L. 1-10

Mettre au courant, poner al corriente · padecer · **los parientes** · *des humiliations,* vejaciones · *persécuter,* **perseguir [i]** · *raser les cheveux,* rapar el pelo · *ingérer,* ingerir [ie/i] · obligar a · el sadismo · *avoir de la peine,* apiadarse (de) · *s'étonner,* sorprenderse · insensible · eso se debe a que · *la haine,* **el odio.**

No se acepta la ayuda del enemigo L. 11-17
Vivoter, **ir tirando** · *faire face,* **dar la cara** · *avoir pitié de,* **compadecerse de** · *rejeter,* **rechazar** · *trahir,* **traicionar.**

Una familia con sentido del honor L. 18-23
S'offusquer, **ofenderse** · **sentir [ie/i] admiración** · *la force (de caractère),* **la entereza** · *un trait de famille,* **un rasgo familiar** · *faire son devoir,* **cumplir su deber.**

Tu sentir

Grandeza y horror
L'engagement politique, **el compromiso político** · *risquer sa vie,* **arriesgar la vida** · **un ideal** · *le courage,* **el valor** · *rompre les liens,* **romper los lazos** · **la crueldad** · **el odio** · **una masacre** · **la tortura.**

Eduardo ARROYO, *Sama de Langreo, Asturias, septiembre de 1963. Constantina, llamada Tina, mujer del minero Pérez Mártez, es rapada por la policía,* 1970.

En 1962, y años siguientes, hubo numerosas huelgas *(grèves)* de mineros en Asturias que fueron duramente reprimidas por el régimen franquista.

Pistas

Represión y vejación *(humiliation)*
Raser, **rapar** · *porter atteinte à,* **atentar contra** · **vengarse** · *la chevelure,* **la cabellera** · **la feminidad** · *une larme,* **una lágrima** · **humillar** · **disuadir** · *faire taire,* **acallar.**

Belleza y dignidad
Un mannequin, **una modelo** · *le drapeau,* **la bandera** · *les boucles d'oreilles,* **los pendientes** · *le rouge à lèvres,* **el lápiz de labios** · **la mirada** · *malgré,* **a pesar de** · *faire ressortir,* **resaltar** · **una heroína** · **una denuncia.**

RECUERDA

LA PRÉPOSITION A

- *Obligatoire devant un complément d'objet direct qui représente une personne précise :* Vio **a** su tío.
- *Obligatoire entre* **ir** *et l'infinitif :* Fue **a** verlo.
- *Indique un déplacement « en direction de » :* Se dirigió **a** la puerta. *Il s'est dirigé vers la porte.* ***Gr. § 38.1.***

> ENTRÉNATE

Relève les emplois de la préposition **a** *dans le texte de Gironella et répartis-les dans deux ensembles :*
– emplois propres à l'espagnol ;
– emplois communs au français et à l'espagnol.

(E) Una broma[1] cruel

Vicentico Bola es un joven que provoca la admiración de sus compañeros por sus hazañas (exploits) *particulares, como la que se cuenta a continuación.*

Había sucedido un año antes. Para matar la tarde[2] Bola propuso a Manolín Aznar ir a cambiar el alcalde[3] de cualquier pueblo de la serranía; al instante llamaron al taxista, encendieron los respectivos habanos[4] y partieron hacia Castellón y allí tomaron la carretera de Alcora y se adentraron por los montes... Después de infinitas curvas llegaron a ese villorrio. Pararon frente a la iglesia. Preguntaron por el alcalde y una vieja les dijo que se llamaba Teodoro el Gronota y que en ese momento le encontrarían en el bar. Cuando entraron en aquel colmado[5], las tres mesas que estaban jugando a las cartas callaron.

–Vengo de parte del gobernador –dijo Bola en voz alta, llena de autoridad–. ¿Quién es Teodoro el alcalde?

–Servidor –exclamó un viejo incorporándose.

–Queda destituido.

–¿Y eso? –balbució el interesado.

–Órdenes de arriba. Usted sabrá. ¿O quiere que lo cuente en público? –preguntó Bola enarcando la ceja en señal de amenaza.

–Nada, nada. A sus órdenes.

Bola miró alrededor y eligió con el puro habano a un paisano que en otra mesa estaba jugando al robi. Tenía los mofletes sonrosados[6] y se le vio una calva[7] muy blanca cuando con todo respeto se quitó la boina[8].

–¿Usted es adicto al[9] Movimiento[10]? –le preguntó Bola.

–Totalmente adicto a Franco –dijo el elegido–. Maté tres maquis seguidos en el año cuarenta y siete. Que lo digan éstos.

–¿Es verdad eso? –preguntó Bola al cotarro.

Al ver que todos asentían[11] Vicentico Bola cerró el trato[12].

–¿Cómo se llama usted?

–Federico Masip, para servirle.

–Queda usted nombrado alcalde del pueblo. Firme aquí.

Dieron media vuelta, hubo algunos taconazos[13] y en el taxi partieron Bola y Manolín.

Manuel Vicent, *Tranvía a la Malvarrosa*, 1994.

1. *Un canular.*
2. *Pour occuper l'après-midi.*
3. *remplacer le maire.*
4. *chacun alluma son havane.*
5. *épicerie-buvette.*
6. *les joues rebondies et roses.*
7. *une calvitie.*
8. *son béret.*
9. *un fidèle du.*
10. (Partido único franquista.)
11. *decían que sí.*
12. *conclut le marché.*
13. *claquements de talons.*

Para empezar

Ideando una broma pesada *(une plaisanterie douteuse)* L. 1-3

S'ennuyer, **aburrirse** · **decidir** · **un alcalde** · **destituir.**

Puntos clave

Primera etapa del embuste *(tromperie)* L. 1-13

Un lugar perdido · *d'abord,* **primero** · **informarse** · *tromper,* **engañar** · *une personne culottée,* **un caradura** · **la autoridad** · *se redresser,* **incorporarse** · **el respeto.**

Miedo y sumisión L. 14-17

Être surpris, **sorprenderse** · *cependant,* **sin embargo** · *obéir à un ordre,* **acatar una orden** · *menacer de,* **amenazar con** · *sans protester,* **sin rechistar.**

Elección *(Choix)* **del sucesor** L. 18-24

Choisir, **elegir [i]** · *un geste,* **un ademán** · *un type,* **un tío** · **un campesino** · *humble,* **humilde** · **consultar** · *se flatter de,* **jactarse de** · **confirmar.**

Asunto concluido *(Affaire réglée)* L. 25-30

En un tour de main, **en un periquete** · **nombrar** · *s'en aller,* **marcharse** · *sur-le-champ,* **en el acto.**

Tu sentir

Una escena reveladora

La dictadura • los abusos • *être habitué à,* estar acostumbrado a • la represión • *profiter de (abuser),* **aprovecharse de** • la credulidad • *un fils à papa,* un señorito • *un caprice,* un capricho • divertirse [ie/i] • *le mépris,* **el desprecio**.

En los primeros tiempos del franquismo.

Pistas

Propaganda callejera

Une affiche, **un cartel** • *un portrait,* **un retrato** • un eslogan • *à la louange de,* en elogio de • un héroe • la Guerra Civil • *l'après-guerre,* **la posguerra**.

Adoctrinados

El saludo fascista • *sinistre,* siniestro • influenciar • **el adoctrinamiento** • maleable • *rendre culte à,* rendir [i] culto a • *le sauveur,* el salvador • *le culte de la personnalité,* **el culto a la personalidad**.

Recuerda

LES DÉMONSTRATIFS

- *Liste :* ***Gr. § 11.***
- *Ils désignent personnes et objets du plus proche au plus éloigné dans l'espace ou dans le temps.*
  Esta casa, aquí al lado. ***Cette*** *maison, à côté.*
  Ese pueblo del que hablas. ***Ce*** *village dont tu parles.*
  En **aquellos** tiempos. *En* ***ces*** *temps-**là**.*

> Entrénate

Complète avec le démonstratif qui te semble convenir. Sois prêt à justifier ton choix.

–En ... días de posguerra la vida era muy dura.
–... chico que ves aquí, es Vicentico, y ... otro, detrás de él, es Valentín.
–No sabía que en ... país donde vivimos, pasaron ... cosas.

(E) Elecciones de 1936

Agustí CENTELLES, *Cola electoral en un barrio pudiente* (un beau quartier) *de Barcelona*. Febrero de 1936.

La cola de votantes
espera ante un colegio electoral situado,
de esto no cabe duda,
en un barrio pudiente.
Se han decidido todos
al mediodía, que hace menos frío,
y ahora esperan su turno
–la patria, ya se sabe, está en peligro,
y hay que cerrar el paso a la gentuza[1]
si se puede, con votos,
si no, como se pueda.

De momento, van a votar, esperan. Dos son curas,
van con manteo y teja[2], *comme il faut*;
votarán a Gil Robles[3],
aunque el segundo, de arrogante traza[4],
podría dar su voto a los monárquicos.
En cualquier caso, contra el ateísmo
irán sus papeletas[5].

Los caballeros de derecha e izquierda
son ambos[6] de derechas,
usan sombrero y desconocen la alpargata[7];
no contará con ellos el frente popular.

[...]
El joven, sin sombrero, –y es el único–
se finge[8] distraído
y posa en un escorzo de guapo[9] y elegante.
[...] Hay en su juventud, en su estética, datos[10]
para inclinar su voto hacia la izquierda.
Tal vez lo haya dudado[11].
Pero la calidad del tejido y del sastre[12]
tienden a decidirlo a la derecha.
Tal vez lo haya dudado.

El barrio, en cualquier caso, les votaba a los suyos.
Un testigo[13]: Centelles.

Jesús MUNÁRRIZ, *De lo real y su análisis*, 1994.

1. *la populace.* **2.** *chapeau.* **3.** líder político de derechas. **4.** *allure.* **5.** *bulletins de vote.* **6.** los dos. **7.** *espadrille (que portait le peuple).* **8.** *feint d'être.* **9.** *un mélange de dandy.* **10.** elementos. **11.** *a-t-il hésité.* **12.** *du tissu et du tailleur.* **13.** *Un témoin.*

Para empezar

El fotógrafo · *prendre une photo,* **sacar una foto** · el poeta · describir · comentar · un día de elecciones.

Puntos clave

La cola vista por Munárriz V. 1-11

Riche, adinerado(a) · insistir en (que) · *prendre la peine de,* tomarse la molestia de · una inquietud · *un but,* **una meta** · *barrer la route à,* **cerrar [ie] el paso a** · los partidos de izquierda · *s'il le faut,* si hace falta · *y compris,* incluso · usar la fuerza.

Curas y caballeros V. 12-22

La ironía · *une expression toute faite,* un modismo · **gente bien** · la clase alta · cruzarse de brazos · aristocrático(a) · *un air suffisant,* un aire de suficiencia · *deviner,* adivinar · *d'après l'allure,* por el porte · *la tenue (habit),* **el atuendo** · **votar a** · la Iglesia · el poder · *un bourgeois,* un burgués · votar contra.

El joven V. 23-33

Notar un detalle · **ser el único en** · *guindé,* tieso · acusar · *il joue le(s),* se las da de · una pose · conformista · progresista · los intereses · **el medio social** · *voter en fonction de,* votar según · *hésiter à,* **dudar en** · concluir · *il ne fait pas de doute que,* no cabe duda de que.

Agustí Centelles, *Cola electoral en un barrio obrero* (ouvrier) *de Barcelona.* Febrero de 1936.

Tu sentir

Commente cette photo à ton tour.

El mismo día · *sur les deux photos,* en ambas fotos · **hacer cola** · votar · *les gens aisés,* **la gente acomodada** · *humble,* **humilde** · *le bureau de vote,* el colegio electoral · dos Españas · la gravedad · el porvenir · *un combat,* una contienda · *être en jeu,* **estar en juego** · el silencio · sonreír [i].

Recuerda

POUR DIRE QU'UN FAIT NOUS SEMBLE :

- ***évident*** → **está claro que; está visto que**
  Está visto que es muy rico. ***Il est certain*** *(évident)* ***qu'****il est très riche.*
- ***probable*** → ***futur***
  Será muy rico. ***Il doit être*** *très riche.*
- ***possible*** → **quizás; tal vez...** ***(+ subj. ou ind.)***
  Quizás es (sea) muy rico. ***Il est peut-être*** *très riche.*
  Le subjonctif renforce la valeur d'incertitude.

> Entrénate

Utilise les formes ci-contre pour indiquer si ces affirmations te semblent dire une évidence, un fait probable ou quelque chose qui est simplement possible.

–En la cola del barrio obrero la gente es humilde.
–Hay que hacer mucha cola antes de votar.
–Munárriz no tiene simpatía por los pudientes.
–El joven tiene unos veintitantos años.
–Este joven está mirando lo larga que es la cola.

Poesía y Guerra Civil

La determinación

...republicana

Sólo ser libre le importa.
La muerte no le intimida. [...]
Bien dispuesto a perecer,
canta el español su nombre:
mejor es dejar de ser *(cesser d'être)*
que dejar de ser un hombre.
Juan José Domenchina, *Hombre de España*, 1938.

...y nacionalista

¡Bendita la guerra
que viene a aventar
las malas semillas
(chasser les mauvaises graines)
del sano trigal *(champ de blé)*!
Augusto Haupol Gay,
Tríptico de la biencasada, 1939.

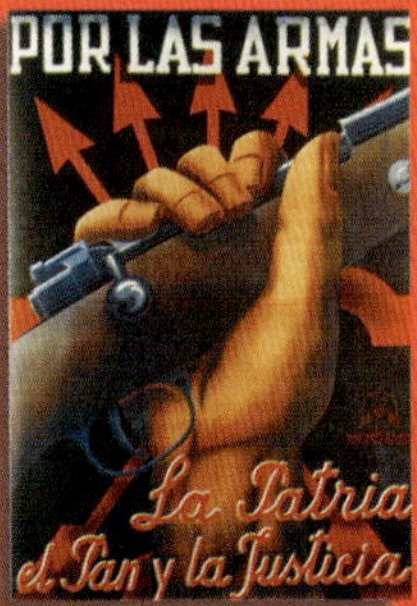

El poeta republicano: portavoz del pueblo

A través de mi garganta *(gorge)*
el pueblo entero es quien habla,
y en mi sangre la otra sangre
de los que salvan a España,
de los que en el frente *(front)* luchan,
lucha, grita y se levanta.
Arturo Serrano Plaja, *Los cuatro batallones de choque*, 1937.

Los poetas somos viento del pueblo: nacemos para pasar soplando *(en soufflant)* a través de sus poros *(les pores de sa peau)* y conducir sus ojos y sus sentimientos hacia las cumbres *(les cimes)* más hermosas.
Miguel Hernández (1910-1942), *Poesía*.

El poeta nacionalista: "tradición" y Dios

¡Ay del que *(Malheur à celui qui)* sueña comenzar la Historia,
y amigo de inauditas novedades *(nouveautés inouïes)*,
desoye *(n'écoute pas)* la lección de las edades
y renuncia al poder de la memoria!
[...]
Vuelve a tu tradición España mía.
¡Sólo Dios hace mundos de la nada *(néant)*!
Manuel Machado, *Tradición*, 1939.

La hora de Dios ha sonado en el reloj de la historia.
[...]
Fundidas fraternalmente
las milicias y las tropas
por Dios y España combaten
[...]
Luis Martínez Kleyser,
La hora de Dios, 1939.

14 de abril de 1931,
es proclamada la Segunda República.

18 de julio de 1936,
sublevamiento contra la República. Comienza la Guerra Civil.

1ro de abril de 1939,
finaliza la Guerra Civil. Victoria de los nacionalistas.

TIEMPOS NUEVOS

• Nacionalistas: el "renacimiento" *(renaissance)* contra la democracia

Hoy saludo tu imperio renacido
unido a tu destino y tu César
contra los mercaderes de Cartago *(Carthage)*
y el sanedrín[1] cobarde *(couard)* de Ginebra *(Genève)*[2].
Agustín de Foxá, *El almendro y la esperanza*, 1940.

1. Tribunal de los antiguos judíos *(juifs)* de Jerusalén.
2. En aquella época, sede *(siège)* de la Sociedad de Naciones (SDN), remplazada en 1945 por la ONU.

¡Ya España renace! Bella y soberana
recibió de Cristo la mágica luz...
¡Ya España es la tierra cristiana
que ostenta por lema y divisa *(qui arbore comme devise)*
la espada *(épée)* y la Cruz.
Manuel Barrios Maseros, *¡Salve raza inmortal!*, 1939.

• Republicanos: "nueva era"

Siervos *(Serfs)*, [...]
desde este hoy *(cet aujourd'hui)* en marcha hacia la hora
de estrenar vuestro pie *(où votre pied va fouler pour la première fois)* la nueva era del mundo, [...]
descansad *(reposez-vous)*. ¡Buenos días!
Vuestros hijos,
su sangre,
han hecho al fin que suene esa hora en que el mundo
va a cambiar de dueño *(de maître)*.
Rafael Alberti, *Capital de la gloria (1936-1938)*.

Teruel después del bombardeo.

El sufrimiento de la derrota

Oh, este dolor,
este dolor de no tener lágrimas *(larmes)*;
este dolor
de no tener ya llanto *(pleurs)* [...]
¡Oh, este llanto de España
que ya no es más que arruga *(ride)* y sequedad
(sécheresse) [...]!
León Felipe, *El hacha*, 1939.

- Relaciona los carteles *(les affiches)* con las posiciones de los poetas.
- Resistir a toda costa / ¡Viva la guerra! ¿A quiénes se podrían atribuir estas divisas?
- Al servicio de Dios / Al servicio del pueblo Muestra esta oposición.
- "Sonar la hora..." (= llegar el momento...) Esta expresión se usa dos veces. Busca las dos ocurrencias y compáralas.
- Temas que presentar: el entusiasmo; el racismo.

(E)

Declaración estratosférica

No había nadie en el bar salvo ellos dos, una pareja de adolescentes sentados frente a frente, bebiendo inocentes refrescos de naranja. En la mesa entre los vasos habían dejado abiertos los teléfonos móviles, que sonaban a veces y entonces él o ella se ponía a charlar[1] alegremente con un ser ajeno[2] e invisible mientras el otro se quedaba hierático.
El chico estaba muy enamorado de la chica, pero era incapaz de manifestarle su pasión. Sólo se atrevía a mirarla con intensidad a los ojos y ella ya había captado las turbulencias del corazón de su amigo y también le amaba, pero no podía ayudarle en nada, debido a su extremada timidez. Hablaban de cosas anodinas, sin comprometerse en absoluto. Las palabras iban del uno al otro directamente a través de la vibración del aire sobre el mármol de la mesa. El chico necesitaba declararle su amor y la chica esperaba que lo hiciera ya de una vez, un sueño imposible, porque entre ellos había una barrera psicológica insalvable[3]. Cualquier gesto o inflexión de voz, al estar sus rostros[4] tan cerca, podía delatar[5] un sentimiento íntimo y eso les llenaba de terror.
De pronto, este joven tímido y enamorado tuvo una inspiración. Usó el móvil para hablar con la chica que tenía delante sin dejar de mirarla profundamente a los ojos. Cuando sonó la llamada la chica descolgó[6].
La pareja comenzó a hablarse de forma descarnada[7] como si fueran invisibles. Ninguno de los dos ignoraba que a través de los móviles su voz se convertía en ondas electromagnéticas, viajaba al espacio sideral y luego volvía para penetrar en el cerebro del otro. Brutalmente desinhibido el chico le dijo que la amaba. La chica le contestó que todas las noches soñaba con él, pero sus expresiones de amor sin amarras tenían dos vehículos: una voz recorría el aire sobre la mesa del bar por medio de la vibración natural y sonaba terriblemente vulgar; la otra bajaba desde un satélite de la estratosfera cargada de libertad e imaginación. "Te amo, te amo"–le decía el chico.
"Oigo dos voces a la vez, ¿a cuál de ellas debo creer?" –preguntó ella.
El chico le dijo que creyera en el amor que a través de las ondas magnéticas le llegaba por la sangre hasta el corazón.

Manuel Vicent, *El País*, 08/12/2002.

1. hablar.
2. *un être lointain.*
3. *infranchissable.*
4. *leurs visages.*
5. revelar.
6. *ici, répondit.*
7. *sans retenue.*

Para empezar

Móviles en el bar 1er párrafo
Un couple, **una pareja** · **jóvenes** · *face à face,* **frente a frente** · **hablar por teléfono** · *chacun,* **cada uno** · *plusieurs fois,* **varias veces.**

Puntos clave

Una timidez que paraliza L. 6-15
Estar enamorado · *aimer, vouloir,* **querer [ie]** · *souhaiter ardemment,* **anhelar** · **ser incapaz de** · *oser,* **atreverse a** · **la proximidad** · **la intimidad** · *perdre ses moyens,* **cohibirse.**

La inspiración salvadora *(salvatrice)* L. 16-22
Il a l'idée de, **se le ocurre Ø** · *appeler,* **llamar** · **a través de** · **marcar el número** · *décrocher,* **descolgar [ue]** · *engager une conversation,* **entablar una conversación.**

La declaración estratosférica L. 22-30
Se sentir libéré, **sentirse desinhibido** · **por fin** · *s'épancher,* **desahogarse** · *tous les deux,* **ambos** · *face à face,* **cara a cara** · *l'écouteur,* **el auricular** · **las ondas** · **el satélite** · **el aire** · *se moquer de,* **reírse [i] de** · **el periodista.**

Tu sentir

¿Una declaración de amor moderna?

Réussir à, **lograr Ø** · *avoir besoin de,* **necesitar Ø** · *quelque chose de familier,* **algo familiar** · **tranquilizar** · **dar el primer paso** · *il n'y a que le premier pas qui coûte,* **todo es empezar** · **representativo** · *être absent,* **estar ausente** · *la plupart,* **la mayoría** · **una caricatura** · **tener la costumbre de** · **vivir juntos** · *les rapports,* **las relaciones.**

FORGES, *El País*, 15/05/2001.

Parece mentira, *c'est incroyable* – confiar en, *faire confiance à.*

Pistas

Paradójico *(Paradoxal)*

Reprochar · **por lo general** · **a la inversa** · *profiter de l'absence,* **aprovechar la ausencia** · *au lieu de,* **en vez de** · **los padres** · *passer son temps à + inf.,* **pasarse el tiempo + gér.** · **incitar a** · *être profitable,* **ser provechoso.**

Una forma de humor

L'absurde, **lo absurdo** · **sorprender** · *se moquer de,* **burlarse de** · *les lieux communs,* **los tópicos** · **un mundo absurdo** · *être à la page,* **estar al día** · **las nuevas tecnologías** · **preferir [ie/i]** · *en avoir assez de,* **estar harto de** · **conciliar.**

Comme au bac

Compréhension du texte

1 Explica brevemente qué problema tienen los dos jóvenes del texto.

2 "La pareja comenzó a hablar de forma descarnada como si fueran invisibles."
En pocas palabras muestra que esta frase, sacada del texto, alude a algo esencial de la anécdota.

Expression personnelle

3 Explica por qué esta escena es a la vez graciosa *(amusante)* y un poco inquietante.

4 ¿Te parecen estos dos jóvenes representativos de tu generación?

Traduction

5 *Traduis depuis* "El chico necesitaba declararle su amor..." *jusqu'à* "...llenaba de terror." (L. 12-15)

Nuevas

INTERNET

¿Será posible sobrevivir encerrado con la ayuda de Internet?

Solo durante un mes, con un ordenador y una tarjeta *(carte)* de crédito: el objetivo es comprobar si la red *(réseau)* es capaz de suministrar *(fournir)* todo lo necesario para vivir y demostrar si el comercio electrónico funciona realmente en España o si, por el contrario, aún le queda un largo camino por andar.

Algunas conclusiones:

– En un plazo de 45 minutos puedes llenar tu nevera *(réfrigérateur)* pero puede que tardes dos semanas en abrir las latas *(boîtes de conserve)* dada la dificultad para encontrar accesorios.

– Con el *chat* y el *e-mail*, se genera una sensación de irrealidad en las relaciones. Es un buen lugar para hacer confidencias, también lo es para mentir y "camuflarte".

El Mundo, 13-09-2002

El chat o la vida...

Los *chats* con los cuales se puede hacer amigos o ligar *(draguer)* virtualmente ofrecen ventajas. Para las personas tímidas, con baja autoestima *(qui manquent de confiance)* es una manera de entrar en contacto con los otros sin mucha dificultad.

La posibilidad de convertirse en personaje sin nuestros defectos y con todas las cualidades que desearíamos es otro de los atractivos *(attraits)*.

¿Cómo detectar la adicción al chat?

- Privarse del sueño más de cinco horas para invertir *(consacrer)* tiempo en la red.
- Descuidar *(Négliger)* actividades importantes como el trabajo, la familia, los amigos.
- Pensar en la red constantemente.
- Perder la noción del tiempo mientras se está conectado.

En España, hay 3.625.000 personas conectadas (la población española alcanza los 40 millones de habitantes) y el 47% lo hace en un ámbito doméstico.
http://www.aimc.es

LOS MÓVILES

Colgados de los móviles

Lo que parecía un avance de la tecnología se ha convertido para muchos en necesidad primaria, en una adicción que ataca a los jóvenes. El uso del móvil se ha transformado en moda y para muchas personas en un modo de sobrevivir.
Se ha llegado a afirmar que puede provocar trastornos psicopatológicos de personalidad.
Sin embargo, la tecnología no es mala, "lo malo es el uso que hacemos de ella" dice una profesora de psicología.

El País semanal, 02-09-2002

Al rescate

El móvil puede convertirse en un pequeño salvavidas con antena o en un guardaespaldas *(garde du corps)* de bolsillo:

– La vida de un montañero gravemente lesionado pudo salvarse gracias a otro excursionista que lo encontró y pidió ayuda a través del terminal móvil que llevaba.

– Durante un secuestro en el Boeing 747 de la compañía All Nippon Airways, algunos de los pasajeros lograron ponerse en contacto con el exterior a través de su móvil sin que los secuestradores se percataran de ello *(s'en rendent compte)*.

http://www.geocities.com/rescateccs/telemovil.html

tecnologías

¿Eres ludópata?

En Cataluña, una asociación lucha contra la adicción al juego y estima que más del 2% de los chicos entre 14 y 18 años es adicto a las máquinas tragaperras *(machines à sous)*. En algunos casos, los chicos ludópatas también tienen problemas con el alcohol y las drogas y, según la asociación, es necesario crear unidades de tratamiento de las adicciones en la sanidad pública.

La Vanguardia, 13-04-02

LUDOPATÍA

Reto *(Défi)* a los piratas informáticos españoles

"¡Atacadme si sois capaces!" Se trata de un concurso del Instituto de Seguridad en Internet destinado a los piratas informáticos para saltarse barreras *(sauter les obstacles)* y descubrir vulnerabilidades en los sistemas.

El ganador tiene 26 años, es ingeniero técnico y le gusta encontrar soluciones a los problemas. Es un *hacker*, es decir alguien que pone a prueba *(met à l'épreuve)* los sistemas de seguridad y contribuye así a mejorar la seguridad de los sistemas de forma altruista.

El País, 16/05/2002

A partir de lo leído y por parejas, haced una lista de todas las ventajas y todos los defectos que presentan estas nuevos instrumentos de comunicación. Luego haced una presentación de vuestro trabajo como si estuvierais en un tribunal: uno acusa y el otro defiende.

(E) El comercio justo 13

COMERCIO JUSTO. ¿Lo conoces?

PRINCIPIOS DE COMERCIO JUSTO

- Productos naturales de calidad.
- Respetuosos con el medio ambiente en su producción.
- Iguales condiciones de trabajo entre hombres y mujeres.
- Salarios dignos para los productores.
- Beneficios reinvertidos en las cooperativas productoras.

Fundación Grupo Eroski ha preparado para ti, del 13 al 22 de marzo, la quincena de **"Comercio Justo"**.

Acércate al stand en tu hipermercado Eroski o Maxi y **PARTICIPA**.

Hay sorpresas para ti.

Fundación Grupo Eroski
SOLIDARIDAD
www.fundaciongrupoeroski.es

El medio ambiente, *l'environnement* – reinvertidos, *réinvestis*.

Para empezar

Après avoir écouté l'enregistrement sur le CD classe, préparez-vous à répondre aux deux questions :

¿Qué es el grupo Eroski?
¿En qué consiste el llamado Comercio justo?

Puntos clave

¿Qué pregunta?

Avant tout, **ante todo** · **el título** · **promover [ue] una idea** · *poser une question,* **hacer una pregunta** · **no quedarse ignorante** · *susciter le désir de,* **suscitar la gana de** · *une idée novatrice,* **una idea innovadora** · **relacionar con** · *les petits gâteaux,* **las galletas** · **los productores de cacao.**

Una nueva norma de comercio

La calidad · **una necesidad de hoy** · **exigir** · *rejeter,* **rechazar** · *il vaut mieux,* **más vale** · **respetar** · **el respeto** · **luchar por** · *ne pas se contenter de,* **no conformarse con** · **beneficiar a** · **proteger** · **la explotación** · **a distancia** · **sentirse [ie/i] solidarios** · **los europeos** · **el progreso social** · *améliorer,* **mejorar.**

Encontrarse para charlar *(bavarder)*

Le consommateur, **el consumidor** · **una campaña de sensibilización** · *se consacrer à,* **dedicarse a** · **estar al servicio de.**

Tu parecer

Más caro *(cher)* pero más justo

Una idea generosa · **un acto cívico** · **la justicia** · **la solidaridad** · *le problème du sous-développement,* **el problema del subdesarrollo** · **pagar más** · **tomar conciencia** · **los intercambios internacionales** · *agir,* **actuar** · **la opinión pública.**

¿Quiénes son los productores?

Altercafé

Los productos Altercafé provienen de organizaciones de América Latina que gracias al Comercio justo poseen actualmente camiones, sus propias instalaciones para la transformación del café y llevan a cabo *(mènent à bien)* proyectos sociales para mejorar las condiciones de vida de miles de familias campesinas.
Solidaridad Internacional distribuye el café importado, tostado y envasado en España por otras organizaciones de comercio justo españolas.

Perú

Candela es una organización que desde 1996 trabaja en la promoción y el apoyo a pequeños productores y a sus familias. Uno de sus proyectos actuales es la promoción y el apoyo a los productores de la castaña *(noix d'Amazonie)* peruana. Aproximadamente un cuarto de la población en el departamento peruano de Madre de Dios depende de los ingresos *(revenus)* generados por esta actividad para vivir, y su desarrollo es crucial para evitar que los recolectores *(ramasseurs)* se dediquen a extraer *(exploiter)* madera, oro u otras actividades que impliquen la depredación del bosque amazónico.

http://www.solidaridad.org/pages/comjus.htm#Reglas

Pistas

El sabor del café *(Le goût du café)*

Développer, **desarrollar** · *grâce à,* **gracias a** · **ganarse la vida** · **un precio justo** · *investir,* **invertir [ie/i]** · *profiter des bénéfices,* **disfrutar de los beneficios** · **permitir** · **estar en contacto directo** · **los intermediarios.**

Defender una producción tradicional

Appuyer, **apoyar** · *maintenir un revenu,* **mantener [ie] un ingreso** · *rester,* **quedarse** · **un impacto regional** · *l'environnement,* **el medio ambiente** · **tan lejos y tan cerca** · **una eficacia social.**

Recuerda

LA NÉCESSITÉ, L'OBLIGATION

- *En espagnol on peut exprimer la nécessité par :*
  Es necesario que, es preciso que, resulta indispensable que.
  Tout comme en français, pensez à utiliser le subjonctif avec ces expressions.
  Gr. § 32.1.

> Entrénate

Es preciso que hablen directamente con los productores.

Sur ce modèle, réécris les cinq principes définis par la publicité en exprimant la nécessité ou l'obligation de les appliquer.

(E) ATELIERS >>>

CONSUMIR

ATELIER 1

* préparation **10'** - réalisation **1'** (assistant) > **B1-2**

CD > PLAGE > 22

Hogares, *foyers* – **la pareja,** *le couple* – **jornadas,** *journées de travail* – **listos para tomar,** *prêts à consommer* – **empresas,** *entreprises* – **valora,** *juge* – **maduro,** *mûr* – **por encima de otros,** *plus que d'autres.*

Tu vas entendre six professionnels de la vente en grande surface évoquer, très succinctement, un aspect particulier du consommateur espagnol.
À partir de ces six points de vue essaie de dresser un portrait global du consommateur que tu exposeras à la classe.

Tu pourras utiliser ces mots :

D'abord, **primero** • **por otra parte** • *de plus,* **además** • *une particularité,* **una peculiaridad** • *un autre trait,* **otro rasgo.**

MON BILAN **j'ai pu...**
je dois encore améliorer...

ATELIER 2

** préparation **15'** - réalisation **1'** ou **1'30** (assistant) > **B1-2**

Voici des conseils d'une association de consommateurs.
Inspirez-vous-en pour répondre à ces trois questions d'un enquêteur :

–Cuando usted va de compras a un híper ¿lleva una lista de compras? ¿Por qué?

–¿Cree usted en la posibilidad y la utilidad de ahorrar energía a nivel individual?

–¿Qué opina personalmente de la tendencia actual a gastar *(dépenser)* mucho en ocio?

Ne rédigez pas les réponses. Contentez-vous de quelques notes.

Consejos para ahorrar *(économiser)*

Lista previa *(préalable)*

–Es recomendable elaborar una lista previa. Un hábito más que recomendable si se compra en grandes superficies, donde los productos de primera necesidad actúan como "locomotoras" que enganchan a la adquisición *(qui poussent à l'achat)* de artículos no tan necesarios.

–El consumidor debe tener en cuenta que las ofertas son estrategias. Es frecuente que actúen como gancho *(un appât)* y que la factura que al final debemos pagar por la compra completa no sea ninguna ganga *(pas du tout une affaire)*.

Ecología

–Debemos recordar que el ahorro de energía no sólo beneficia a nuestro bolsillo *(poche)*: es importante para un medio ambiente menos contaminado y degradado.

–Ahorre calor: no pretenda estar en manga *(manches)* corta en casa durante el invierno, a costa de gastar mucha calefacción *(chauffage)*.

Ocio *(Loisirs)* **y servicios**

Se ha producido un cambio de tendencia en la distribución del presupuesto *(budget)* de las familias españolas. Cada vez es más importante el destinado a ocio y servicios.

–A la hora de planificar sus momentos de ocio, piense en el gran número de actividades que son gratis: paseos, excursiones, museos públicos...

CEACCU: Confederación Española de Organizaciones de Amas de Casa, Consumidores y Usuarios
http://www.ceaccu.org/guerra_numeros_rojos.htm

MON BILAN **j'ai pu...**
je dois encore améliorer...

>ATELIER 3

** préparation 10' - réalisation 10' puis classe (assistant) > B1-2

CD > PLAGE > 23

Se une la más sagrada de todas, *s'ajoute la plus sacrée de toutes* – **se logra la felicidad,** *on atteint le bonheur* – **tarjeta de crédito,** *carte de crédit* – **un hueco,** *un espace* – **la ciudadanía,** *les citoyens.*

Écoute trois fois l'enregistrement et réponds aux questions.

–Antes de Navidad, ¿qué comportamiento adoptan los medios de comunicación?

–¿Qué idea transmite la televisión?

–¿Qué deciden hacer algunos ciudadanos para luchar contra esta plaga *(fléau)*?

Todos los carritos *(chariots)* desvían un poco hacia la izquierda. Así, el consumidor tiene que sujetarlo *(le tenir)* con la mano izquierda, quedando libre la derecha para comprar.

En classe entière, donnez rapidement votre avis sur cette manifestation.

MON BILAN **j'ai pu...**
je dois encore améliorer...

>ATELIER 4

*** réalisation 10' (en classe) > B1

Avec ton camarade, répondez à cette enquête sur les économies d'énergie. Prenez des notes et comparez vos réponses avec celles des autres binômes.

1 ¿Cree que tener electricidad es importante para la sociedad?
2 Imagine que la electricidad deja de llegar a su casa. ¿Cree que su vida sería más fácil o más difícil?
3 ¿Cree que es bueno ahorrar *(économiser)* electricidad?
4 ¿Piensa que gracias a un mayor consumo de electricidad tenemos una mayor calidad de vida?
5 ¿Suele tomar alguna medida *(quelque mesure)* para ahorrar energía eléctrica?
6 ¿Considera que se consume mucha electricidad sin necesidad?
7 ¿Cuántas medidas para ahorrar electricidad conoce? Anótelas y explique, si es necesario, cómo funcionan.
http://www.unesa.net/unesa/html/programaeducativo/actividadesmilcaras/actividad9.htm

MON BILAN **j'ai pu...**
je dois encore améliorer...

>ATELIER 5

*** réalisation 10' (en classe ou à la maison) > B2

Al servicio de la sociedad de consumo

CD > PLAGE > 24

Amas de casa, *maîtresses de maison* – **prueben tres detergentes,** *essayent trois lessives* – **un envase,** *un emballage* – **flojo,** *faible* – **ha estropeado,** *a abîmé.*

Écoute ton CD et présente cette expérience de 1957 en six lignes.

MON BILAN **j'ai pu...**
je dois encore améliorer...

RECUERDA

El consumo, *la consommation.*
El hogar familiar, *le foyer familial.*
Una ganga, *une bonne affaire.*
Ahorrar, *économiser.*
Comprar, *acheter.*

De cara al futuro: las energías del siglo XXI

Parque de aerogeneradores en Aragón.

El viento

España vuelve a los molinos de viento. Unos molinos altos, blancos, estilizados, que han surgido por centenares en numerosos puntos del mapa.
Luis Gómez, *El País*, 20/06/2001.

España: tercer país productor de energía eólica *(éolienne)*

- España es el tercer país productor de energía eólica. Es una de las fuentes *(sources)* de energía más baratas *(économiques)*. Por eso, allí donde el régimen de vientos es constante, es competitiva frente a las fósiles y a la nueva de generación nuclear. Una de sus ventajas es que su coste continúa en descenso a medida que mejora la tecnología.
- El viento ha sido utilizado como fuente de energía desde hace unos 4.000 años, y los molinos de viento son una de las primeras manifestaciones de aprovechamiento *(exploitation)* energético de esta energía renovable.
- Es una fuente natural que suministra *(qui fournit)* una energía limpia que no puede agotarse *(s'épuiser)*. España se ha convertido en pocos años en la tercera potencia mundial en esta energía renovable; el mayor parque eólico del mundo se inauguró en 1999 en Albacete.

http://www.muyinteresante.es/canales/muy_act/anterior/enero01/portada3.htm

El aeropuerto de Las Palmas, pionero en autoabastecerse *(s'autoapprovisionner)* con energía eólica.
El aeropuerto de la isla Canaria se ha convertido en el primero en Europa en obtener la energía que necesita a partir del recurso eólico.
Dos molinos de 600 kW constituyen la principal fuente de energía del aeropuerto.
http://www.energias-renovables.com/paginas/Contenidosecciones.asp?ID=3710&Nombre=Eolica

La biomasa

Bosque en Navarra

- Esta técnica consiste en convertir la energía solar almacenada *(stockée)* en plantas terrestres y acuáticas, así como la que está en los residuos procedentes *(en provenance)* de la agricultura y de animales en energía que podamos utilizar para producir calor, electricidad, combustible para el transporte y productos químicos básicos.
- De la biomasa se pueden obtener dos tipos de energía; por una parte, calor y electricidad y, por otra, biocombustibles líquidos sustitutivos de los productos del petróleo, de la gasolina y del gasóleo.

http://www.muyinteresante.es/canales/muy_act/anterior/enero01/portada2.htm

Biodiesel para cualquier automovilista.
Una gasolinera de Tárrega, en Lleida/Lérida (Cataluña), es el primer surtidor *(pompe)* de España que sirve biodiesel.

El sol

El sol es gratis y aprovechamos el 17% de su energía

- Uno de los principales yacimientos *(gisements)* energéticos lo tenemos ahí mismo, encima de nuestras cabezas.
- Existen varias aplicaciones de la energía solar: la térmica, es decir, que a partir del sol se produce agua caliente y, por otro lado, existe la solar eléctrica o fotovoltaica: a partir del sol se genera electricidad. Para ello *(Pour cela)* se necesitan las células fotovoltaicas que convierten la energía solar en energía eléctrica. Actualmente, con los módulos fotovoltaicos se aprovecha un 14% de la energía que se recibe.

http://www.muyinteresante.es/canales/muy_act/anterior/enero01/portada4.htm

Horno *(four)* solar: ¿cocinar con el sol?

Greenpeace: "ENERGÍA SOLAR ¡¡YA!! NO MÁS CENTRALES TÉRMICAS"

Se instalarán en España las mayores plantas *(centrales)* térmicas comerciales del mundo que utilizarán como combustible exclusivo los rayos del sol.

Energía térmica

981 gigantescos espejos móviles

En la central de Sanlúcar, la captación de la radiación solar se hará mediante 981 gigantescos espejos *(miroirs)* móviles de casi cien metros cuadrados de superficie, llamados helióstatos. Todos ellos devolverán el calor a un receptor situado en la copa *(la cime)* de una torre de 90 metros de altura por cuyo interior circula una corriente de aire. Al pasar por la torre, la corriente de aire se calienta a 800 grados, una temperatura capaz de calentar vapor y movilizar una turbina como la de cualquier central térmica convencional.

Inmaculada G. MARDONES, *El País*, 04/08/2002.

El hidrógeno

Autobuses de hidrógeno.

El Ayuntamiento de Madrid recibió el primero de los 30 autobuses de hidrógeno que Mercedes-Benz ha construido para las diez ciudades europeas que participan en el proyecto CUTE/ECTOS.

Se convierte así en la primera ciudad de Europa que probará *(essayera)* los autobuses a pila de combustible de hidrógeno.

http://www.energias-renovables.com

Aire, agua, tierra y fuego: destaca unas características de las energías del siglo XXI que te parecen más prometedoras. Haz una presentación oral.

(E) Fiestas populares

A mediados de agosto, y durante una semana, se celebran en Benicarló, Castellón, las fiestas en honor de su patrón, san Bertomeu.

No es una metáfora. Son *els bous a la mar*. La plaza de toros es un poco peculiar, no es redonda, sino rectangular. Las gradas, hechas con tablones de madera sobre estructuras de hierro[1], se construyen formando un rectángulo con uno de los muelles[2] del puerto. De manera que es una plaza con vistas al mar y salpicada de palmeras. Lo único que tiene en común con los ruedos convencionales es la arena[3]. Además, aquí no matan a los toros ni les ponen banderillas, simplemente corren delante de ellos. Y cuando les va a pillar[4] el toro: ¡plash!, al agua. Lo que pasa es que el animal, a veces, arremete[5] con tanto ímpetu que va detrás y, ¡plash!, al agua también. Visto desde fuera, resulta chocante desde el punto de vista estético, por el contraste con todo lo que se asocia a la feria taurina, y divertidísimo, aunque, como cualquier cosa en la que los toros están presentes, entraña importantes riesgos. Pero, ya saben, ahí está la gracia.

–¿Y ahora cómo lo sacan del agua, mamá?, preguntaba un niño, planteando una incógnita generalizada entre los asistentes novatos.

–¿Ves esas barquitas que están en el agua? Pues ahora, los hombres que hay en ellas le atan una cuerda a los cuernos –lo único que sobresale del agua– y lo sacan por esa rampa tirando.

Y, aunque parezca complicado, en tres minutos está el toro otra vez corriendo por la plaza empapado en agua salina.

Patricia Ortega Dolz, *El País*, 25/08/2002.

1. *de grosses planches en bois sur des structures en fer.*
2. *des quais.*
3. *le sable.*
4. *rattraper.*
5. *fonce.*

Els bous a la mar *en Denia.*

Para empezar

Fiestas del pueblo

Lisez attentivement ces deux reportages et préparez un compte rendu de l'un d'eux que vous présenterez à deux.

Las fiestas patronales • **el verano** • **soler [ue]** • **celebrar** • **una tradición** • **consistir en** • *lâcher les taureaux,* **soltar [ue] los toros** • **caerse al agua** • *sortir,* **sacar** • *d'abord,* **primero** • *chacun(e),* **cada uno(a)** • *une course,* **una carrera** • *réussir à,* **conseguir [i] Ø** • **triunfar.**

Puntos clave

¡A festejar! *(Faisons la fête !)* **Primer texto**

Rendir [i] homenaje • **una costumbre** • **el pueblo** • **reunirse** • **participar** • **divertirse [ie/i]** • *profiter de,* **aprovechar Ø** • **sensaciones fuertes** • *en même temps,* **a la vez** • *sportif,* **deportivo** • *un exploit,* **una proeza** • **divertido** • **un juego** • **transmitirse** • **de padre a hijo** • **la música** • *faire partie,* **formar parte** • *la foule,* **la muchedumbre** • **atraer** • **el apego a** *(l'intérêt pour)* **los toros** • **una afición española** • **el arte de vivir.**

El pueblo de Mojácar (Almería) celebra sus fiestas patronales en honor a san Agustín la última semana de agosto.

Y así, la banda que salió a las cinco de la tarde de la plaza del Ayuntamiento fue recogiendo una por una a las 34 muchachas que ponían cinta[1] este año. Son unas cintas de raso pintadas con el nombre de la muchacha. Y son también el inicio de un cortejo amoroso[2]. Porque la llamada corrida de cintas no es más que eso, una forma de acercar a las solteras[3] mayores de 18 años a sus pretendientes. Ellas se visten de mojaqueras[4], con las faldas largas de tablas hechas con la lana pura alpujarreña. Ellos se convierten en elegantes jinetes[5] con botas y espuelas.

La comitiva formada por la banda de música, las mojaqueras y los múltiples curiosos que se suman a su paso llega hasta la cuesta de la fuente, que previamente han convertido en un terragal echando arena[6] sobre el asfalto.

Y, atención, el ritual del cortejo consiste en que los jinetes al galope consigan introducir un lapicero por una anilla[7] y llevarse la cinta de su pretendida.

De este modo, y entre un enorme gentío que forma pasillo en la calle, los jinetes cabalgan cuesta arriba lapicero en mano, mientras las mojaqueras ríen y cuchichean[8] sentadas en la tribuna deseosas de saber si será él, al que ellas quieren, quien se llevará su cinta.

Patricia Ortega Dolz, *El País*, 25/08/2002.

1. *ruban.*
2. *une cour amoureuse.*
3. *les jeunes filles célibataires.*
4. (habitantes de Mojácar).
5. *cavaliers.*
6. *en jetant du sable.*
7. *un crayon dans un anneau.*
8. *chuchotent.*

Aspectos simbólicos Segundo texto

Una expresión · *au-delà de,* **más allá de** · **simbolizar** · **la fuerza** · *l'adresse,* **la destreza** · **la soltera** · **el mozo** · *faire la cour,* **cortejar** · *l'alliance,* **el anillo de boda** · **la Edad Media** · *le tournoi,* **el torneo** · **la cinta** · *la faveur,* **el favor** · *l'héritage culturel,* **el legado cultural** · **un riesgo** · *manquer,* **fallar** · *drôle de façon de,* **vaya manera de** · **elegir [i] una novia.**

Tu parecer

Décris une fête populaire espagnole que tu connais et essaie d'en déchiffrer la valeur symbolique.

Tu les trouveras toutes sur le site :

http://www.fiestasatope.com

Recuerda

AUNQUE ***(Gr. § 32.4.)***

• **Aunque** + *ind.* = *Bien que, quoique (+ subj.)*

Es una fiesta divertidísima **aunque es** peligrosa.

C'est une fête très amusante ***bien qu'****elle* ***soit*** *dangereuse.*

• **Aunque** + *subj.* = *Même si (+ ind.)*

Aunque parezca increíble, uno olvida el peligro.

Même si *cela* ***paraît*** *incroyable, on oublie le danger.*

Dans les deux cas, du français à l'espagnol, ***le mode change****.*

> Entrénate

Construis deux phrases avec **aunque** + *ind. et deux autres avec* **aunque** + *subj. en utilisant les éléments suivants :*

- Hay una plaza de toros – no (ser) redonda.
- Los toros (caer) al agua – no (resultar) peligroso.
- El jinete – no (conseguir [i]) introducir el lapicero – (divertirse [ie]).
- (Resultar) chocante – (tener [ie]) mucha gracia.

(E) ATELIERS

JOSÉ TOMÁS, TORERO

ATELIER 1 ** réalisation 20' (assistant) > B2

¡Ya salen los toreros!

CD > PLAGE > 25 Lidian, torean – su faena, *leur travail de* torero.

Six toros, trois toreros ; écoute ton CD et explique à la classe comment ils sont attribués.

Après avoir lu le texte, remets dans l'ordre les photos et présente à la classe le déroulement d'une **corrida.**

A

B

C

La corrida se divide en tres partes denominadas "tercios" que se marcan con un toque de clarín *(sonnerie de clairon)*. En el primero el diestro (torero) torea con el capote *(lourde cape rose et jaune)*. Con un toque de clarín se indica que salgan los dos picadores *(assistants à cheval)* al ruedo *(l'arène)*.
En el segundo tercio se ejecuta la suerte de banderillas *(la phase des banderilles)*, en la que los banderilleros ponen al toro tres pares *(paires)* de banderillas.
En el último tercio el torero ejecutará la "suerte suprema", en la que toreará con la muleta *(petite cape rouge)* para, al final, tomar la espada *(l'épée)* y matar al toro. Estos son los momentos más difíciles de toda su labor, pues en ellos debe conseguir que el toro le embista *(le charge)*, y justo en medio de la embestida, clavar *(planter)* su espada. Los trofeos serán una o dos orejas del toro lidiado, y como máximo el rabo *(la queue)*.

www.red2000.com

D

E

MON BILAN j'ai pu...
je dois encore améliorer...

ATELIER 2 ** préparation 10' - réalisation 3' (assistant) > B2

La cornada *(Le coup de corne)*

CD > PLAGE > 26

Écoute ton CD et complète le texte suivant ; puis prépare-toi à expliquer en quelques mots à la classe ce qui a impressionné José dans la vidéo de Ordóñez.

–¿Se ve venir una cornada *(un coup de corne)*, no?
–A veces, sí. Pero ....: si tú no quieres ...., no te coge, salvo casos de verdadera mala suerte... .... Pero si arriesgas *(si tu prends des risques)* hasta el límite, entonces sí, entonces te puede matar... ¡Pero un torero tiene que estar dispuesto a .... más de doce tardes al año!
–¡¿Qué dices?!
–No entiendes nada... no puedes. No sabes cómo es esto, cómo se siente y cómo hay que sentirlo. .... un vídeo de Ordóñez (famoso torero), fue apasionante... Era una especie de baile al compás con *(en rythme avec)* el toro. Aquel toro le pegó .... Ordóñez cortó el rabo y

.... chorreando sangre *(perdant son sang)* por la pierna, pero .... en los tendidos *(gradins)* mientras mostraba el trofeo. ¡Si le ves torear en ese vídeo te das cuenta que ....!
José Ramón De La Morena, *El País Semanal*, 12/05/2002.

MON BILAN **j'ai pu...**
je dois encore améliorer...

ATELIER 3 ** réalisation 15' (en groupe, en classe ou seul à la maison) > B2

Aficionados a, *amateurs de* – **el placer,** *le plaisir* – **la destreza,** *l'habileté*.

Contradicciones

Expliquez à la classe ce que veulent exprimer les personnes que l'on voit manifester sur les photos.

CD > PLAGE > 27

Écoutez votre CD et comparez votre propre sentiment sur la* fiesta taurina *à celui du reste de la classe.

Cela semble incroyable que, **parece mentira que** • **es imposible afirmar** • **¡Qué escándalo ver que...!** • *tu n'as pas le droit de,* **no tienes derecho a** • *tu ne peux pas nier que,* **no puedes negar [ie] que** • *je suis très étonné que,* **me llama mucho la atención que.**

MON BILAN **j'ai pu...**
je dois encore améliorer...

RECUERDA

La lidia, *la corrida.*
El ruedo, *l'arène.*
El toro bravo, *le taureau de combat.*
El torero.

Disfrutar, *jouir de.*
Una cornada, *un coup de corne.*
Tener [ie] derecho a, *avoir le droit de.*
Parece mentira que, *cela semble incroyable que.*

(E) Tapas

14

> A borracho fino, primero agua y luego vino.

La costumbre de tapear[1] es tan antigua en España que se ha convertido en una seña de identidad de lo español. La tapa, una pequeña porción de alimento que se toma para acompañar la bebida y abrir el apetito antes del almuerzo o de la cena, tiene mil y una versiones a lo largo y ancho del país y ha evolucionado a través del tiempo hasta alcanzar, en algunos establecimientos, una insólita sofisticación, fruto de la efervescente actividad creativa de los cocineros españoles.

La historia de la tapa es difícil de delimitar. Algunos estudiosos de la gastronomía relacionan su origen con la costumbre secular de los trabajadores del campo de hacer un descanso a media mañana para reponer fuerzas con unos bocados y un trago de vino. Para explicar cómo llegó esta costumbre a los bares se recurre a la leyenda. Algunos sostienen que fue el rey Alfonso X El Sabio quien, en el siglo XIII, ordenó que en los mesones y tabernas se sirviera algo de comida con el vino, para evitar los males del alcohol.

La explicación para el nombre de tapa, que significa también cobertura o tapadera[2], está asimismo influida por la leyenda. Cuentan que, a principios del siglo XX, el rey Alfonso XIII recaló[3] en una venta (restaurante rural) de la provincia de Cádiz, el famoso Ventorrillo del Chato, donde le sirvieron el vaso de vino que pidió tapado con una rodaja de embutido[4]. Sorprendido, preguntó a qué se debía aquello, y el ventero le explicó que tenía la costumbre de cubrir los vasos de esa manera para evitar que insectos o arena estropeasen[5] la bebida.

La invención fue tan celebrada por el monarca y sus acompañantes que se consolidó y terminó por dar nombre al aperitivo que se sirve con la bebida.

La costumbre del tapeo en los bares, en todo caso, se instituyó como rito en una sociedad influida por circunstancias como el buen clima, que invita a pasar mucho tiempo en la calle, y por culturas como la romana, la árabe y la judía, que elevan la comida a la categoría de acto social.

Esperanza Peláez, *El País*, 21/06/2003.

1. comer tapas.
2. *couvercle.*
3. entró.
4. *rondelle de saucisson.*
5. *abîment.*

Para empezar

Un artículo explicativo

La periodista · examinar · una tradición · específica · el tapeo.

Puntos clave

Una costumbre castiza (típica) L. 1-7

Consistir en · acompañar · *un verre de vin,* **una copa** · una cerveza · un platillo · el pescado · la tortilla · las aceitunas · los chorizos · la variedad · geográfica · histórica · imaginar · el refinamiento · **desarrollar**.

El origen de la costumbre L. 8-14

Jadis, **antaño** · los campesinos · *se lever de bonne heure,* **madrugar** · necesitar · recuperarse · la fábula · rural ≠ urbano · gracias a · la prudencia · cuidar de · los conciudadanos · *s'enivrer,* emborracharse.

El origen del nombre L. 15-24

Una anécdota · de nuevo · *royal,* real · dar valor · el hábito · sencillo · *couvrir,* **tapar** · preservar · ingenioso.

Un ritual social L. 25-28

Las condiciones climatológicas · permitir ∅ · vivir fuera · *un creuset de cultures,* **un crisol** de culturas · enriquecer · significar · estar juntos.

Tu parecer

Tradición y modernidad

Dos aspectos · gastronómico · social · disfrutar · relajarse · compartir · olvidar · *les soucis,* los pesares · encontrarse [ue] · cultivar · la amistad · **a la vez** · el exotismo · ritual · una filosofía.

Bares de Bilbao.

Pista

Dentro y fuera

La muchedumbre · todas las edades · quedarse de pie · de noche · conversar · 1882 · el medallón · gracioso · *se réjouir,* regocijarse · la cueva de Alí Baba · las luces · la atmósfera · caluroso(a) · el nivel sonoro · jóvenes · seducir · *s'empiffrer,* apiparse · **divertirse [ie/i]** · **oponerse** · la comida rápida.

RECUERDA

LA CONCORDANCE DES TEMPS

Gr. § 33.

> ENTRÉNATE

Réécris les phrases suivantes au passé :

–Se ofrece comida para que la gente no se emborrache.

–Les invitan a que tapeen juntos.

–Los españoles quieren que se conozca la leyenda.

Gitanos y Flamencos

El origen del pueblo gitano

Se encuentra en la India, concretamente en la región del Punjab. Hacia el año 1000 empiezan las migraciones que les llevarán hasta diversos países de Centroeuropa y Asia. Por el norte de África llegan a Gibraltar y España.
Desde el siglo XV al XVIII las normativas fueron especialmente duras con los gitanos.
Entre otras cosas, se les prohibe *(on leur interdit)* utilizar su lengua y su forma de vestir.
Con la Constitución de 1978 se reconoce por primera vez en la historia, la igualdad ante la ley y la plena ciudadanía *(citoyenneté)* de los gitanos.
http://www.aulazero-va.org/gitanos_his.es.html

La familia

En la cultura gitana la estructura dominante es la familia o las relaciones de parentesco *(parenté)*.
Tradicionalmente el pueblo gitano se ha organizado en linajes o clanes patrilineales que pueden agrupar hasta cinco generaciones alrededor del patriarca.
http://www.aulazero-va.org/gitanos_his.es.html

Difícil adaptación

Los gitanos forman actualmente una comunidad de 500.000 a 600.000 personas en España. Por regiones, la que agrupa a mayor cantidad de gitanos es Andalucía. Su importancia allí es tal que el Parlamento Andaluz ha declarado el día 22 de noviembre "Día de los Gitanos Andaluces". Ese día se conmemora la llegada de los gitanos a Andalucía, el 22 de noviembre de 1465.
http://www.unionromani.org

La vivienda *(Le logement)*

La falta de preparación escolar y de formación profesional, la falta de viviendas dignas obliga a una buena parte de sus miembros a vivir en condiciones de marginalidad, habitando en infraviviendas, y a ganarse la vida en condiciones muy difíciles.
http://www.unionromani.org

El trabajo

En España hay gitanos médicos, abogados, profesores, empresarios, obreros cualificados, artistas, etc. Sin embargo, el estereotipo o imagen común que se proyecta desde todos los medios, sigue siendo el del gitano indigente y analfabeto, cuando no delincuente.
Actualmente los oficios más extendidos son la venta ambulante, temporada agrícola, recogida de chatarra *(ferraille)*, cartón… El espectáculo es un sector al que se dedica un reducido, aunque famoso, número de ellos.

Casas-cuevas en el barrio del Sacromonte, Granada.

1. Presenta lo que puede dificultar la adaptación de los gitanos a la sociedad española de hoy.
2. ¿Qué relación guarda el flamenco con el pueblo gitano?
3. ¿Cómo presentarías el flamenco a un extranjero?

El Flamenco, ¿gitano o andaluz?

En la actualidad encontramos artistas flamencos tanto gitanos como payos. Payos son para los gitanos las personas no gitanas. En su origen, el flamenco es música y expresión del pueblo gitano, y de un lugar, Andalucía. Los gitanos encontraron un ambiente musical de herencia *(d'héritage)* musulmana, oriental como su propia cultura, y desarrollaron una música nueva bajo la influencia fundamental de la música popular andalusí y otras influencias (música judía, música litúrgica cristiana). Así nació el flamenco desde Cádiz, Jerez de la Frontera y el barrio sevillano de Triana.

Paco de Lucía, uno de los máximos representantes de la guitarra flamenca.

Las tradicionales voces de "ole" u "olé" las dicen los participantes en una reunión o espectáculo flamenco para animar al artista.

Ritmos tradicionales y figuras de hoy

El Camarón de la Isla.

EL CANTE JONDO

El cantaor interpreta un sentimiento a través del canto. El canto es desgarrado *(déchiré)*, puro sentimiento. Las letras son breves (coplas de unos cuatro versos); el cante es claramente oriental, ajeno a la tradición occidental.

http://www.inicia.es/de/trivioehc/cultura_flamenco.htm

Camina y dime 28

Tarantos
Dime qué llevas en el carro
que tan despacio caminas.
Llevo al pobre de mi hermano
que un barreno *(un tir d'explosif)* en las minas
le ha cortado las dos manos.

CAMARÓN DE LA ISLA. Guitarra: PACO DE LUCÍA

Tarantos son los cantes mineros que probablemente se originan en Almería. Además de la temática de las minas, hay versos que expresan lo típico del flamenco: el amor, la muerte y las observaciones filosóficas.

Un ritmo tradicional: la seguiriya 29

El corazón de pena tengo traspasao

El corazón de pena
tengo traspasa(d)o
que hasta el hablar, mare *(madre)*,
con la gente me sirve de enfado.

LA NIÑA DE LOS PEINES

30 Ejemplo de guitarra flamenca y palmas.

El acompañamiento musical

La guitarra es un instrumento nacido en occidente, que se adapta al flamenco desarrollando sus propias cualidades, que diferencian la guitarra flamenca de sus hermanas. Es básica también la percusión. El elemento más importante son las palmas (golpear de una mano contra otra). Un conjunto de dos o tres palmeros pueden conseguir increíbles combinaciones rítmicas.
También se hace percusión sobre la guitarra. El baile, con su taconeo (el tacón: *le talon*), es también percusión, música.

> AMÉRICA

Prodigios p. 124
Violencias políticas p. 134
Animales p. 142
Independencia y revolución p. 148
Vivencias p. 156
Indígenas y criollos p. 164
Abusos p. 170
El Norte p. 180
Caracteres p. 188
Vivir y sobrevivir p. 196

Volcán Pichincha, Quito, Ecuador, 1999.

AMÉRICA, ¿TE SUENA?

Toma del palacio presidencial.

500 años después, por fin una ministra.

Los indígenas

Lacandones, Chiapas, México, 2002.

Arrestación del periodista disidente Raúl Rivero en La Habana el 21 marzo 2003.

Chile 1973: el golpe de Estado

Cuba en la tormenta

Chicago, EE UU.

El sueño americano

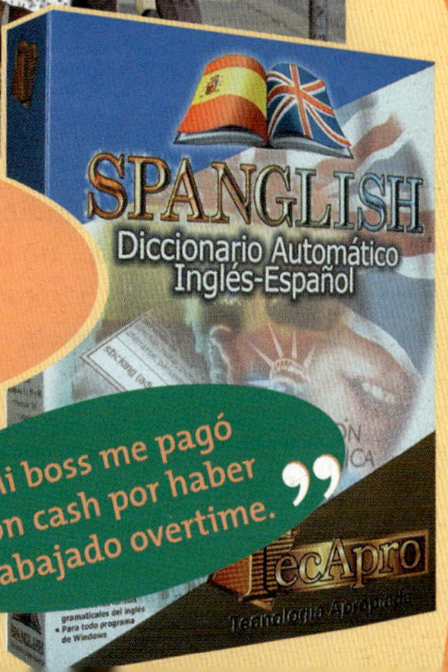

“Mi boss me pagó con cash por haber trabajado overtime.”

(A) El triunfo de la

Fernando Leal, *El triunfo de la locomotora*, 1943. Mural. Sala de acceso a los andenes de la estación ferroviaria de San Luis Potosí.

Para empezar

Un mural monumental

La estación • los viajeros • *la taille*, el tamaño • **llamar la atención** • los dos planos • varias escenas • el desorden • animales y hombres • *des paquets*, bultos • el tren.

Puntos clave

Los transportes a través del tiempo

Medios de transporte • antiguo • prehispánico • colonial • moderno • el indio • llevar a cuestas • *la bête de somme*, la acémila • no conocer • *la roue*, **la rueda** • la mula • *la chaise à porteur*, la silla de mano • el caballo • tirar de • la diligencia • la evolución.

Las tres locomotoras

Avanzar • a todo vapor • hacia el porvenir • *la vitesse*, la velocidad • los detalles • la forma • aerodinámico(a) • *de plus en plus*, **cada vez más**.

La expresión del triunfo

Le fouillis, el revoltijo • *tomber*, caerse • *sauter*, brincar • *se cabrer*, encabritarse • *la peur*, el susto • *la colère*, el enojo • *l'étonnement*, **el asombro** • *le bouleversement*, el trastorno • *à toute vitesse*, a toda marcha.

Tu sentir

La visión del pintor

Railler, **mofarse de** • lo arcaico • la ironía • la construcción • los colores • el estilo • *drôle*, jocoso(a) • burlesco(a) • la ruptura • mejorar • la condición humana • la fe • afirmar • **el progreso**.

locomotora

"¡Esta chica está como un tren!
Elle est canon, cette fille !"

Pista

Una fuente de inspiración

El imperio azteca • a través de • verdaderos nómadas • el muralista • a la izquierda • recordar [ue].

Pochtecas (Commerçants), *códice Laúd*.

Recuerda

L'IMPARFAIT ET LE PASSÉ SIMPLE, QUAND LES EMPLOYER ?

- ***L'imparfait* : Gr. § 31.2.**
- ***Le passé simple* : Gr. § 31.3.**

> Entrénate

Complète au passé :

–En aquellos tiempos los aztecas (llevar a cuestas) sus mercancías.

–El tren (constituir) un avance antes de volverse corriente.

–En 1943, el transporte (ser) cada vez más rápido.

(A) Difícil rescate[1]

Un rompehielos[2] argentino zarpará[3] el martes para liberar al buque alemán *Magdalena Oldendorff* preso en la Antártida. El rompehielos argentino *Almirante Irízar* es capaz de navegar normalmente por campos de hielo de hasta un metro de espesor, pero puede romper hielos de hasta 5,6 metros. Su misión consistirá en abrir paso al *Agulhas* surafricano. Entre los dos tratarán de liberar al barco alemán atrapado.

El *Magdalena Oldendorff* venía de la base rusa de Novolazarevskaya y se dirigía a Ciudad del Cabo, en Suráfrica, tras una campaña de 12 meses en la Antártida recorriendo algunas de las bases rusas, repartiendo víveres, recogiendo basuras y permitiendo el relevo del personal en esta 47 campaña rusa en el sexto continente.

Sin embargo, pese a la enorme experiencia rusa acumulada, las aguas del océano glacial Antártico son más complicadas para navegar que las de otros mares. "Al principio", dice Jerónimo López, "el hielo que se congela se rompe fácilmente, sobre todo con un barco como ése. Pero puede haber un viento fuerte que desplace témpanos[4] en una dirección determinada y de pronto te das cuenta de que te has quedado encerrado." Eso es lo que le ha sucedido al *Magdalena Oldendorff*.

Si no fuera posible sacar el barco, al menos saldrían en helicóptero los 79 embarcados que no son imprescindibles[5] para la navegación. El resto quedaría aguardando[6] la primavera y el deshielo, provistos por los barcos de socorro, eso sí, de combustible y alimentos. Este rescate en helicóptero no es imposible, pese a los vientos, de hasta 70 kilómetros por hora, el frío, de 55° bajo cero, y a la oscuridad reinante en los días más cortos del año.

El Ministerio de Defensa argentino aseguró ayer que se ha alcanzado un acuerdo con los armadores y las aseguradoras del *Magdalena Oldendorff* para que su rompehielos acuda al rescate. Irá equipado con dos helicópteros. La misión durará tres meses y el contrato de prestación de servicios rondará los 2,8 millones de dólares (casi tres millones de euros), según una fuente gubernamental. Sólo para combustible el *Almirante Irízar* necesita 1,2 millones de euros para recorrer los 7.000 kilómetros que hay desde Buenos Aires hasta el buque atrapado. Antes también pero, sin duda, en el siglo XXI la épica tiene precio.

Antonio CALVO ROY, *El País*, 23/06/2003.

1. *sauvetage.*
2. *Un brise-glace.*
3. *lèvera l'ancre.*
4. *des icebergs.*
5. indispensables.
6. esperando.

Para empezar

Mares australes

Un barco · **preso** · *la glace,* **el hielo** · *l'Antarctique,* **la Antártida** · **rescatar** · **en peligro.**

Puntos clave

Una misión internacional L. 1-13

Argentino(a) · **surafricano(a)** · **una colaboración** · *donner un coup de main,* **echar una mano** · **salvar** · **alemán** · **la potencia** · **la banquisa** · *brisé(e),* **roto(a).**

El *Magdalena Oldendorff* L. 14-37

Un año · *affréter,* **fletar** · **los rusos** · **un puerto** · *ravitailler,* **abastecer** · **científico(a)** · *malgré,* **a pesar de** · **ser víctima** · *indomptable,* **indomable.**

El rescate L. 38-66
Aéreo(a) · parte de · *l'équipage,* **la tripulación** · útil · el mantenimiento · aislado · armarse de paciencia · *une saison,* una estación · extremo(a) · una fortuna.

Tu parecer

Aventuras extremas
Útil ≠ inútil · *au-delà,* **más allá** · los límites · el valor · los accidentes · el precio del rescate.

Expedición a Dome C, 1997-2003.

Pistas

Expedición en la Antártida
Une cabane sur patins, una cabaña sobre patines · *glisser,* **deslizarse** · la nieve · *un traîneau,* un trineo · *une chenillette,* un vehículo oruga · transportar · el material · la alta tecnología · fantástico(a).

El sexto continente
Un científico · una aventura moderna · explorar · una misión · *des expériences,* experimentos · *supporter,* aguantar · temperaturas extremas · *la glace,* el hielo · *le blizzard,* la ventisca · un desierto · *l'isolement,* **el aislamiento**.

Recuerda

PARA *ET* PARA QUE

- *Préposition* **para** → *pour, dans le but de.*
  "Un rompehielos argentino zarpará el martes **para** liberar al buque alemán."
- **Para que** → *pour que, suivi du subjonctif comme en français.*
  "Se ha alcanzado un acuerdo... **para que** su rompehielos acuda al rescate."

> Entrénate

Complète les phrases suivantes, puis transpose-les au passé en respectant la concordance des temps s'il y a lieu (Gr. § 33.) :
–El *Almirante Irízar* zarpa para que...
–Los rusos mantienen bases para...
–El rompehielos sirve para...
–Pagan millones para que...

> ATELIER 1 ** préparation 10' - réalisation 2' (assistant) > B1-1

CD > PLAGE > 31

La cita, *le rendez-vous* – **acercarse a,** *s'approcher de* – **rebosante,** *débordant* – **llorar,** *pleurer*.

Écoutez cette histoire plusieurs fois pour la compléter :

El lunes, … … … … . El martes … … … que se acerca. El miércoles … … … . El jueves … … …, revisa… …, … … la peluquería. El viernes … … … …, sin salir … … … . El sábado, … …, se echa … … … con … … rebosante. Durante … … … … … llora sin consuelo. Cuando … … … … …, ya es lunes … … … .

Andrés Neuman (Argentina), *Por favor, sea breve,* 2001.

Sur le même modèle, écrivez une histoire : celle d'un(e) sportif(ive), d'un(e) musicien(ne), d'un(e) danseur(euse) ou d'un(e) acteur(trice). Vous utiliserez le dictionnaire pour y chercher sept mots au plus et vous commencerez les phrases par :

El primer día… El segundo día… El tercer día… El cuarto día… El quinto día… El sexto día… Y por último… Al notar…

MON BILAN **j'ai pu…**
je dois encore améliorer…

> ATELIER 2 ** préparation 10' - réalisation 1' (en classe ou à la maison) > B1-3

Lis ce texte et essaie de rendre en français ces métaphores minérales.

Este tipo es una mina

No sabemos si fue a causa de su corazón de oro, de su salud de hierro, de su temple *(caractère)* de acero o de sus cabellos de plata. El hecho es que finalmente lo expropió el gobierno y lo está explotando. Como a todos nosotros.

Luisa Valenzuela (Argentina), *Libro que no muerde,* 1980.

À ton tour maintenant. En utilisant au minimum trois des métaphores animalières suivantes, écris une petite histoire que tu liras à la classe.

- Buscar tres pies al gato, *chercher midi à quatorze heures.*
- Estar con la mosca en la oreja, *avoir la puce à l'oreille.*
- Hay gato encerrado, *il y a anguille sous roche.*
- Cuando las ranas críen pelos, *quand les poules auront des dents.*
- Matar dos pájaros de un tiro, *faire d'une pierre deux coups.*

MON BILAN **j'ai pu…**
je dois encore améliorer…

ATELIER 3

** préparation 10' - réalisation 10' (assistant) > B1-1

CD > PLAGE > 32

Écoutez ce poème autant de fois que nécessaire pour donner les fins du mot.

La golondrina *(L'hirondelle)*
Se acerca a todo galope
Ya viene la golondrina
Ya viene la golonfina
Ya viene la golon...
Ya viene la golon...
Ya viene la golon...
Ya viene la golon...
Ya viene la golon...
Ya viene la golon...
La golon...
La golon...
La golon...
La golon...
La golon...
Ya viene la golon... .

Vicente Huidobro (Chile),
Altazor. Temblor del cielo, 1919.

Observez maintenant le jeu poétique et trouvez-en la clef :
la golon-drina, la golon-fina...

Poètes, à vos plumes ! À votre tour, avec l'aide du dictionnaire, complétez en déclinant autant de mots de deux syllabes que possible et en changeant chaque fois un minimum de lettres. Vous lirez ensuite votre création à la classe.

Se acerca el noble felino
Ya viene el gatopardo *(le guépard)*
Ya viene el gatopato
Ya viene el gatopalo
Ya viene el gato...
Ya viene el gato...
...

Pardo, *gris* **– el pato,** *le canard* **– el palo,** *le bâton*.

MON BILAN **j'ai pu...**
je dois encore améliorer...

ATELIER 4

** préparation 10' - réalisation 2' (puis en classe complète, avec l'assistant) > B1-1

Rebaño de vacas.

Lisez attentivement le petit texte pour continuer à raconter oralement l'histoire, au passé, en utilisant : Primero..., al día siguiente..., luego..., después de..., por fin... .

Vous pourrez vous inspirer de certaines photos. Pendant la préparation, vous avez le droit de noter par écrit quelques mots ou expressions qui vous serviront d'aide-mémoire ensuite.

Gaucho con asado.

Tango en Buenos Aires.

Cuando recibí la llamada, me pareció una trampa *(un piège)*. La voz del teléfono se limitó a explicarme que yo era el "afortunado ganador" *(l'heureux gagnant)* de la promoción que una importante fábrica de chorizos había organizado entre sus fieles compradores.
–El premio *(La récompense)* consiste en un viaje, con todos los gastos *(tous frais)* pagados, a "Carnelandia", Argentina...

Según Jorge Volpi (México),
El juego del Apocalipsis:
Un viaje a Patmos, 2000.

Cataratas de Iguazú.

MON BILAN **j'ai pu...**
je dois encore améliorer...

RECUERDA

La golondrina, *l'hirondelle.*
El afortunado ganador, *l'heureux gagnant.*

El premio, *la récompense.*
Todos los gastos pagados, *tous frais payés.*

(A) Clarisa y el ladrón[1] 15

Clarisa poseía una ilimitada comprensión por las debilidades[2] humanas. Una noche, cuando ya era una anciana de pelo blanco, se encontraba cosiendo en su cuarto cuando escuchó un ruido desusado en la casa. Se levantó para averiguar de qué se trataba, pero no alcanzó a salir, porque en la puerta tropezó de frente[3] con un hombre que le puso un cuchillo en el cuello.

–Silencio, puta, o te despacho[4] de un solo corte –la amenazó.

–No es aquí, hijo. Las damas de la noche están al otro lado de la calle, donde tienen la música.

–No te burles, esto es un asalto.

–¿Cómo dices? –sonrió incrédula Clarisa–. ¿Y qué me vas a robar a mí?

–Siéntate en esa silla, voy a amarrarte.

–De ninguna manera, hijo, puedo ser tu madre, ni me faltes de respeto.

–¡Siéntate!

–No grites, porque vas a asustar[5] a mi marido, que está delicado de salud. Y de paso guarda el cuchillo, que puedes herir[6] a alguien –dijo Clarisa.

–Oiga, señora, yo vine a robar –masculló el asaltante desconcertado.

–No, esto no es un robo. Yo no te voy a dejar que cometas un pecado[7]. Te voy a dar algo de dinero por mi propia voluntad. No me lo estás quitando, te lo estoy dando, ¿está claro? –Fue a su cartera[8] y sacó lo que le quedaba para el resto de la semana–. No tengo más. Somos una familia bastante pobre, como ves. Acompáñame a la cocina, voy a poner la tetera[9].

El hombre se guardó el cuchillo y la siguió con los billetes en la mano. Clarisa preparó té para ambos[10], sirvió las últimas galletas que le quedaban y lo invitó a sentarse en la sala.

–¿De dónde sacaste la peregrina idea de robarle a esta pobre vieja?

Isabel ALLENDE, *Cuentos de Eva Luna*, 1988.

1. *le voleur.*
2. *les faiblesses.*
3. *elle tomba nez à nez.*
4. *ou je t'expédie dans l'autre monde.*
5. *faire peur.*
6. *blesser.*
7. *un péché.*
8. *sac à main (amér.).*
9. *la théière.*
10. para los dos.

Para empezar

Ruidos inhabituales

Una anciana • inhabitual, desusado • estar tranquilito(a) • *suspect,* **sospechoso(a)** • un ladrón.

Puntos clave

Un violento encuentro nocturno L. 1-6

Estar solo(a) • oír • tratar de comprender • *tomber sur,* **dar con** • *un voleur (à main armée),* un atracador • amenazar de muerte • *trancher,* cortar • *être déterminé,* estar decidido • violento(a) • el tuteo.

Sin perder la calma L. 7-15

Garder son sang-froid, guardar la sangre fría • *se tromper,* equivocarse • las prostitutas • irónico(a) • *se fâcher,* **enfadarse** • el respeto • como si + *subj. imp.* • *un gosse,* un chiquillo • simpático(a) • *ranger,* guardar • *rester sage,* quedarse quieto.

El momento de crisis pasado L. 16-25

Tratar de usted • amable • *de son plein gré,* por su propia voluntad • ofrecer • ser rico ≠ ser pobre • *bavarder,* charlar • tranquilizar, apaciguar • psicólogo(a) • **el origen** • *la sagesse,* la sabiduría • cortés • *paradoxal,* paradójico(a).

Tu parecer

De una generación a otra

Souvent, **a menudo** • conflictivo(a) • las diferencias • la incomprensión • un punto de vista • *être contrarié,* disgustarse • sin embargo • discutir de • *dépasser la violence,* superar la violencia • una negociación • tomar un tiempo para hablar.

Life, 05/01/1950.

Pistas

Victoria
Una corrida • un torero • llevar a hombros • un héroe • *crier*, gritar • la alegría • *la foule*, la muchedumbre • *parmi*, **entre**.

La ocasión hace al ladrón *(L'occasion fait le larron)*
Un pickpocket, **un ratero** • *l'agitation*, el bullicio • *profiter de*, **aprovechar ∅** • *à la barbe de*, en las barbas de • el policía • *dérober*, robar • *un portefeuille*, una cartera • *même pas*, ni siquiera • darse cuenta.

Recuerda

USTED, *LE VOUVOIEMENT*

Il suffit de ne jamais oublier que l'espagnol emploie ***la troisième personne****.*
¿Qué quiere **usted**? – ¿Qué quieren **ustedes**?
Gr. § 13.6.

L'ORDRE ET LA DÉFENSE
Gr. § 20.

> Entrénate

Passe du tutoiement au vouvoiement.
"**No te burles**, esto es un asalto." – "**Siéntate** en esa silla, voy a amarrarte." – "**No grites**, porque vas a asustar a mi marido." – "Y de paso **guarda** el cuchillo."

(A) LECTURA

Fuego en el trigal *(champ de blé)*

En Aguinaldo hubo incendios que no se olvidaron nunca. Uno de ellos fue el que se llevó una cosecha *(récolte)* entera de trigo al Paisano Astaza, que no tuvo tiempo para pensar en bombas *(pompes à incendies)*, ni en nada. La noticia recién se conoció en el pueblo al día siguiente, cuando algunos lo vieron a Paisano entrar al Banco Provincia, con las manos y la cara quemadas *(brûlées)*, sin cejas y con vendas amarillentas en los brazos, para explicarle "la desgracia" *(le malheur)* al gerente y pedirle apoyo *(de l'aide)*. "Se me quemó todo –fue lo único que dijo ese mediodía cuando fue a tomar un vermú al Pancho Bar–. ¡Quinientas hectáreas de trigo *(blé)* que estaban para dar más de sesenta bolsas! Una desgracia. Ni sé cómo carajo empezó. ¡Una desgracia! ¡Dame otro Cinzano, Pancho!"

¿Qué desgracia conoció el Paisano Astaza?

Nunca quiso hablar del tema, pero a los pocos días se supo lo que había pasado gracias a su mujer. Florentina siempre hablaba de todo. Sólo era cuestión de saber esperar.

"Hacía tiempo, no sé cuánto tiempo, que un zorro *(un renard)* se nos venía metiendo en el gallinero *(le poulailler)* y nos comía las gallinas –le empezó a contar a dos de sus amigas–. Quince se nos había comido ya, y el Paisano estaba como loco. Cuando nos sentábamos a las tardecitas en la galería, él me decía que mirando ese trigal dorado, a punto de cosecha, se sentía feliz, pero que no podía ser completamente feliz mientras ese zorro hijo de puta le siguiera comiendo las gallinas. Yo le decía que no se hiciera tantos problemas. Olvídese de *(Oubliez)* ese zorro Paisano –le decía yo, porque siempre lo traté de usté al Paisano–. Tenemos muchas gallinas y nosotros somos los dos solos. Pero no había nada que hacer. No hacía caso. Cuando se levantaba y veía las plumas de otra víctima del zorro desparramadas *(éparpillées)* por el gallinero se me ponía como loco. Se pasaba horas y horas en el galpón *(grange)* inventando trampas *(des pièges)*, pero todo era inútil. Al día siguiente las trampas aparecían como las había puesto la noche anterior y al lado de las trampas plumas, siempre plumas. Parecía que el zorro le tomaba el pelo *(se payait sa tête)*.

¿Por qué no se sentía completamente feliz?

¿Cómo intentaba su mujer tranquilizarle?

¿Cómo se pasaba el tiempo el Paisano Astaza? ¿Con qué resultado?

Pero como el Paisano es cabeza dura, no se daba por vencido *(il ne s'avouait pas vaincu)* y finalmente ganó *(il gagna)*. Bueno ganó al principio. Después perdió. Esa mañana, cuando ocurrió todo, el Paisano se había levantado muy temprano y me despertó a los gritos. ¡El zorro había caído en la última trampa que había preparado! Era muy parecida a las que se hacen para cazar pajaritos *(attraper les oiseaux)*, pero más grande. Un armazón de un metro por un metro, cubierto con alambre tejido *(grillage)* y con un peso encima, para que el zorro no se escapara. Y ahí estaba el matador *(tueur)* de gallinas, mirándonos de reojo *(de travers)*, con desconfianza, como esperando. El Paisano lo dejó en la trampa mientras pensaba qué hacer. Al mediodía, mientras comíamos, me dijo que le estaba buscando un escarmiento *(punition)*. A eso de las cuatro de la tarde salió del galpón con un tacho de nafta *(un bidon d'essence)* y me llamó. ¡Venga Florentinita! –me dijo–. ¡Venga que le vamos a dar un castigo *(punition)* a ese zorrito hijo de puta! Todo fue muy rápido. Lo empapó *(arrosa)* con nafta, le tiró un fósforo *(lui jeta une allumette)* y con un palo levantó la trampa.

El pobre bicho *(La pauvre bestiole)*, desesperado y totalmente en llamas *(en flammes)*, salió a toda velocidad y recién ahí el Paisano se dio cuenta. ¡El zorro iba derecho para el trigal! Entonces se largó *(il courut)* detrás del zorro mientras le gritaba, desesperado: «¡A la izquierda, a la izquierda, que a la derecha está el trigo!» Pero no hubo nada que hacer. ¡El zorro en llamas se metió en el trigal y la cosecha se fue a la mierda!"

El Paisano Astaza perdió una fortuna, pero hizo nacer otro de los dichos *(dictons)* populares de Aguinaldo: ¡A la izquierda, que a la derecha está el trigo!

Jorge Victoriano Alonso, *Vientos de noviembre para el amor*, 1998.

¿Cómo logró capturar al zorro?

¿Qué idea se le ocurrió para castigar al zorro?

Desgraciadamente, ¿qué pasó?

¿Cómo reaccionaron los habitantes de Aguinaldo?

(A) Sendero Luminoso

El Sendero Luminoso es el más importante grupo terrorista peruano. Constituido a finales de los 60 por el profesor Abimael Guzmán, su meta *(but)* es destruir las instituciones existentes y remplazarlas por un régimen revolucionario campesino. Estos terroristas protagonizaron el terror que dejó más de 30.000 muertos en sus 23 años de historia. *El Mundo*, 10/06/2003.

Abimael Guzmán, septiembre de 1992.

Para empezar

Exhibición

La foto • dar prueba de • la captura • una victoria • el gobierno.

Puntos clave

El montaje *(La mise en scène)*

Lima • *la cour d'une caserne,* **el patio de un cuartel** • *une cage,* **una jaula** • **un prisionero** • *habillé comme un bagnard,* **vestido de presidiario** • *une pancarte autour* *du cou,* un cartel colgado del cuello • *une bête sauvage,* una fiera • exhibir • soldados con metralletas • *surveiller,* vigilar • los periodistas • cinco agentes vestidos de paisano (= de civil) • *le coin,* la esquina.

La intención del Gobierno peruano

Convocar • *la presse,* la prensa • *annoncer à grand bruit,* anunciar a bombo y platillos • *exhiber,* **ostentar** • el triunfo • los electores • la satisfacción • la propaganda • la eficacia • la fuerza • *atteindre son but,* **alcanzar su meta**.

La denuncia de la manipulación

El fotógrafo • preferir [ie/i] • *s'isoler,* **aislarse** • revelar • toda la escena • *un cadrage intentionnel,* un encuadre intencional • darse cuenta de que • *essayer de,* intentar ∅ • manipular • *la presse,* la prensa • *se faire rouler,* **dejarse engañar** • *prévenir,* **advertir [ie/i]** • la opinión pública • querer [ie] que + *subj.*

Tu sentir

El poder de la imagen

El mensaje • *facile à,* fácil de • *détourner,* desviar • el impacto • *répandre,* **difundir** • peligroso • *l'enjeu,* lo que está en juego • la protección • el respeto • confundir • desempeñar un papel • ser honesto.

RECUERDA

UNE COMPARAISON

Como si *est pratiquement toujours suivi du subjonctif imparfait (ou plus-que-parfait).*

Grita **como si fuera** una fiera enjaulada. *Il crie **comme s'il était** une bête sauvage en cage.*

Gr. § 32.2.

ENTRÉNATE

Mets le verbe à la forme qui convient :

–Le están mirando como si (tratarse) de una fiera.

–Le fotografían como si (ser) la foto de su vida.

–Los soldados le vigilan como si (poder [ue]) representar un peligro.

CHILE
11 de Septiembre de 1973

En tiempos de la Unidad Popular lavando las pintadas *(graffiti)* de la noche.

04-09-70

Elecciones presidenciales: Salvador Allende es elegido Presidente de la República. Lo apoya la Unidad Popular, coalición de partidos de izquierdas.

Martes, 11 de Septiembre de 1973, por la mañana

Este martes inolvidable salí de mi casa rumbo a *(en direction de)* la oficina como cada mañana.... Me llamó la atención que las calles estaban casi desiertas... sólo circulaban vehículos militares... Seguí hacia la oficina. La ciudad parecía congelada en un cataclismo de otro mundo. Encontré la puerta de la editorial *(maison d'édition)* cerrada con cadena y candado *(avec une chaîne et un cadenas)*; a través de un vidrio, el conserje me hizo señas de que me fuera. Así es que esto es un golpe militar, pensé, y di media vuelta *(j'ai fait demi-tour)*. En eso *(Sur ce)* escuché los helicópteros, y poco después, los primeros aviones, que pasaban rugiendo a baja altura.

Isabel Allende, *Paula*, 1999.

(Isabel Allende, escritora, es sobrina del Presidente Allende.)

9:10 am Salvador Allende habla en Radio Magallanes

33

Trabajadores de mi Patria, tengo fe en Chile y su destino. Superarán otros hombres *(D'autres hommes surmonteront)* este momento gris y amargo en el que la traición pretende imponerse. Sigan ustedes sabiendo que, mucho más temprano que tarde, de nuevo se abrirán las grandes alamedas *(avenues)* por donde pase el hombre libre, para construir una sociedad mejor. ¡Viva Chile! ¡Viva el pueblo! ¡Vivan los trabajadores! Estas son mis últimas palabras y tengo la certeza de que mi sacrificio no será en vano.

http://www.chilevive.cl/homenaje/allende/ultimas.shtml

El Palacio de La Moneda, sede *(siège)* de la Presidencia de la República, atacado por los militares. Se ve el humo debido a los bombardeos.

14:35 pm Comienza la represión

Parte de la Junta Militar

Las personas más adelante nombradas deberán entregarse *(se constituer prisonnières)* voluntariamente hasta las 16.30 horas de hoy 11 de Septiembre de 1973 en el Ministerio de Defensa Nacional; la no presentación significará que se ponen al margen de lo dispuesto por la junta de Comandantes en jefe, con las consecuencias posibles de prever:
Carmen Gloria Aguayo
Nelson Gutiérrez Yáñez
Carlos Altamirano Orrego
Jaime Gazmuri Mujica [...]

http://www.chilevive.cl/homenaje/11sept/bandos.shtml

12-09-1973

Los jefes militares anuncian que Allende se suicidó en el palacio presidencial durante el ataque. Muchos piensan que en realidad murió con las armas a la mano.

18-09-1973, Víctor y Joan

"Lamento decirle que Víctor ha muerto... Encontraron su cuerpo en la morgue. Un compañero que trabaja allí lo reconoció. Le ruego que sea valiente y que me acompañe para identificarle."
Mi nuevo amigo me apoya la mano en el codo para sostenerme mientras contemplo las filas y filas de cuerpos desnudos que cubren el suelo, apilados en montones *(entassés)*, en su mayoría con heridas abiertas *(plaies ouvertes)*, algunos con las manos todavía atadas a la espalda *(encore attachées dans le dos)*. Hay jóvenes y viejos... cientos de cadáveres...

Testimonio de Joan Jara (Esposa de Víctor Jara)
http://www.chilevive.cl/homenaje/victor/joan_11sep.shtml

Víctor Jara, 1932-1973.
Cantautor. *(Auteur compositeur)*

20-08-2003, El Estadio Nacional

El Consejo de Monumentos Nacionales, que preside el Ministro de Educación, Sergio Bitar, resolvió hoy -por unanimidad- declarar Monumento Histórico de Chile al Estadio Nacional.
http://www.mineduc.cl

El ministro de Educación, Sergio Bitar, mencionó como una de las razones de la medida "los profundos dolores al alma de Chile" emanados de ese lugar.
Miles de prisioneros fueron recluidos allí, y de ellos cientos fueron torturados y muchos asesinados después del golpe militar de 1973 encabezado por el general Augusto Pinochet.

Diario Digital, Argentina, 13-09-2003.

Augusto Pinochet (1915)
En 1973 encabezó un golpe de estado en Chile contra el gobierno de Salvador Allende, auxiliado por los Estados Unidos. Después de organizar una Junta Militar, emprendió *(il a entrepris)* una política represiva contra partidos y organizaciones de izquierda, que se saldó con millares de detenciones, muertes y desapariciones.
http://www.artehistoria.com/historia/personajes/7556.ht

16-10-1998

El juez *(juge)* español Baltasar Garzón emite la orden internacional de búsqueda *(recherche)* y captura de Pinochet a través de la Interpol.
Agentes de Scotland Yard comunican al general retirado su detención preventiva. Pinochet se encontraba en la London Clinic, recuperándose de su operación.

02-03-2000

El ministro del Interior británico, Jack Straw, libera a Pinochet por razones de salud.
El general inicia su regreso a Chile a bordo de un avión de la Fuerza Aérea Chilena.

BBCMUNDO.Com, América Latina, Lunes, 12-03-2001.

1. 1915, 1973, 1998, 2000. Con estas fechas resume parcialmente la vida de Pinochet.

2. Presenta dos de los documentos iconográficos de la página (descripción y comentario personal).

3. Di en pocas palabras lo que te evocan estas palabras o expresiones :
- Unidad Popular
- « las calles estaban casi desiertas »
- « tengo la certeza de que mi sacrificio no será en vano »
- « entregarse »
- « Hay jóvenes y viejos... cientos de cadáveres ».

(A) Desapariciones

34

Durante las décadas de los años 70 y 80, las dictaduras militares de Latinoamérica practicaban el secuestro y el asesinato de los disidentes políticos. Esta práctica sigue existiendo hoy en ciertos países.

"No matarán ideas." R. BLADES

"Que alguien me diga si ha visto a mi esposo[1],]
–preguntaba la doña–;
se llama Ernesto X, tiene 40 años;
trabaja de celador[2] en un negocio de carros[3].
Lleva camisa oscura y pantalón claro.
Salió anteanoche y no ha regresado;
y no sé ya qué pensar,
pues esto, antes no me había pasado."

"Llevo tres días buscando a mi hermana;
se llama Altagracia, igual que la abuela.
Salió del trabajo pa' la escuela.
Tiene puestos unos jeans y una camisa blanca.
No ha sido el novio, el tipo está en su casa;
no saben de ella en la PSN[4], ni en el hospital."

"Que alguien me diga si ha visto a mi hijo;
es estudiante de premedicina;
se llama Agustín es un buen muchacho.
A veces es terco[5] cuando opina[6].
Lo han detenido, no sé qué fuerza.
Pantalón claro, camisa a rayas.
Pasó anteayer."

¿Adónde van los desaparecidos?
Busca en el agua y en los matorrales[7].
¿Y por qué es que se desaparecen?
Porque no todos somos iguales.
¿Y cuándo vuelve el desaparecido?
Cada vez que lo trae el pensamiento.
¿Cómo se le habla al desaparecido?
Con la emoción apretando[8] por dentro.

"Clara Quiñones se llama mi madre;
ella es un alma de Dios, no se mete con nadie[9]]
y se la han llevado de testigo[10]
por un asunto que es nada más conmigo[11]
y fui a entregarme[12], hoy por la tarde;
y ahora dicen que no saben quién se la llevó del cuartel."]

Anoche escuché varias explosiones
¡putún! ¡patán! ¡putún! ¡petén!
Tiros de escopeta[13] y de revólver,
carros acelerados, frenos, gritos,
ecos de bota en la calle,
toques de puertas, quejas, por dioses,
platos rotos.]
Estaban dando la telenovela[14]
¡por eso nadie miró pa' fuera!

[Estribillo]

Letra y música: Rubén BLADES, 1984.

1. *mon époux.*
2. *gardien.*
3. coches.
4. Policía de Seguridad Nacional.
5. *têtu.*
6. *quand il a une opinion.*
7. *les buissons.*
8. *ici, oppressante.*
9. *elle n'embête personne.*
10. *comme témoin.*
11. *pour une affaire qui ne concerne que moi.*
12. *me rendre.*
13. *fusil.*
14. *le feuilleton.*

Para empezar

Una canción de protesta

El cantante • denunciar • las desapariciones • *donner la parole,* conceder la palabra • cuatro personas distintas.

Puntos clave

Buscando a los desaparecidos V. 1-21; V. 30-35

La estructura de cada estrofa • un familiar • como si **buscara** • *n'importe qui,* **gente cualquiera** • *tout d'un coup,* **de improvisto** • *sans laisser de trace,* **sin dejar huella** • **desesperado** • *un cri,* **un grito.**

relación familiar	nombre	actividad	ropa	rasgo de carácter	desde cuándo
•					
•					
•					
•					

Un coro *(Un chœur)* **de preguntas** V. 22-29
Le refrain, **el estribillo** • hacer preguntas • contestar • incitar a que + *subj.* • los cadáveres • la injusticia • **la desigualdad** • sugerir [ie/i] • la angustia • el pudor.

El secuestro *(L'enlèvement)* V. 36-43
Los militares • **secuestrar** • *arracher,* arrebatar • el ritmo • *le vacarme,* el alboroto • la violencia • el dolor • el contraste • la indiferencia • **los compatriotas.**

Tu sentir

6 *À six voix, lisez la chanson de manière expressive.*

Día del niño.
Cartel argentino, 1984.

Los voy *(amér.)* = os voy – por vos *(amér.)* = por ti.

Pistas

Los secuestros *(Les enlèvements)*
La dictadura • los años 70 • los desaparecidos • *tuer,* matar • *sans laisser de traces,* sin dejar rastro • *orphelin,* huérfano.

Una foto impactante
Un chaval • *le trottoir,* la acera • grave • el muro • *abîmé,* desconchado • sin horizonte • el montaje • las siluetas • vacío(a) • la pareja • la ausencia • la soledad.

Una publicidad comprometida
Denunciar • los colores • el texto • la sangre • *s'adresser à,* dirigirse a • *les parents,* los padres, los papás *(amér.)* • *courageux,* valiente • *le décalage,* el desfase • *la ténacité,* el tesón • el drama nacional • eficaz.

Recuerda

LES ÉQUIVALENTS DE « ON »

Voir Gr. § 14.

> Entrénate

Construis des phrases selon les modèles proposés :
–(No tener) noticias → No se tienen noticias.
(Opinar que) actúa la policía → ...
–(Decir que) nadie la vio → Dicen que nadie la vio.
En el hospital (no tener) indicios → ...

(A) Esperando a los caliés[1]

TRUJILLO: Militar y dictador dominicano que ejerció el poder mediante el terror desde 1930 hasta 1961, año en que murió en un atentado montado por varios conspiradores.

En una noche de 1961 Imbert, mientras espera a que pase el coche del dictador para asesinarlo, recuerda una tentativa anterior.

Luis Gómez Pérez e Iván Tavárez Castellanos cayeron en manos de los *caliés* del SIM[2] la mañana del día previsto para el atentado. Con su realismo habitual, Antonio Imbert comprendió que no tenía la menor posibilidad de asilarse: todas las embajadas estaban cercadas por barreras de policías en uniforme, soldados y *caliés*. Calculó que, en las torturas, Luis e Iván, o cualquiera de los grupos clandestinos, mencionaría su nombre y vendrían a buscarlo. Entonces, como esta noche, supo perfectamente qué hacer: recibir con plomo[3] a los *caliés*. Procuraría llevarse a más de uno al otro mundo, antes de que lo acribillaran. Él no iba a dejar que le arrancaran las uñas[4] con alicates, le cortaran la lengua o lo sentaran en la silla eléctrica. Matarlo, sí; vejarlo, jamás[5].

Con pretextos, despachó[6] a Guarina, su mujer, y a su hija Leslie, que no estaban al tanto de nada[7], a la finca[8] de unos parientes en La Romana[9], y, con un vaso de ron en la mano, se sentó a esperar. Tenía el revólver cargado y sin seguro[10] en el bolsillo. Pero, ni ese día, ni el siguiente, ni el subsiguiente, aparecieron los *caliés* por su casa ni por su oficina de Mezcla Lista[11], donde siguió yendo puntualmente con toda la sangre fría de que era capaz. Luis e Iván no lo habían delatado[12], ni las personas que frecuentó en los grupos clandestinos. Milagrosamente se libró de una represión que golpeaba a culpables e inocentes, iba repletando las cárceles y, por primera vez en los veintinueve años del régimen, aterrando[13] a las familias de clase media, tradicionales pilares de Trujillo.

Mario VARGAS LLOSA, *La fiesta del chivo*, 2000.

1. *les hommes de main.*
2. Servicio de Inteligencia Militar *(police secrète de Trujillo).*
3. *avec du plomb.*
4. *se laisser arracher les ongles.*
5. *qu'on l'humilie, jamais.*
6. *il envoya.*
7. *qui n'étaient au courant de rien.*
8. *la propriété.*
9. (una ciudad).
10. *prêt à tirer.*
11. (la empresa donde trabaja Imbert).
12. *ne l'avaient pas dénoncé.*
13. *terrorisait.*

Para empezar

Una conspiración frustrada *(manquée)*
La lutte, **la lucha** • la dictadura • un conspirador • recordar [ue] • los compañeros • *le jour même,* el mismo día • *arrêter,* **detener [ie].**

Puntos clave

Una situación desesperada L. 1-7
L'arrestation, **la detención** • los conjurados • ser lúcido • denunciar • por la fuerza • *empêcher de,* **impedir [i] que** + *subj.* • refugiarse.

Antes *(Plutôt)* **morir que ser torturado** L. 7-15
Preferir [ie/i] • enfrentarse con • *le courage,* el valor • **el honor** • *se livrer,* **entregarse** • los torturadores • *mettre en lieu sûr,* poner a buen recaudo • *cacher la réalité,* ocultar la realidad • proteger.

Un desenlace *(Un dénouement)* **inesperado** L. 15-22
En los días siguientes • *continuer à,* seguir [i] + *gérondif* • *éveiller des soupçons,* despertar [ie] sospechas • la sangre fría • *échapper à,* **librarse de** • *sanglant(e),* cruento(a) • *y compris,* **incluso** • *frapper,* golpear.

Tu sentir

Una actitud heroica
Malgré, **a pesar de** • la tortura • los amigos • guardar el silencio • *faire preuve de,* **dar prueba de** • el heroísmo • la determinación • restaurar • **la democracia.**

Joaquín S. Lavado, Quino

Por haber sancionado la ley, *pour avoir ratifié la loi* – el impuesto, *l'impôt* – paraguas, *parapluie* – red, *réseau.*

Pistas

El discurso

La tribune présidentielle, **el palco presidencial** · *les officiels,* **las autoridades** · **los micrófonos** · *cacher,* **ocultar** · *un prêtre,* **un sacerdote** · **un militar** · **la Iglesia** · *l'Armée,* **el Ejército** · *financer,* **costear** · **elogiar** · **inaugurar.**

La realidad

Les lampadaires, **las farolas** · **proyectar** · *un jet d'eau,* **un chorro de agua** · *indispensable,* **imprescindible** · **un paraguas** · *malgré,* **a pesar de** · **la lluvia artificial** · **la corrupción** · **enriquecerse** · *une affaire juteuse,* **un pingüe negocio** · **denunciar** · **la ironía.**

Recuerda

DES ADJECTIFS POUR EXPRIMER LA QUANTITÉ

Aucun(e), **ningún(a)** – *quelques,* **algunos(as)** – *plusieurs,* **varios(as)** – *peu de,* **poco(a, os, as)** – *assez de, pas mal de,* **bastante(s)** – *beaucoup de,* **mucho(a, os, as)** – *tout(e, s, es),* **todo(a, os, as)** – *trop de,* **demasiado(a, os, as).**

Attention : *à la différence du français tous les mots espagnols de cette liste sont des* ***adjectifs. Tu dois donc toujours penser à les accorder avec le nom auquel ils se rapportent.***

Había **pocos** chicos pero **bastantes** chicas.
Il y avait ***peu de*** *garçons mais* ***pas mal de*** *filles.*

Entrénate

Prépare, par écrit ou oralement, quatre ou cinq phrases présentant un aspect de l'histoire racontée dans le texte en utilisant chaque fois un adjectif exprimant la quantité.

(A) ¡Tremendos muslones[1]!

En Cuba las noticias curiosas no son una excepción, y por regla general sirven tanto o más que los titulares de primera página para enterarse de cómo andan las cosas. Hablando de noticias singulares y de animalitos, está el caso del ñandú[2] del zoológico de Santiago de Cuba. Resulta que el avestruz del zoo de Santiago sí fue "dado de baja"[3], pero por dos ciudadanos que le retorcieron el pescuezo[4] y después se comieron parte de sus muslos en pepitoria[5]. El hecho ocurrió en 1998 pero lo relató recientemente el periódico local *Sierra Maestra*, que explicó que cuando los ladrones se sintieron llenos vendieron el resto del ave en el mercado negro. Por tales motivos, informó el *Sierra Maestra*, los susodichos fueron condenados en febrero a 10 y 15 años de cárcel.

La historia de los leones vegetarianos del zoológico de La Habana no es menos reveladora, aunque por fortuna corresponde a una época ya pasada. Ocurrió durante los años duros del Periodo Especial, entre 1992 y 1995, cuando debido a la escasez[6] de proteínas la población adelgazó[7] tanto que hasta desaparecieron de la calle los famosos culos cubanos. Por aquella época en el zoo de La Habana hubo que inventar de lo lindo para que no pereciesen los animales[8], especialmente los carnívoros, y uno de los inventos consistió en alimentar a los leones con un preparado cuya materia prima era el boniato[9]. Se cuenta que en una ocasión se escapó una de las fieras del zoo de Santa Clara pero durante su fuga por la ciudad el bicho no rugió ni tuvo instinto agresivo alguno. Dicen las malas lenguas que, extrañados por tal conducta, los veterinarios investigaron y se percataron de que el león era ya casi un herbívoro: al parecer un cuidador desviaba la carne[10] destinada al león a la bolsa negra y éste comía productos de la huerta[11].

Volviendo al tema: en Cuba las noticias curiosas las carga el diablo y conviene seguirlas. Al enterarse de esta cruda noticia –por cierto, difundida a todo trapo[12] por una agencia de prensa disidente– un vecino mío no pudo reprimirse: "Fueron presos pero tremendos muslones que se comieron", dijo.

Mauricio Vicent, *El País*, 18/03/2001.

1. *Quelles sacrées cuisses !*
2. ñandú, avestruz, *autruche.*
3. *« portée disparue ».*
4. *lui tordirent le cou.*
5. *ses cuisses en fricassée.*
6. *le manque.*
7. *maigrit.*
8. *les animaux ne périssent pas.*
9. *la patate douce.*
10. *un gardien détournait la viande.*
11. *du potager.*
12. *haut et fort.*

"Comida hecha, compañía desecha."

Para empezar

Los protagonistas

L'affaire de, **el caso de** • **un avestruz** • **un león** • **el zoo** • **La Habana** • **Santiago de Cuba.**

Puntos clave

Avestruz en pepitoria L. 1-11

Les faits divers, **los sucesos** • *tuer,* **matar** • *passer à la casserole,* **dar el paseo** • **alimentarse** • *en voir des vertes et des pas mûres,* **pasarlas negras** • *la viande,* **la carne** • *gagner trois sous,* **ganarse unos cuartos** • *se faire rare,* **escasear** • **una condena** • **desmesurado.**

Leones herbívoros L. 12-25

Pendant, **durante** • *manquer de,* **carecer de** • **para que** + *subj.* • *il a eu l'idée,* **se le ocurrió** • *ce qui est drôle,* **lo divertido** • *finir par,* **acabar por** • *devenir,* **volverse [ue]** • *doux comme un agneau,* **manso como un cordero** • *profiter de,* **aprovechar Ø** • *trafiquer,* **trapichear.**

¡Qué gustazo! *(Quel régal !)* L. 26-29
Lui fait venir l'eau à la bouche, **se le hace la boca agua** · *en être réduit à,* **no tener [ie] otro remedio que** · **una ilustración** · *refléter,* **reflejar** · *vraiment,* **de verdad** · **el embargo.**

Tu parecer

El humor para superar *(surmonter)* una dificultad
El sentido del humor · *parfois,* **a veces** · **ayudar** · *supporter,* **aguantar** · *terrible,* **tremendo** · **permitir** + *inf.*

Vendedor delante de un mural, Cuba.

Recuerda

LA CONCORDANCE DES TEMPS

- **Hay** que inventar para que no **perezcan** los leones.
  Indicatif présent → Subjonctif présent
- **Hubo** que inventar para que no **pereciesen** los leones.
  Indicatif passé → Subjonctif passé
  Gr. § 33.

> Entrénate

Réécris les phrases suivantes au passé :

–Para que no vuelvan a empezar, son condenados a diez años de cárcel.
–Quizás no sean agresivos porque comen productos de la huerta.
–¡Ojalá no se percaten del ardid *(ruse)*!
–Quiere matar el ñandú para que su familia no pase hambre.
–No es normal que pasen tanta hambre.
–Poco falta para que el león le mate.

Pistas

Un fresco llamativo
Une peinture murale, **un mural** · **el campesino** · **reproducir** · **los colores** · **desmesurado** · **el primer plano** · *se détacher,* **destacar** · *la taille,* **el tamaño** · *une orange,* **una naranja** · *une rondelle,* **una rodaja** · **contrastar con** · *joyeux,* **alegre** · **celebrar** · **la propaganda.**

Una extraña coincidencia
Una camiseta · *un béret,* **una boina** · *une cagette,* **una caja** · *un seau,* **un cubo** · *être assis,* **estar sentado** · *le geste,* **el ademán** · **curioso** · **el modelo** · **parecido** · **enigmático** · **una foto muy preparada.**

(A) LECTURA

Los monitos *(Les petits singes)*

El primo *(cousin)* de Fico es uno de estos empresarios *(patrons)*. Es arriesgado *(intrépide)*, ágil, inteligente, y la aventura no termina nunca para él. Esta vez, esa aventura lo ha llevado hasta la Amazonia peruana, tras haber establecido algunos contactos en los Estados Unidos. Y de la Amazonia regresa *(il revient)* con dos mil monitos que deben inundar laboratorios, circos y zoológicos del tío Sam.

¿En qué nueva aventura se ha lanzado el primo de Fico?

Ya los monitos están confortablemente instalados en Lima, en jaulitas *(petites cages)* de exportación, con temperaturas ideales y con personal especializado en su cuidado *(soin)*, entre los cuales se encuentran veterinarios y verdaderos mayordomos que se encargan de servirles su comida, caliente y a su hora, tres veces al día. Los monitos deben causar una gran impresión a su llegada a los Estados Unidos, y esto sobre todo porque existe el muy negativo precedente de unas moscas *(de mouches)* exportadas a Oregón: estaban destinadas a arrasar con una plaga de gusanos *(en finir avec une invasion de vers)* que hacía estragos *(ravages)* en la cosecha de las famosas manzanas *(pommes)* del estado manzanero. Pero llegaron enfermas del Perú, según leí en un diario limeño, y no sólo no acabaron con *(ne détruisirent pas)* los gusanos sino que, por envenenamiento, acabaron con las manzanas y la cosecha.

¿Cómo cuidan de los monitos? ¿Qué ridículo precedente explica tanta precaución?

El primo de Fico recorre mil dependencias ministeriales, en busca del permiso de exportación. Los monos de nuestra Amazonia, ¿son o no son patrimonio nacional? ¿Deben o no ser protegidos por el Estado? Y la idea de este intrépido empresario, ¿puede o no contagiar otras mentes *(esprits)* empresariales –o contagiarse a sí misma–, y dar rienda suelta *(donner libre cours)* a una verdadera caza *(chasse)* de monos que, a su vez, pueda dar rienda suelta a una verdadera caza de brujas, hasta terminar con éstas y aquéllos? ¿Qué pasaría entonces con nuestra selva? ¿No sufriría con ello, también, el turismo nacional e internacional? En fin, son preguntas que se hace, por aquellos días, la burocracia estatal pertinente. Aquellos días, hoy algo lejanos, se convierten después en meses *(mois)*, y en meses y meses, mientras el empresario lucha *(lutte)*, explica, improvisa, argumenta, habla de las divisas *(devises)* que el país necesita. Y mientras, los monitos viven, comen y crecen con envidiable confort.

¿Por qué lucha meses y meses el empresario? ¿Qué pasa con los monitos, mientras tanto *(pendant ce temps)*?

La respuesta llega finalmente. Es un anonadante nones estatal *(un accablant refus de l'État)*. Los monos deben permanecer en la selva. Y, en el caso preciso de estos dos mil monos, pues a devolverlos a su Amazonia natal y cultural. Decepcionado, pero creando ya una nueva aventura empresarial, el empresario se ocupa, de manera por demás humanitaria, de que los dos mil monos del diablo regresen a su lugar de origen, en cumplimiento de los deseos estatales. Ya se fueron los monos. Partieron de Lima mirándose entre ellos, como preguntándose: "¿Pero adónde nos llevan, qué atropello *(bousculade)* es éste, por favor?"

¿Por qué se siente decepcionado el empresario? ¿Cómo se somete a la decisión de la burocracia?

No reconocen la tierra que los vio nacer, estos monos desarraigados *(déracinés)*. Se tropiezan *(ils trébuchent)*, se doblan los tobillos *(ils se tordent les chevilles)*, no logran usar sus colitas como antes, se resbalan *(ils glissent)* cuando intentan subir a los árboles. Se reúnen, entonces, y deciden abandonar tanta barbarie, retornar a Lima, a sus jaulas, a sus horarios de comidas, donde sus veterinarios.

Y, si por esos días, uno avanzaba por las carreteras que se internan en la Amazonia peruana, veía el extraño y lamentable espectáculo de unos monos desorientados, agotados *(épuisés)*, dos mil pobres monitos que buscaban el camino a Lima, el confort de la gran ciudad.

¿En qué situación cómica se encuentran los animales una vez en su selva? ¿A qué aspiran ya estos monitos urbanizados? ¿Sacas una lección de esta caricatura?

Alfredo Bryce Echenique, *Permiso para vivir,* 1998.

(A) La cigarra y la hormiga

La hormiga trabajaba como un elefante esperando el invierno, y como los elefantes no tienen por qué esperar el invierno, su trabajo (el de la hormiga) era perfectamente inútil.

La cigarra, llamada Josefina, era cantora, y perfeccionando sus cuerdas vocales no daba golpe[1] en todo el santo día. Cantaba siempre, hasta los domingos, que cantaba en el coro, y como era limpia todos los días se daba una ducha. De noche no cantaba pero roncaba melodiosa (según ella misma) y meli odiosa (según su vecina, la hormiga).

Un día cantor cualquiera pasó un agente del imperialismo por frente a la casa y al oír a la cigarra decidió convertirse en agente artístico. Le ofreció un largo contrato a la cigarra, quien (para su mal) aceptó encantada. Del resto se encargó la cigarra, mientras el agente cobraba el diez por ciento.

Cuando llegó el invierno llegó para la cigarra la temporada de invierno, pero para la hormiga llegaron las lluvias. Se le inundó a la pobre la despensa[2]. Desesperada, fue a pedirle ayuda a la cigarra, que ya no vivía al lado sino en la mejor zona residencial de la ciudad. La cigarra, compadecida y vanidosa, nombró a su amiga la hormiga su agente de prensa exclusivo.

Hoy la hormiga todavía trabaja como un elefante, pero no tiene que esperar el invierno y como no espera no desespera[3]. La cigarra sigue cantando, triunfadora en su arte pero desgraciada en amores, y se ha casado tres veces y divorciado seis. En cuanto al agente, sigue cobrando su diez por ciento, todavía por no hacer nada.

Moraleja: El crimen no paga pero el ocio[4] da derecho a un diez por ciento. No siempre por supuesto: a veces es un quince por ciento.

Guillermo Cabrera Infante, *Exorcismos de esti(l)o*, 1976.

1. *elle se la coulait douce.*
2. *son garde-manger.*
3. (Dicho popular: Quien no espera no desespera).
4. *l'oisiveté.*
5. *vous avez trop de provisions.*
6. *cupide.*
7. *avec audace.*
8. *paresseuse.*

Para empezar

La fábula *(La fable)* y la nueva creación

Clásico(a) · el ocio ≠ el trabajo · *refuser de,* **negarse [ie] a · ayudar · inspirarse en ·** *se moquer de,* **mofarse de · el mundo contemporáneo.**

La cigarra y la hormiga

Cantando la cigarra
pasó el verano entero
sin hacer provisiones
allá para el invierno.
[...] "Doña hormiga,
pues que en vuestro granero
sobran las provisiones[5]
para vuestro alimento,
prestad alguna cosa
con que viva este invierno
esta triste cigarra."
[...] La codiciosa[6] hormiga
respondió con denuedo[7]:
[...] "¡Yo prestar lo que gano
con un trabajo inmenso!
Dime, pues, holgazana[8],
¿qué has hecho en el buen tiempo?"
"Yo", dijo la cigarra,
"cantaba alegremente,
sin cesar ni un momento."

Félix María de Samaniego, *Fábulas morales*, 1784.

Puntos clave

Presentación de las protagonistas L. 1-8

Le dicton, **el dicho · lo absurdo · desde el principio ·** *drôle,* **gracioso · la vida moderna · el juego de palabras.**

Los acontecimientos *(Les événements)* L. 9-17

Satirizar · el mundo del espectáculo · *se démener,* **bregar ≠** *paresser,* **gandulear · generoso(a) ·** *la renommée,* **la fama.**

El desenlace *(Le dénouement)* L. 18-23

L'environnement, **el entorno · el mundo capitalista ·** *railler,* **escarnecer ·** *les vedettes,* **las estrellas ·** *les histoires de cœur,* **los líos del corazón · un sarcasmo.**

Tu parecer

Una parodia

Criticar · la sociedad · el humor · burlarse de · la práctica · actual · una fábula inmoral.

Avec ton camarade, transformez le quatrième § (L. 13-17) en dialogue en respectant le caractère des personnages, puis interprétez-le en classe.

Galardones (Grands prix) latinos

Celia Cruz, Ricky Martín y Gloria Estefán, 2000.

Shakira, 2000.

« Quien canta, sus males espanta. »

Juanes, 2003.

Pistas

Los Grammy en Miami

Cada año • un(a) cantante de origen latino • el talento • *le prix,* el premio • fabricado • la imagen • el mercado interior ≠ exterior • la comunidad hispana • una estrella • las ventas • millones de dólares.

América Latina: un capitalismo en marcha

La couverture, la portada • publicar • la lista • la empresa • participar en • *un classement,* una clasificación • de prestigio • generar orgullo • los empleados • más eficiente • optimista • la propaganda.

Revista Capital, 2002.

Recuerda

YA NO

« *Ne... plus* » : **Ya no** + *verbe*

La cigarra **ya no** vive cerca.

Gr. § 42.3.

L'ACTION QUI SE PROLONGE

« *Continuer à...* » : **seguir [i]** + *gérondif*

La cigarra **sigue cantando**.

Gr. § 37.3.

> Entrénate

Introduis dans ces phrases l'une des structures évoquées ci-contre, selon le sens :

–La cigarra aún trabaja de cantora.

–Ahora la cigarra no ronca.

–La cigarra y la hormiga todavía son amigas.

–Hoy las hormigas no se convierten en agentes.

(A) ATELIERS >>>
LA CANCIÓN DE PROTESTA

> ATELIER 1 ** préparation 5' - réalisation 15' (assistant) > B1-2

CD > PLAGE > 35

Elevad el volumen y cantad, argentinos

Oíd, corruptos, el grito argentino
gobernad, legislad, sin robar
oíd el llanto[1] de los desocupados
y a docentes[2] no menospreciéis.

El pan en las mesas falta
y ya no hay seguridad
ni siquiera probidad
anhelamos[3] que jueces[4] honestos
sean esclavos sólo de la ley
no consientan la impunidad
a la mafia que pudre al país.

Si la cultura es la base de riqueza
no destruyan la educación
jubilados[5] de espaldas curvadas
ya carecen[6] de lo elemental.
[...]

Letra: Yagalante LOPIDE.

1. *les pleurs.* **2.** *enseignants.* **3.** deseamos. **4.** *des juges.* **5.** *des retraités.* **6.** *manquent.*

Écoutez le CD, puis lisez les paroles reproduites ci-contre. Parmi les thèmes suivants, cochez les trois qui y sont abordés et justifiez votre choix en indiquant les vers concernés.

1. El gobierno argentino es corrupto. (V...)

2. El pan sobra *(Il y a trop de pain)* en las mesas. (V...)

3. Los desocupados lloran. (V...)

4. La ley hace esclavos a los hombres. (V...)

5. Hay que preservar la educación. (V...)

6. Los ancianos se sienten inútiles. (V...)

Choisissez cinq mots-clés dans cet hymne, puis employez-les pour expliquer en quelques phrases la situation dénoncée.

MON BILAN **j'ai pu...**
je dois encore améliorer...

> ATELIER 2 ** préparation 5' - réalisation 10' (en classe, avec l'assistant) > B1

CD > PLAGE > 36

En écoutant attentivement le CD, complétez les trois couplets ci-dessous.

Me gustan los estudiantes

¡...... ....,
....!
Son aves que no se asustan
de animal ni policía,
y no les asustan las balas
ni el ladrar de la jauría.
Caramba y zamba la cosa,
¡...... ....!

¡...... ....,
....
cuando les meten al oído
sotanas o regimientos!
Pajarillos libertarios,
igual que los elementos.
Caramba y zamba la cosa,
¡...... ....!

....,
....
del pan que saldrá del horno
con toda su sabrosura,
para la boca del pobre
que come con amargura.
Caramba y zamba la cosa,
¡....... ....!

Letra: Violeta PARRA, 1988.

Dans chaque couplet, relevez les mots-clés de la métaphore puis, en quelques phrases, développez l'essentiel du contenu de la strophe.

MON BILAN **j'ai pu...**
je dois encore améliorer...

>ATELIER 3 * préparation 5' - réalisation 20' puis (en classe) > B1-2

CD > PLAGE > 37

Écoute la chanson et complète-la.

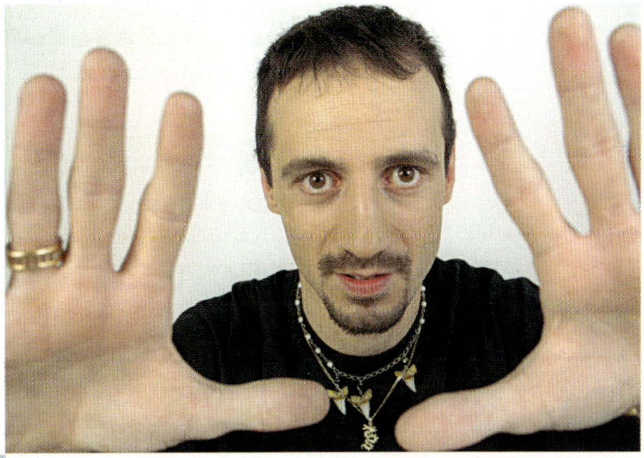

Oye mi bomba

Soy un ...... de mi boca sale,
un .... que lo limpia todo,
una bomba, yo quiero oír,
el sistema vamos a destruir.
De mi boca sale, aguardiente,
un millón de grados, lo dejo todo seco,
.... tiene que suceder,
sonido distinto yo vengo a mover.

Todo el mundo se va a asustar,
y ya nadie lo va a olvidar,
este ritmo que yo vengo a dar,
¡una .... es lo que va a estallar!
Oye mi bomba, ¡óyela!
Oye mi bomba, ¡óyela!

Congas.

Nuestra ...... no es inocente,
nuestra ...... no es inocente,
sabes que cada guerra tiene su baile,
no vamos por el mundo cerrada la mente,
al contrario los ojos bien abiertos,
y bien sabemos lo que no queremos,
.... y ....,
gente tirada y otros en palacios.

[Estribillo]

Bongos.

No puede ....,
yo no aguanto ver a gente sin techo,
casas vacías tienen que repartir,
ya ....,
no uso pistola, no uso cañón
de mi boca sale la Revolución,
algo nuevo tiene que suceder,
Babilonia esta vez tendrá que caer.

[Estribillo]

Letra e interpretación: Sergent García, 1998.

Choisis la phrase qui correspond au sens de chaque strophe. Indique les vers qui justifient ton choix.

1ª estrofa (V. 1-8)
a) El sistema nos va a destruir: bebamos aguardiente para resistir. (V...)
b) Echo un fuego abrasador *(brûlant)* que va a regenerar el mundo. (V...)

2ª estrofa (V. 15-22)
c) La danza y la música sirven para divertirse y aguantar *(supporter)* guerras y pobreza. (V...)
d) La guerra y la música permiten luchar contra las injusticias. (V...)

3ª estrofa (V. 23-30)
e) La miseria es un mal inevitable en nuestras sociedades. (V...)
f) Mi canto denuncia la miseria y es un arma pacifista para promover el cambio. (V...)

Avec ton camarade, écoutez de nouveau la chanson sur le CD puis échangez vos impressions sur la musique et le rythme. En classe complète, vous comparerez vos points de vue.
La salsa – el Caribe – el ritmo – animado – la mezcla – el son – el reggae – el hip hop – el rap – las sonoridades tropicales – traducir – el ardor – dar ganas de bailar.

MON BILAN **j'ai pu...**
je dois encore améliorer...

RECUERDA

Corrupto(a), *corrompu(e).*
La ley, *la loi.*
Luchar.
Promover [ue], *promouvoir, favoriser.*

El son (música afroantillana, origen de la salsa).
Los bongos.
Las congas.

(A) Sudor y látigo[1] 16

Látigo,
sudor y látigo.

El sol despertó temprano
y encontró al negro descalzo[2],
desnudo el cuerpo llagado[3],
sobre el campo.

Látigo,
sudor y látigo.

El viento pasó gritando:
¡qué flor negra en cada mano!
La sangre le dijo: ¡vamos!
Él dijo a la sangre: ¡vamos!
Partió en su sangre, descalzo.
El cañaveral, temblando[4],
le abrió paso.
Después, el cielo, callado,
y bajo el cielo, el esclavo
tinto[5] en la sangre del amo[6].

Látigo,
sudor y látigo,
tinto en la sangre del amo,
látigo,
sudor y látigo,
tinto en la sangre del amo,
tinto en la sangre del amo.

Nicolás Guillén, *El son entero*, 1947.

1. *fouet.*
2. *pieds nus.*
3. *couvert de plaies.*
4. *La plantation de canne à sucre, en tremblant.*
5. *rougi.*
6. *maître.*

Para empezar

La explotación de los esclavos

Un esclavo • rebelarse • un amo • matar.

Puntos clave

Los sufrimientos del esclavo V. 1-8

Des coups de fouet, **latigazos** • *épuisant,* agotador • la crueldad • peor que un animal • *du matin au soir,* **de sol a sol** • un trato inhumano • *être sous le joug de,* estar bajo el yugo de • *le refrain,* el estribillo • *au rythme de,* al compás de.

La rebelión V. 9-18

La naturaleza • participar • una metáfora • *encourager,* **animar** • *la haine,* **el odio** • *vers,* hacia • asesinar • con sus propias manos • dominar • el color rojo • poner fin a • una liberación • los sonidos sordos • la musicalidad.

El lamento *(La plainte)* V. 19-25

S'élargir, **ampliarse** • el ritmo • *une douleur lancinante,* un dolor punzante • un canto profundo • *entrecoupé,* entrecortado • expresar • *un grondement,* un zumbido.

Tu parecer

Préparez à plusieurs voix une lecture expressive de ce poème en prêtant particulièrement attention au rythme.

Mario CARREÑO, *Los cortadores de caña*, 1943.
Duco sobre madera, 164 x 122 cm.

"Trabajar para el obispo."

Pistas

En el cañaveral *(la plantation de canne à sucre)*

La caña de azúcar • *le coupe-coupe,* el machete • *couper,* **cortar** • un cortador • parecer • una labor penosa • *un fardeau,* una carga pesada • **el esfuerzo** • *les muscles,* los músculos • la robustez • las posturas • **el dolor** • hacia arriba.

Una visión moderna

Las formas • el movimiento • una contorsión • deformar • **la desproporción** • el lenguaje del cuerpo • *réussir,* **lograr** • el dinamismo • los colores intensos • *bigarré,* abigarrado • el expresionismo • una visión moderna.

RECUERDA

LES PRÉPOSITIONS A, EN

- ***La préposition* a *(Gr. § 38.1.)***
  – Devant un complément d'objet direct qui représente une personne déterminée :
  El sol encontró **al** esclavo.
  Attention : **a + el = al**
  – Après un verbe qui exprime un déplacement même au figuré : El amo va **al** cañaveral.
- ***La préposition* en *(Gr. § 38.3.)***
  Pour dire le lieu où l'on est et après les verbes comme entrar.
  El esclavo está **en** el cañaveral.

ENTRÉNATE

L'esclave raconte sa vie, sa révolte et sa fuite. Imagine et rédige un bref récit à la première personne dans lequel tu utiliseras les prépositions **a** *et* **en**.

(A) Manifiesto de Hidalgo *(fragmento)*

17

En diciembre de 1810, en México, entonces colonia española, el cura Miguel Hidalgo hizo una proclama que inició el movimiento de independencia. Arremete contra los (Il s'en prend aux) *españoles que decían que mantenían su dominio sobre América por motivos religiosos.*

Abrid los ojos, americanos; no os dejéis seducir de nuestros enemigos: ellos no son católicos sino por política; su Dios es el dinero, y las conminaciones[1] sólo tienen por objeto la opresión. [...] ¿Creéis que al atravesar inmensos mares, exponerse al hambre[2], a la desnudez[3], a los peligros de la vida, inseparables de la navegación, lo han emprendido[4] por venir a haceros felices? Os engañáis[5], americanos. ¿Abrazarían ellos ese cúmulo de trabajos, por hacer dichosos[6] a unos hombres que no conocen? El móvil de todas esas fatigas no es sino su sórdida avaricia: ellos no han venido sino por despojarnos[7] de nuestros bienes, por quitarnos nuestras tierras, por tenernos siempre avasallados bajo sus pies.

Rompamos, americanos, esos lazos de ignominia con que nos han tenido ligados tanto tiempo: para conseguirlo no necesitamos sino unirnos. Unámonos, pues, todos los que hemos nacido en este dichoso suelo; veamos desde hoy como extranjeros y enemigos de nuestras prerrogativas, a todos los que no son americanos.

Establezcamos un congreso que se componga de representantes de todas las ciudades, villas y lugares de este reino, que teniendo por objeto principal mantener nuestra santa religión, dicte leyes suaves, benéficas y acomodadas a las circunstancias de cada pueblo: ellos entonces gobernarán con la dulzura[8] de padres, nos tratarán como a sus hermanos, desterrarán[9] la pobreza, moderando la devastación del reino y la extracción de su dinero, fomentarán[10] las artes, se avivará la industria, haremos uso libre de las riquísimas producciones de nuestros feraces[11] países, y a la vuelta de pocos años, disfrutarán sus habitantes de todas las delicias que el Soberano Autor de la naturaleza ha derramado[12] sobre este vasto continente.

1. *les menaces.*
2. *la faim.*
3. *dénuement.*
4. *ils l'ont entrepris.*
5. *Vous vous trompez.*
6. *rendre heureux.*
7. *pour nous dépouiller.*
8. *la douceur.*
9. *ils chasseront.*
10. *ils encourageront.*
11. *fertiles.*
12. *a répandus.*

Para empezar

La "verdad" sobre los españoles Entradilla y L. 1-3
S'adresser à, **dirigirse a** · **pretender** · *en fait,* **en realidad** · **convencerse de (que)** · *pousser à,* **mover [ue] a** · *l'appât du gain,* **el afán de lucro** · **oprimir**.

Puntos clave

Han venido para despojar L. 3-10
Persuadir · **ser evidente** · *la raison,* **el motivo** · **emigrar** · **el sufrimiento** · *le danger,* **el peligro** · *s'exposer à,* **exponerse a** · **el altruismo** · **preocuparse por** · **la generosidad** · *la cupidité,* **la codicia** · *s'emparer de,* **hacerse con** · **explotar**.

Unirse para liberarse L. 11-15
Briser les liens, **romper los lazos** · **el suelo americano** · **independizarse** · **los nativos** · **sublevarse**.

Un programa para el futuro L. 16-25
La organización política · **los representantes** · **como parientes** · **una familia** · **la fraternidad** · **aportar** · **suprimir** · **la felicidad** · *la foi,* **la fe** · **la voluntad de Dios** · **el entusiasmo**.

Tu sentir

Sueño y realidad

Utópico • **lúcido** • *un rêveur,* **un iluso** • *à la fois,* **a un tiempo** • *l'espoir,* **la esperanza** • *les faits,* **los hechos** • **luchar por** • *le droit,* **el derecho** • **la patria** • **la independencia** • **la colonización** • *prendre en main,* **hacerse cargo de.**

José Clemente Orozco, *Miguel Hidalgo,* 1937. Mural.

J. I. Tovilla, *Miguel Hidalgo,* 1912.

Pistas

El combatiente

Brandir, **blandir** • *une torche,* **una antorcha** • *le poing en l'air,* **el puño en alto** • *les cheveux blancs,* **las canas** • *en flammes,* **en llamas** • *le peuple,* **el pueblo** • *diriger,* **liderar** • **el sufrimiento** • **descolorido(a)** • **las víctimas** • **sublevarse** • **el orador** • *haranguer,* **arengar** • *rougeâtre,* **rojizo(a)** • **la rebelión.**

El pensador

Le cabinet, **el gabinete** • **la biblioteca** • **la mesa** • **el sillón** • **la pluma** • *une feuille,* **una hoja** • **un discurso** • **reflexionar** • *paisible,* **sosegado** • **el ambiente** • **la Virgen (de Guadalupe)** • **un cuadro** • *un prêtre,* **un sacerdote**.

Recuerda

NE... QUE

***Trois façons** de dire cette restriction en espagnol :*

- **(tan) sólo** *(en général devant le verbe)*
  Sólo comprende el español. *Il **ne** comprend **que** l'espagnol.*
- **no... más que** *(surtout pour parler d'une quantité)*
  No vendrá **más que** dos veces. *Il **ne** viendra **que** deux fois.*
- **no... sino** *(souvent pour signifier : « pas autre chose que »)*
  No es **sino** un capricho. ***Ce** n'est **qu'**un caprice. (pas autre chose qu'un caprice)*

Entrénate

1. *Relève dans le manifeste les formes qui peuvent se traduire par* ***ne... que****.*
2. *Introduis dans ces phrases un des équivalents de* ***ne... que*** *:*

–En su existencia realizó tres viajes.
–Es un problema de comprensión.
–Necesito conocer tu fecha de nacimiento.

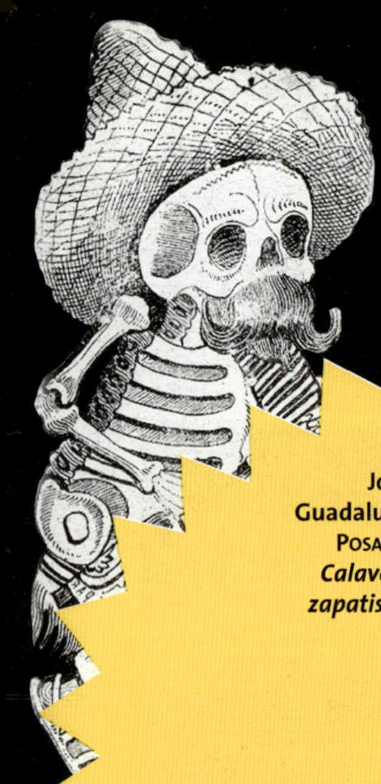

Revolución

José Guadalupe Posada, *Calavera zapatista.*

Entre 1910 y 1920, México fue escenario de una serie de luchas y revueltas conocidas como la Revolución Mexicana. Se intentaba transformar el sistema político y social creado por Porfirio Díaz.
http://sanmiguelguide.com/revolucion-mexicana.html

Emiliano Zapata

Dos héroes míticos

Emiliano Zapata, el caudillo del Sur

Organizó a los campesinos en guerrillas para defender la tierra que legítimamente les pertenecía y que les había sido arrebatada *(enlevée)*. Fue promotor de la reforma agraria en un México dominado y sangrado *(saigné)* por los caciques *(chefs locaux)* y después de varias luchas contra el Ejército *(l'armée)* Federal, logró proclamar un plan para restituir las tierras a los campesinos. Murió acribillado a balazos *(criblé de balles)* tras caer en una trampa *(guet-apens)*.

Un poder oligárquico

El comienzo de la Revolución tuvo lugar en un ambiente de insatisfacción en todo el país hacia el Gobierno de Porfirio Díaz que fue Presidente durante 31 años. El poder se quedó en manos de un pequeño grupo de personas y el pueblo no tuvo oportunidad de opinar sobre sus problemas ni de elegir a sus gobernantes. Francisco Madero, con ideas liberales, fundó en 1910 el Partido Antireeleccionista y despertó grandes esperanzas de cambio y gran interés en las elecciones del mismo año.

Diego Rivera, *El sueño de una tarde dominical en la Alameda Central (detalle)*, 4,8 x 15 m, 1947-1948.

David Alfaro Siqueiros, *El pueblo en armas*. Mural (dimensions), 1964

1911: ¡Pan, tierra y libertad!

Los campesinos siguiendo a dos líderes: Emiliano Zapata y Pancho Villa se lanzan a la lucha revolucionaria aireando una consigna que quedará grabada en la historia de México: "Pan, tierra y libertad".

"...Los zapatistas entran a la ciudad de México no como arrogantes vencedores *(vainqueurs)*, sino como intrusos, tímidos, errantes..."

Francisco Ignacio Taibo II, *Primavera pospuesta*, 1999.

Mexicana

Pancho Villa
y sus 35.000 hombres

Pancho Villa fue el más importante caudillo en el norte de México. Al frente de la llamada "División del Norte" compuesta por unos 35.000 hombres fue la pieza militar clave para derrotar *(mettre en déroute)* a las fuerzas del dictador Huerta.

Fue el único militar que dirigió una invasión exitosa a EEUU cuando en marzo de 1916, al mando de 500 hombres, atravesó la frontera al grito de "¡Viva México!" Firmó un contrato con los estudios de Hollywood para hacer una película sobre su vida.

Estatua de Pancho Villa en Zacatecas

Un grito siempre vivo

La revolución mexicana se acabó pero el grito de Emiliano Zapata "¡Tierra y libertad!" ha sido ahora recuperado por los guerrilleros de Chiapas (en el sur de México) sometidos, como sus antepasados, a décadas de dominación, injusticia y pobreza. El EZLN (Ejército Zapatista de Liberación Nacional) lucha por el reconocimiento de los derechos de los indígenas del Chiapas.

Las "Adelas" luchaban junto a los hombres. 38

Las soldaderas o "Adelas" aparecen cuando comienzan los enfrentamientos armados, cuando los hombres son tomados en leva *(recrutés)* y se unen a las fuerzas militares.
Eran mujeres que acompañaban a los soldados y les seguían por todas partes. En las ocasiones en que se producían enfrentamientos armados, seguían sin vacilar *(hésiter)* a los hombres. Ellas y sus hijos corrían a veces mucho peligro.

La Adelita
(Canción popular de la revolución mexicana)

Adelita se llama la joven
a quien yo quiero y no puedo olvidar;
en el mundo yo tengo una rosa
que con el tiempo la voy a cortar [...]
si Adelita se fuera con otro,
le seguiría la huella sin cesar;
si por mar en un buque de guerra
si por tierra en un tren melitar [...]

Estas expresiones, sacadas de la página doble, evocan diferentes aspectos de la Revolución Mexicana.
Preséntalos brevemente.
- Un ambiente de insatisfacción;
- pan, tierra y libertad;
- fue promotor de la reforma agraria;
- la División del Norte;
- seguían sin vacilar a los hombres;
- el reconocimiento de los derechos de los indígenas.

(A) El verano

Antonio M. Ruiz, "El Corzo", *El verano,* 1937. Óleo sobre madera, 28 x 33 cm.

Autorretrato, 1946. Lápiz sobre papel, 38,6 x 32,4 cm.

"Mi nombre es Antonio Ruiz, mis amigos me dicen cariñosamente El Corzo o El Corcito por mi parecido físico con una obra del pintor español Zuloaga en la que retrató a un torero así llamado. Nací en Texcoco, Estado de México, el 2 de septiembre de 1892, aunque llegué desde muy joven a la ciudad, en donde transcurrió toda mi vida, a excepción de los años 1925 a 1927 y 1936, que viví en los Estados Unidos."

http://www.shcp.gob.mx/servs/dgcap/antonio_ruiz.html

Para empezar

¡Qué contraste!

Une vitrine, **un escaparate** • **una calle de México** • *un mannequin,* **un maniquí** • **dos indígenas** • **colores vivos** • *terne,* **apagado** • **la luz** • **la sombra** • **vestidos de playa** • *être bien couvert,* **ir bien abrigado.**

Puntos clave

El mundo de los veraneantes de los años 30

Au bord de, **a orillas de** • **la ola** • *le maillot de bain,* **el bañador** • *un vêtement moulant,* **un traje ceñido** • **el quitasol** • **la palmera** • *le coquillage,* **la concha** • *la peau claire,* **el cutis claro** • **broncearse** • **estético** • **estar de vacaciones** • *profiter,* **disfrutar** • *oisif,* **ocioso** • *aisé,* **acomodado** • **un universo de privilegiados.**

La mirada asombrada de la pareja

Una pareja obrera • **la tez morena** • *la salopette,* **el overol** *(amér.),* **el mono** • *un châle,* **un rebozo** • **protegerse del frío** • **tradicional** • **una vida de trabajo** • **de condición humilde** • *s'étonner,* **asombrarse** • *être bouche bée,* **estar boquiabierto** • **otra realidad.**

Transformación de México

Otra modernidad • **la última moda** • **extraño** • **adoptar** • *les coutumes importées,* **las costumbres de importación** • **como en las películas norteamericanas** • **oponerse a** • *oublier,* **olvidar** • *les racines,* **las raíces** • **los cambios** • **reflexionar** • **dentro ≠ fuera** • **una interrogación.**

Tu sentir

Imaginez en un court dialogue les commentaires du couple.

Increíble • **¿por qué?** • **estar casi desnudo** • **nunca** • *drôle d'idée !,* **¡vaya idea!** • **quizás** *(+ subj. ou ind.)* • *croire,* **creer** • *s'étonner de,* **extrañarse de** • **otro planeta** • *vraiment ?,* **¿de verdad?**

« Abrir los ojos como platos. »

RECUERDA

L'EXPRESSION DE L'HYPOTHÈSE

Quatre manières fréquentes de l'exprimer :

- ***futur** à valeur d'hypothèse.*
  Estarán de vacaciones.
  *Ils **doivent être** en vacances.*
- **deber de** + *infinitif*
  Deben de estar de vacaciones.
  ***Ils doivent** être en vacances.*
- **a lo mejor** + *indicatif*
  A lo mejor están de vacaciones.
  ***Ils doivent** être en vacances.*
- **acaso, tal vez, quizás** + *subjonctif ou indicatif*
  Acaso (tal vez, quizás) estén *ou* están de vacaciones. ***Peut-être** sont-ils en vacances.*

ENTRÉNATE

Récris les phrases suivantes en remplaçant les mots en gras par une forme équivalente.

–**Estarán** dando un paseo por las calles después del trabajo.
–**Tal vez** nunca **hayan** visto el mar.
–**Debes de** estar sorprendida.
–**A lo mejor** les gusta esta interpretación.
–**Acaso tengáis** ganas de disfrutar de la playa.

(A) ATELIERS > >>

TESTIMONIOS

> ATELIER 1 (**) réalisation 15' (assistant) > B1 > B2

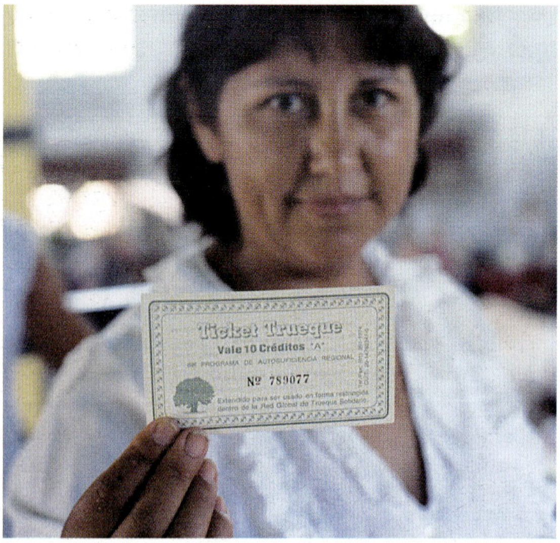

CD > PLAGE > 39

A raíz de la crisis, a causa de la crisis – trueque, *troc* **– las mismas barriadas,** *même les bidonvilles* **– tortillas,** *des galettes* **– con un vale,** *avec un bon* **– el stand – para pasar día a día,** *pour vivoter au jour le jour* **– los grandes poderosos,** *les puissants*.

Écoutez votre CD, plusieurs fois si besoin, afin d'exposer brièvement à la classe ce que raconte María Victoria. Appuyez-vous sur les mots-clés ci-dessous.

Argentina – crisis – organizar – trueque.
Comercio interno – tortillas – vales – zapatos – sin usar dinero.
Los pobres – los poderosos – ayudar – Suramérica.

MON BILAN **j'ai pu...**
je dois encore améliorer...

> ATELIER 2 (***) réalisation 15' (assistant) > B1 > B2

CD > PLAGE > 40

El mal de altura – malestar, *malaise* **– mareos,** *vertiges* **– un campamento minero – recoger,** *cueillir* **– se las regalaba,** *elle les offrait* **– un rato, un momento – estaba por desmayarse,** *elle était sur le point de s'évanouir* **– inyecciones de glucosa,** *des piqûres de glucose*.

Écoute l'histoire que raconte Francisco sur sa sœur, et prépare-toi à la raconter, à ton tour, comme si tu étais cette sœur.

"Cuando tenía ocho............. ."

MON BILAN **j'ai pu...**
je dois encore améliorer...

ATELIER 3

** réalisation 10' > A2-2

Imagine la lettre qu'Andrés envoie au « Mouvement des enfants pour la paix » que soutient l'UNICEF. Il raconte son expérience et porte un jugement sur sa situation.

Andrés, joven colombiano de 19 años, y su experiencia en las FARC (Fuerzas Armadas Revolucionarias Colombianas)

"Me voy con ustedes", le dijo a un comandante amigo cuando decidió enrolarse a los once años. "Piénselo el fin de semana", le recomendó el guerrillero. No había nada que pensar. ¿Qué más iba a hacer? El lunes, temprano, estaba en una escuela de entrenamiento. Aprendió a armar *(monter)* y desarmar los fusiles, a caminar a oscuras, a hacer formación; hizo cursos de radiooperador, de primeros auxilios; luego vinieron los combates, las tareas como ir a los compradores de coca a recoger el impuesto y bajar a los caseríos *(hameaux)* a concienciar a la población. A los catorce años reunía pueblos y daba órdenes.

El plan de huir de las FARC lo empezó a maquinar (preparar) desde la tarde en que, por casualidad *(par hasard)*, encontró a su papá en un camino y lo vio llorar. La oportunidad llegó luego de un enfrentamiento con los paramilitares.

Su experiencia desde que se salió ha sido penosa *(pénible)*. Pasó por varias instituciones donde se sintió encerrado y vigilado como un delincuente, e ingresó un programa de reinserción.

Pilar Lozano, *El País Semanal*, 18/05/2003.

Tu peux utiliser ces mots :

En avoir assez de, **estar harto de** • *émouvoir,* **conmover [ue]** • **adoctrinar** • **demasiado** • **reinsertar** • *essayer de,* **intentar Ø** • *échapper,* **escapar** • *partager,* **compartir.**

MON BILAN j'ai pu...
je dois encore améliorer...

ATELIER 4

* réalisation 10' (assistant) > A2-2

CD > PLAGE > 41

Temprano, *tôt* – **pelearte,** *te battre* – **regreso,** *je rentre* – **cuidarse de,** *faire attention à* – **con el que me alcance para vivir,** *avec lequel je puisse vivre.*

Écoutez trois fois l'enregistrement puis, par écrit, résumez l'histoire de Pablo à la troisième personne du singulier.

MON BILAN j'ai pu...
je dois encore améliorer...

Recuerda

Una crisis.
El trueque, *le troc.*
Un malestar, *un malaise.*

La reinserción.
Ganarse la vida, *gagner sa vie.*

(A) El Tío

Desarraigados *(Arrachés)* de sus tierras, los mitayos (indios al servicio de los conquistadores) invocaban en los socavones a su legendario dios de las profundidades: Huari, convertido en el "dueño de los parajes" o "el Tío".

Hay pocos niños en las minas bolivianas. Y no hay viejos. Éstos son hombres condenados a morir antes de los treinta y cinco años, con los pulmones reducidos a cartón por el polvo de sílice.

Dios solito no alcanza[1].

Antes, Lucifer en persona abría el carnaval minero. Entraba, montado en un caballo blanco, por la calle principal de Oruro. Hoy día, las diabladas atraen un mosquerío de turistas de todas partes del mundo. Pero en las minas el Diablo no reina solamente en febrero. Los mineros lo llaman Tío y han alzado para él un trono en cada socavón[2]. El Tío es el verdadero dueño[3] del mineral: otorga o niega[4] los filones de estaño[5], extravía en los laberintos a quienes quiere perder o señala vetas[6] escondidas a sus hijos predilectos. Libera de los derrumbamientos[7] o los provoca. Dentro del socavón, resulta mortal pronunciar el nombre de Jesús, aunque la Virgen puede ser invocada sin riesgos. A veces, el Tío pacta con los contratistas o los arrenderos[8]: les vende la riqueza a cambio del alma. Es él quien ha guiñado el ojo a los campesinos para que abandonaran sus sembradíos y se hundieran[9] para siempre en las grutas.

En torno a su gran imagen de barro, los mineros se reúnen para beber y conversar. Es la *ch'alla*. Le ponen velas, encendidas al revés, y lo convidan con cigarros, cerveza y chicha[10]. El Tío agota los cigarros y deja vacíos los vasos. A sus pies, los mineros dejan caer algunas gotas de aguardiente, y ésta es la manera de ofrendar el trago a la diosa de la tierra.

Los mineros piden al Diablo que florezca el mineral.

–Tío, ayúdanos. No nos dejes morir.

La *ch'alla* funciona como una universidad política. Los dictadores la tienen prohibida. Estos hombres se reúnen en torno al Tío, en recovecos secretos del socavón, y hablan de sus problemas y de la manera de cambiar las cosas. Se sienten protegidos, se dan ánimo y coraje. No se hincan[11] ante el Diablo. Al irse, le echan al cuello serpentinas de colores.

Eduardo Galeano, *Días y noches de amor y de guerra*, 1978.

1. *ne suffit pas.*
2. *galerie.*
3. *maître.*
4. *il accorde ou il refuse.*
5. *d'étain.*
6. filones.
7. *effondrements.*
8. (diferentes tipos de mineros).
9. *s'enfoncent.*
10. (cerveza de maíz).
11. *Ils ne s'agenouillent pas.*

Para empezar

El diablo y los mineritos

La vida en la mina • **morir [ue/u]** • *court(e),* **breve** • *pénible,* **penoso** • **infernal.**

Puntos clave

El infierno de la mina L. 1-4

Las condiciones de trabajo • **la silicosis** • *tomber gravement malade,* **caer enfermo de gravedad** • *impossible à supporter,* **imposible de resistir** • **estar condenado** • *Dieu lui-même ne...,* **ni siquiera Dios...**

Un diablo protector L. 5-17

Una tradición carnavalesca • *une fréquentation quotidienne,* **un trato cotidiano** • *à l'intérieur,* **dentro** • *prier de,* **rogar [ue] que** + *subj.* • *s'en remettre à,* **fiarse de** • *le maître,* **el dueño** • *être subordonné à,* **depender de** • **esperar que** + *subj.* • *attirer,* **atraer** • *les gains,* **las ganancias.**

Diabólica complicidad L. 18-29

Rendir [i] homenaje • *à l'abri de,* **al amparo de** • **el ritual** • **un confidente** • **expresar sus reivindicaciones** • *loin de,* **lejos de.**

Tu parecer

Una lección de vida

Supporter, **aguantar** • **permitir** • **escapar del destino** • **resistir** • **el poder de adaptación** • **la lucha por la vida.**

Danza de La Diablada, en el carnaval de La Paz, Bolivia.

Pistas

Un sincretismo muy popular

El público • *un groupe de religieuses,* **un grupo de monjas** • *le trottoir,* **la acera** • **estar impaciente por** • *ne rien manquer,* **no perder [ie] nada** • *supporter,* **aguantar** • *se couvrir,* **abrigarse.**

El bailarín *(Le danseur)*

Danser, **bailar** • *arborer,* **lucir** • *le masque de diable,* **la máscara de diablo** • *le costume,* **el disfraz** • **disfrazarse** • *éblouissant,* **deslumbrante** • **un estilo muy andino** • **las tradiciones** • *le mélange,* **la mezcla.**

Recuerda

LA TOURNURE D'INSISTANCE « C'EST... QUE, C'EST... QUI »

Moins fréquente en espagnol, sa valeur d'insistance en est d'autant plus forte.
On insiste sur :

- *une ou plusieurs personnes* → **es... quien, son... quienes**
  Le verbe* ser *est au temps et à la personne du verbe de la principale :
  Soy yo quien **hablo**; **éramos** nosotros quienes **hablábamos**.
- *un lieu* → **es... donde**
- *un temps* → **es... cuando**
- *une manière* → **es... como**
  Le verbe* ser *se met au temps de la principale.
  Gr. § 30.

Entrénate

Transforme les phrases suivantes en faisant porter l'insistance sur l'élément en gras :

–**El diablo** organiza la vida de la mina.
–**En Bolivia** se bailaba mejor la diablada.
–**Con aguardiente** rinden homenaje al Tío.
–**Los dictadores** prohibieron la *ch'alla*.

(A) Fotógrafos latinoamericanos

L'armée, **el ejército** • **un desfile** • *les rangs,* **las filas** • *se mettre en rang,* **formar filas** • *d'en haut,* **desde arriba** • *ne ... que,* **no... más que** • *un chapeau,* **un sombrero** • *une foule anonyme,* **una multitud anónima** • *cacher,* **tapar** • *les visages,* **los rostros** • **un contraste de tonos** • *faire ressortir,* **resaltar.**

Raúl Corrales (cubano), *Sombreritos*, 1960.

Juan Rulfo (escritor mexicano), *Actor durante la filmación de* La Escondida, 1955.

Un puerto • *le brouillard,* **la niebla** • **un halo de luz** • *les réverbères,* **las farolas** • *le scintillement,* **el destello** • *les cargos,* **los buques de carga** • *les canots,* **las lanchas** • *l'animation,* **el ajetreo** • *des ombres,* **sombras** • *flou,* **borroso** • **embarcar** • *de dos,* **de espaldas** • **un destino incierto** • **un marino** • **un emigrante** • **captar** • *un lieu de passage,* **un lugar de tránsito** • **pintar un ambiente.**

Sergio Larraín, (chileno), *Valparaíso*, 1963.

L'agave, **el maguey** • **un paisaje típico** • *la contre-plongée,* **el contrapicado** • *à contre-jour,* **a contraluz** • *se détacher,* **destacar** • *fuir,* **huir** • **en pleno galope** • *désarçonner,* **desmontar** • *venir de,* **acabar de** • *les westerns,* **las películas del oeste** • *recevoir une balle,* **recibir un balazo** • **enigmático.**

Graciela ITÚRBIDE (mexicana), *Sirena*, 1985.

Insólito • *un aquarium*, **una pecera** • **al interior** • *accrocher*, **colgar [ue]** • **los peces de plástico** • **una sirena** • *un costume*, **un disfraz** • **la cola brillante** • **una pose natural** • *les passants*, **los transeúntes** • **inesperado** • **un circo** • **una campaña publicitaria** • *loufoque*, **extravagante** • **kitsch** • **llamar la atención**.

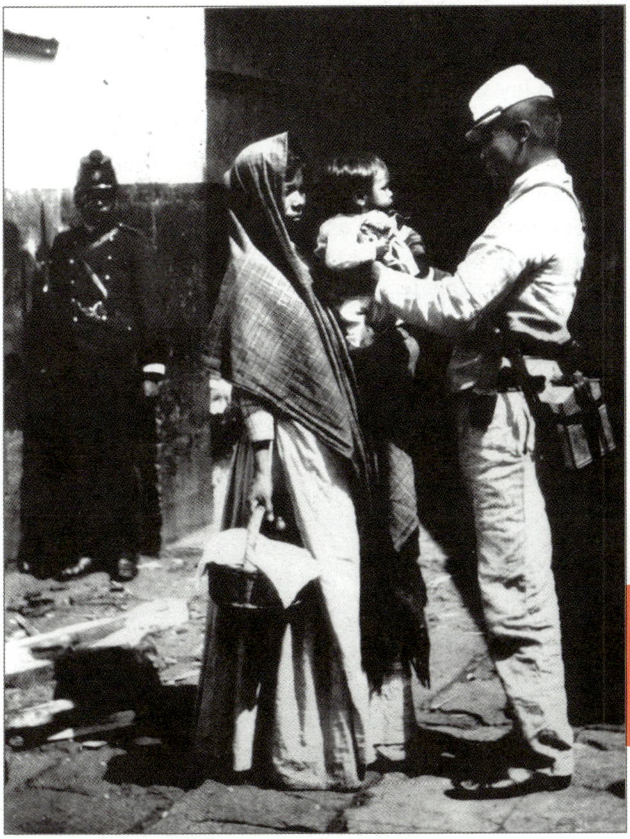

"La espontaneidad interviene durante la acción, en la toma de la imagen. Antes se ha producido la reflexión en torno a la intención; después vendrá la meditación sobre la finalidad."
ABBAS, fotógrafo iraní, agencia Magnum.

Agustín Víctor CASASOLA (mexicano), *Soldadera visitando cuartel general*, 1910.

La caserne, **el cuartel** • **salir a la guerra** • *une scène touchante*, **una escena conmovedora** • **una familia** • *le bébé*, **el nene** • **la cesta de la comida** • *face à face*, **frente a frente** • *dire adieu*, **despedirse [i]** • *risquer*, **arriesgar** • *revenir*, **volver [ue]** • **rígidos** • **grave** • **la separación**.

Reúne las diferentes fotos por temas. Presenta la foto que más te gusta justificando tu elección. ¿Qué aspectos te parecen sobresalir en la fotografía latinoamericana?

(A) Racismos 18

1908 – San Andrés de Sotavento
Decide el gobierno que los indios no existen

El gobernador, general Miguel Marino Torralvo, expide[1] el certificado exigido por las empresas petroleras que operan en la costa de Colombia. *Los indios no existen*, certifica el gobernador, ante escribano[2] y con testigos. Hace ya tres años que la ley número 1905/55, aprobada en Bogotá por el Congreso Nacional, estableció que los indios no existían en San Andrés de Sotavento y otras comunidades indias donde habían brotado súbitos chorros de petróleo[3]. Ahora el gobernador no hace más que confirmar la ley. Si los indios existieran, serían ilegales. Por eso han sido enviados al cementerio o al destierro[4].

Eduardo Galeano, *Memoria del fuego/El siglo del viento*, 1986.

1. *délivre.*
2. *devant greffier.*
3. *où des jets de pétrole avaient soudain jailli.*
4. *en exil.*

México

Tres millones y medio de indígenas casi o totalmente analfabetos sobreviven en la ciudad más poblada del mundo.

La Corona española aceptó en el siglo XVI la humanidad de los conquistados, pero no su igualdad ante la ley. Cohabitaron la República de los Españoles, y subordinada, la República de los Indios. La desigualdad y el racismo continúan en el siglo XXI, y la burguesía de los barrios residenciales de Ciudad de México, Cuernavaca o Monterrey aún apalea[5] a las domésticas indígenas con conclusiones de encomendero[6]: "Es que con estos indios no se puede[7], son como animales." Hacia las seis de la mañana, en las lomas[8] de la capital, indias de 15 a 50 años lavan a diario los coches de los señores, corren a servirles el desayuno, hacen la comida y la cena, pasean el perro y aguantan las impertinencias de niños con tarjeta de crédito y móvil. Miles de empleadas abandonan sin previo aviso, y entonces las señoronas se enfadan[9]: "Son unas maleducadas. No se puede confiar en esta gente."

Juan Jesús Aznárez, *El País*, 04/03/2001.

5. *frappe à coups de bâton.*
6. *(un colonisateur d'autrefois).*
7. *on n'en vient pas à bout.*
8. *les hauteurs.*
9. *ces grandes dames se fâchent.*

Para empezar

Un siglo de desprecio
Indios indefensos • negar [ie] • una vida digna.

Puntos clave

Una decisión increíble Texto 1
Un representante del Estado • un acto político • oficializar • *le mépris,* **el desprecio • los intereses petroleros • oponerse a • las tierras ancestrales** • *s'arroger le droit de,* **arrogarse el derecho de • desposeer • una masacre • legal** • *coûte que coûte,* **a toda costa.**

Como esclavas Texto 2
Le statut, **el estatuto • un indígena • inferior** • *continuer de + inf.,* **seguir [i]** + *gér.* • *de nos jours,* **hoy en día • una capital moderna** • *les maîtres,* **los amos • desdeñoso(a)** • *une domestique,* **una criada** • *24 heures sur 24,* **las 24 horas del día** • *subir,* **sufrir • servir [i].**

Tu parecer

Luchar contra los racismos
Ser racista • la discriminación • sentirse [ie/i] superior • las desigualdades • las injusticias • *avoir des préjugés contre,* **tener prejuicios contra • en la vida diaria.**

Un manifestante indígena salta una barricada durante una manifestación en La Paz, Bolivia, el 13/10/2003.

Recuerda

L'EXPRESSION DE LA CONDITION

condition présentée...	*Subordonnée*	*Principale*
comme réalisable...*	**si** + *ind. prés.*	*ind. futur*
*comme non réalisable**...*	**si** + *subj. imp.*	*conditionnel*

* ***Si*** *(plus tard)* ***j'ai*** *de l'argent,* ***je m'achèterai*** *une voiture.* → **Si** (más tarde) **tengo** dinero, **me compraré** un coche.

** ***Si*** *(maintenant)* ***j'avais*** *de l'argent (mais ce n'est pas le cas, je n'ai pas cet argent),* ***je m'achèterais*** *une voiture.* → **Si tuviera** dinero (ahora), **me compraría** un coche.

Gr. § 32.3.

Pistas

Manifestándose

Una barricada • *un pavé,* un adoquín • una banderola • anónimo(a) • *cagoulé,* encapuchado(a) • **a toda velocidad** • como si + *subj. imp.* • volar [ue] • los policías • contraatacar • *brûler,* quemar • un neumático.

Una rebelión indígena

Oponerse • el poder político • una protesta • violento(a) • *le but,* **la meta** • luchar • la pobreza • la desigualdad • la discriminación racial • *vers,* hacia • una verdadera democracia • los derechos.

Entrénate

1. *Traduis :* "Si los indios existieran, serían ilegales."

2. *En t'appuyant sur les deux textes, rédige quatre phrases en employant les deux formes de la condition.*

PUEBLOS NÓMADAS EN LA TIERRA DEL FUEGO

Los yamanas, o yaganes

Los yamanas, o yaganes ¿quiénes eran?

Los indígenas canoeros (que usaban canoas), o nómadas marinos, que vivían en el sur de la Tierra del Fuego se llamaban a sí mismos yamanas, palabra que significaba primordialmente humanidad, humano, vivo, no muerto, con buena salud.

Los indios

Los yaganes o yamanas forman parte de una serie de pueblos que ocuparon los ambientes más agrestes y más fríos del mundo como es la Tierra del Fuego y que se agrupan bajo la denominación genérica de fueguinos.

Se supone que llegaron a estas tierras tras cruzar el Estrecho de Bering (que separa a América del Norte de Asia) hace más de treinta mil años, siguiendo a las manadas de mamuts y bisontes.

Extinción

Se puede atribuir a las siguientes causas:

- Sobreexplotación de mamíferos marinos en nuestros mares australes, puesto que constituían la principal fuente de alimentación de los grupos canoeros.
- El hecho de haber contraído enfermedades contagiadas por el hombre blanco, contra las cuales no tenían inmunidad natural.

La introducción de ganado ovino *(troupeaux de moutons)* a la isla por parte de los grandes ganaderos y la necesidad de ocupar las tierras para pastos, que hasta ese momento habitaban los aborígenes del norte, contribuyó también a su exterminio y a su desplazamiento hacia el oeste donde fueron perseguidos *(persécutés)*. Hubo casos en que se llegó a pagar "una libra esterlina por indio muerto".

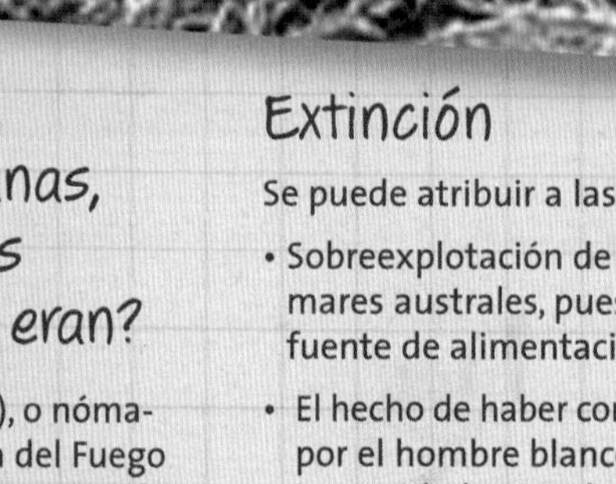

Leyenda negra

Interpretaciones ligeras *(hâtives)* crearon una desfavorable descripción del carácter de los yamanas. Los europeos que establecieron los primeros contactos les crearon una suerte de leyenda negra que incluyó apreciaciones tales como feroces, antropófagos y gran cantidad de términos peyorativos cuya sola base era la incomprensión.

Restableciendo la verdad L. 25-33

Les apports, **los aportes** · *passer en revue,* pasar revista · una demostración · Europa · los valores · fundamental · el periodo incaico · por lo contrario · una crítica mordaz · ignorar voluntariamente · denunciar · ser racista · los nazis · el fascismo · fanático(a).

Tu parecer

El fanatismo

La violencia y la destruc
par la force, **imponer po**
ciones · una ideología r
barbarie · la civilización

El 12 de octubre 1992, día del quinto centenario del "descubrimiento" de América, una manifestación indígena derriba la estatua del conquistador Diego de Mazariego, en San Cristóbal de las Casas (Chiapas - México). Es el principio de una oposición zapatista generalizada.

Pistas

El conquistador

Un parque · una estatua · un pedestal · un indígena · *faire tomber à coups de masse,* derribar a mazazos · los manifestantes · *entourer,* **rodear** · *encourager,* alentar [ie].

Un acto simbólico

Una conmemoración · un día aniversario · la Conquista · *rejeter,* **rechazar** · la opresión · la rebelión · *faire table rase de,* acabar con · *les souffrances,* los dolores · liberarse de · la reivindicación · la colonización · *les maîtres,* los señores.

Recuerda

LA TRADUCTION DE « MAIS »

- *« Mais » au sens de « mais cependant » :* **pero** ***Gr. § 43.1.***
- *« Mais » au sens de « mais au contraire » :* **sino**
  – **Sino** *est toujours précédé d'une négation :* **no... sino...**
  – **Sino** *est obligatoirement suivi de* **que** *lorsqu'il relie des verbes conjugués :* **no... sino que...** ***Gr. § 43.2.***

> Entrénat

1. *Traduis :*
"Aquella placita, ya des
Pizarro sino Perú." (L. 11
2. *Choisis entre* **pero / s**
les phrases suivantes :
–Pizarro no era un indí
–Pretendía ser un desc
lo creía.
–Chiapas no es territori
–No me siento inca ...
soy peruana.

Trabajar... si hace falta

Los yamanas eran laboriosos *(travailleurs)* sólo cuando lo juzgaban *(jugeaient)* necesario; en tales circunstancias podían efectuar grandes esfuerzos físicos.
Sin embargo, su concepción del trabajo no era la de los europeos: no lo consideraban un fin en sí mismo ni una obligación permanente. Alternaban la labor física con frecuentes y prolongados períodos de descanso *(repos).*

Labores de hombres y labores de mujeres

La obtención del alimento estaba repartida entre ambos sexos. La cacería de lobos marinos era labor masculina cuando se practicaba en tierra, pero la mayoría de las veces ocurría en el agua y entonces era tarea compartida *(partagée)*: la mujer aproximaba a remo la canoa mientras el varón acechaba *(guettait)* la proa y arrojaba *(lançait)* el arpón contra la presa.

Cazar lobos marinos

Sólo gracias al consumo *(consommation)* intensivo de esos lobos marinos los yamanas podían contrarrestar las elevadas exigencias que el clima frío, húmedo y ventoso imponía a su metabolismo (poseyendo, como poseían, una vestimenta muy escasa).
Pero no sólo calorías obtenían de los lobos marinos: sus cueros *(cuirs)* eran rígidos pero aprovechables *(utilisables)* para confeccionar capas y correas; esófagos, estómagos, intestinos y vejigas servían como bolsitas *(sacs)* o pequeños recipientes impermeables.

La canoa o anan

El uso principal de la corteza *(écorce)* de árboles era indudablemente la confección de canoas. Las canoas –*anans*– eran el elemento más elaborado de la artesanía de los yamanas y su propiedad más valiosa *(la plus précieuse),* como que su vida dependía de poseerlas.
Las encargadas de remar eran habitualmente las mujeres, pero cuando era necesario también lo hacían los varones. Salvo accidentes, solían durar seis meses a un año; la época habitual de confección era octubre a febrero.

En general esas canoas medían entre tres y cinco metros y medio de largo y podían transportar seis o siete personas.

TIERRA DEL FUEGO

Es imposible entender la Tierra del Fuego si no se la considera una Tierra de extremos. Además de ser literalmente el fin del mundo, es un fin del mundo lejano no sólo por la distancia sino por la escasa *(le peu de)* comunicación con el entorno circundante (aún hoy sólo se accede a la isla por agua o aire). También es extremo su clima. Al frío, justificable por su latitud, hay que sumarle *(y ajouter)* las lluvias permanentes que riegan *(arrosent)* su costa sur y la escasa *(faible)* fuerza del sol tanto en invierno (en que brilla pocas horas) como en verano (cuando alumbra gran parte del día, pero no calienta).

http://www.patagonia.com.ar/visite/tierradelfuego/index.asp

42

Escucha en tu CD la narración de esta leyenda yamana. Te ayudará el vocabulario siguiente: El diluvio, ***le déluge*** **– el arca,** ***l'arche*** **– una ballena,** ***une baleine*** **– el lomo,** ***le dos.***

http://www.bioetica.org/yaganes.htm
http://www.tierradelfuego.org.ar
http://www.chileaustral.cl/culturas/indios/yaga.html
http://www.prodiversitas.bioetica.org/yaganes.htm

(A) Los hispanici

El alcalde de Lima, Luis Castañeda Lossio, ha he medianoche la estatua ecuestre de Pizarro qu cabalgó simbólicamente en una esquina[1] de l Palacio de Gobierno, en un pequeño recuadro de ce agencia que, a juicio del burgomaestre, esta estatu peruanidad"[2]. El arquitecto Santiago Agurto, que ll campaña para que se perpetrara este hispanicidio, victoria: "Ese hombre a caballo, con la espada dese dispuesto a matar, agrede[5] a las personas. Como p ofensivo por el aspecto que de Pizarro se elige perp Aquella placita, ya desbautizada, no se llamará m –naturalmente– y en lugar de la estatua del fund futuro una gigantesca bandera[7] del Tahuantinsuy El alcalde de Lima parece ignorar que el Tahuanti unos cien años de nuestro pasado, el tiempo de u historia que tiene más de diez mil años de antigü inventar para que flamee[9] en la Plaza Perú repres segmento minúsculo del vasto abanico[10] de cultu prehispánicos –entre ellos los mochicas, los chim los chancas, los puquinas y muchos más– que fue tiempo, o mezclándose hasta que, con la llegada ese encuentro violento y cargado de injusticias – naciones– la amalgama de razas, lenguas, tradici que llamamos Perú. [...]

Pizarro y lo que llegó con él a nuestras costas –la cultura occidental, Grecia y Roma, el cristianismo Ilustración[11], los Derechos del Hombre, la futura c etcétera– es un componente tan esencial e insus como el Imperio de los Incas y no entenderlo así, un sectarismo ideológico nacionalista tan crudo proclamaba no hace mucho que ser alemán era proclama en nuestros días que no ser musulmá no es cristiano no es o no merece ser europeo.

Ma

1. *un coin.*
2. *« préjudiciable à l'identité péruvienne ».*
3. *s'est empressé.*
4. *l'épée hors du fourreau.*
5. *agresse.*
6. *elle arborera.*
7. *drapeau.*
8. (nombre del Imperio inca).
9. *pour qu'il flotte.*
10. *éventail.*
11. *les Lumières.*
12. *aryen.*

Para empezar

Una desaparición L. 1-4

Un decreto municipal · **una estatua** · **un conquistador** · **hacer desaparecer.**

Puntos clave

¡Abajo Francisco Pizarro! L. 1-13

De noche · *presque en cachette,* **casi a escondidas** · *renverser,* **derrumbar** · **un símbolo** · **la Conquista de** **América** · *juger,* **ju** **alegrarse** · *une sort* **atacar** · **risible** · **re**

Una lección de l

Le choix, **la elección** **do cortísimo** · **olvi** · *un mélange,* **una** · *un événement,* **ur** *histoire complexe,* **u** · **un pasado riquís**

(A) La mordida[1]

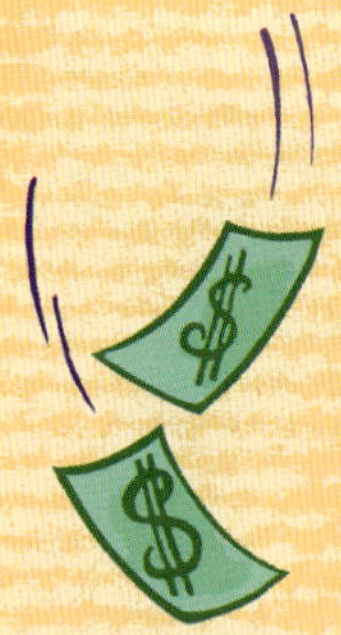

Este corresponsal ignoró un semáforo en naranja en pleno centro de ciudad de México, y fue interceptado por un motorista. "Son mil quinientos pesos, mi jefecito." Obligado a la corrupción por las prisas[2], ofrecí 100 pesos y la respuesta fue contundente. "Pues es que no puedo aceptarle esa cantidad mi jefecito porque esta glorieta[3] es muy prestigiosa." Al final fueron doscientos.

Tiempo atrás, otro periodista, local, resultó detenido en parecidas circunstancias. La cuantía de la multa[4] era la misma pero el negociador, mucho más ducho[5].

"Perdone, agente, no quiero faltarle al respeto, pero sólo tengo diez pesos." "Pues suéltelos[6], no nos pongamos tan draconianos", contestó la autoridad.

J. J. Aznárez, *El País*, 29/10/2000.

Santana Marrojo, un policía mexicano, trabaja en la Dirección de Investigaciones. Don Pepe es el narrador.

—Cuéntenos algunos casos que haya usted investigado –le pedí.

Contó varios, entre otros, la historia del pagador[7] de una compañía estatal que desapareció con cincuenta mil pesos.

–Cuando lo agarré[8] –dijo Santana– me ofreció cinco mil pesos. "Perdóneme –le dije–, pero soy fino." Casi me ofendió. Ahora el tipo está en la cárcel. Cinco años le echaron, por abuso de confianza. Lo interesante de este caso, don Pepe, es que ese hombre había tenido en sus manos más de un millón de pesos antes del robo. No los tocó. Se fue una semana después con los cincuenta mil pesos que había en la caja[9]. Parece que andaba enredado[10] con una mujer y tuvo que salir corriendo del pueblo. "Si se hubiera usted ido con el millón –le dije cuando lo apresé[11]– no lo alcanza a usted ni Dios Padre[12]." Porque quinientos mil pesos, don Pepe, no hay agente que los resista. Usted me entiende, don Pepe.

–Sí, sí entiendo –dije.

Majorro agregó este colofón[13]:

–La gente espera que la policía sea incorrupta, pero ¿por qué ha de serlo, si todos somos humanos?

Jorge Ibargüengoitia, *Dos crímenes*, 1979.

1. *pot-de-vin.*
2. *parce que j'étais pressé.*
3. *rond-point.*
4. *Le montant de l'amende.*
5. hábil.
6. *Eh bien, donnez-les.*
7. *comptable*
8. *je l'ai pris.*
9. *la caisse.*
10. *il avait une liaison.*
11. *je l'ai fait prisonnier.*
12. *même Dieu le Père ne vous aurait pas rattrapé.*
13. *ajouta cette note finale.*

Para empezar Artículo de *El País*

1500, 100, 200 pesos

El corresponsal de *El País* · *griller un feu,* **saltarse un semáforo** · *un motard,* **un motorista** · *une amende,* **una multa** · **negociar** · *le montant,* **el monto.**

1500, 10

Un mexicano · **pretextar** · *se contenter de,* **conformarse con** · **astuto(a).**

Puntos clave Segundo texto

El caso del pagador L. 1-6

Desaparecer · *voler,* **robar** · *arrêter,* **detener [ie]** · **sobornar** · *essayer de,* **intentar ∅** · *se vexer,* **ofenderse** · *une somme ridicule,* **una cantidad ridícula** · **condenar.**

Una ocasión perdida L. 6-14

La actitud · *une absurdité,* **un absurdo** · *une fortune,* **un dineral** · *une histoire de femme,* **un lío de faldas** · *s'en-*

fuir, **fugarse** • *il est sûr que,* **le consta [constar] que** • *se mettre à l'abri,* **ponerse a salvo** • *réussir à,* **lograr Ø** • *l'appât du gain,* **el afán de lucro.**

El punto de vista de Majorro L. 15-17

Selon, **según** • **ser evidente** • **corrupto** • **el ser humano** • *n'importe qui,* **cualquiera** • *puisque,* **ya que.**

Tu parecer

¿Es "humana" la corrupción?

Les petits salaires, **los bajos sueldos** • *toucher (un salaire),* **cobrar un sueldo** • *les faiblesses,* **las flaquezas** • **la tolerancia** • **la exigencia** • *ouvrir la porte à,* **dar paso a** • *la loi,* **la ley** • **un abuso** • **la protección** • *un faible,* **un débil** • **la moral.**

Patrulla de policía en bicicleta, México.

"Más vale un toma que dos te daré."

Pistas

Un contraste

Posar • *resplandissant,* **flamante** • **la gran cilindrada** • **la bicicleta** • **el casco** • *se redresser,* **erguirse [ye/i]** • *un chevalier,* **un caballero** • *le coursier,* **el corcel** • **viril** • *bon enfant,* **campechano.**

Dos misiones

Un auxiliar • *un quartier résidentiel,* **un barrio residencial** • **vigilar** • *garer,* **aparcar** • *la circulation,* **el tránsito** • **la velocidad** • **un límite** • **disuadir** • **tranquilizar** • **ayudar** • **inquietar** • *porter une arme,* **llevar arma.**

Policía motorizada, México.

RECUERDA

LE VOUVOIEMENT

*En espagnol on utilise la 3e **personne** du singulier ou du pluriel.* ***(Gr. § 13.5. et 13.6.)***

- *Le pronom sujet :* **Usted, ustedes**
  Usted me entiende, don Pepe.
- *Le pronom complément est, bien sûr, celui de la 3e personne :*
  Le(s) voy a hablar de un caso memorable.
  *Je vais **vous** parler d'une affaire mémorable.*
- *A l'impératif, on utilise la 3e personne du **subjonctif présent** :* Decir → Dig**a**, dig**an**.

ENTRÉNATE

1. *Relève dans les textes toutes les tournures verbales correspondant à un vouvoiement espagnol.*

2. *Modifie les phrases sur ce modèle :*
Tienen ustedes que **decirme** lo que pasó. → **Díganme** lo que pasó.
–Usted tiene que **pagarme** la multa.
–Ustedes tienen que **salir** corriendo de esta casa.

3. *Remplace le tutoiement par la forme courtoise.*
–Os voy a contar el caso.
–Escríbeme lo que te dijo Solana.

(A) Los gamines

19

Tienen la calle por casa. Son gatos en el salto y en el manotazo, gorriones en el vuelo, gallitos en la pelea. Vagan[1] en bandas, en galladas; duermen en racimo[2], pegados por la helada del amanecer. Comen lo que robaron o las sobras[3] que mendigan a la basura que encuentran; apagan el hambre y el miedo aspirando gasolina o pegamento. Tienen los dientes grises y caras quemadas por el frío.

Arturo Dueñas, de la gallada de la calle Veintidós, se va de su banda. Está harto de dar el culo y recibir palizas[4] por ser el más pequeño, el chinche, el chichigua; y decide que más vale largarse solo.

Una noche de éstas, noche como cualquier otra noche, Arturo se desliza[5] bajo una mesa de restorán, manotea[6] una pata de pollo y alzándola como un estandarte huye por las callejuelas. Cuando encuentra algún oscuro recoveco, se sienta a cenar. Un perrito lo mira y se relame. Varias veces Arturo lo echa y el perrito vuelve. Miran: son igualitos los dos, hijos de nadie, apaleados[7], puro hueso y mugre[8]. Arturo se resigna y convida[9].

Desde entonces andan juntos, patialegres, compartiendo el peligro y el botín y las pulgas. Arturo robando buñuelos[10], lo arrastran a la Estación Quinta y allí le pegan tremenda pateadura[11]. Al tiempo Arturo vuelve a la calle, todo maltrecho. El perrito no aparece. Arturo corre y recorre, busca y rebusca, y no aparece. Mucho pregunta y nada. Mucho lo llama y nada. Nadie en el mundo está tan solo como este niño de siete años que está solo en las calles de la ciudad de Bogotá, ronco de tanto gritar.

Eduardo Galeano, *Memoria del fuego/El siglo del viento*, 1986.

1. *Ils vagabondent.*
2. *en grappe.*
3. *les restes.*
4. *des trempes.*
5. *se glisse.*
6. *il attrape.*
7. *battus.*
8. *crasse.*
9. *et l'invite.*
10. *des beignets.*
11. *de terribles coups de pied.*

« No tener ni perrito que le ladre. »

Para empezar

Pícaros modernos L. 1-2

Des vagabonds, **vagos** • **comparar con** • **un animalito** • **joven** • *se débrouiller,* **valerse.**

Puntos clave

Miseria callejera *(des rues)* L. 1-6

Des gosses, **chiquillos** • **ágil** • *chaparder,* **birlar** • **la mendicidad** • *souffrir de la faim,* **pasar hambre** • *un drogué,* **un drogadicto** • *d'aspect misérable,* **de aspecto ruin** • **destruirse.**

Arturo L. 7-17

Una cabeza de turco • *subir,* **sufrir** • **los demás** • **un abuso** • **una decisión** • *un vol,* **un robo** • **robar** • **habitual** • **algo de comer** • *partir en quatrième vitesse,* **salir pitando** • *un corniaud,* **un chucho** • *mourir d'envie de,* **tener unas ganas locas de** • *partager,* **compartir** • *un compère,* **un compinche** • **los diminutivos.**

Por casi nada L. 17-22

Un delito • *des policiers,* **policías** • *punir sur-le-champ,* **castigar en el acto** • *faillir + inf.,* **por poco** + *ind. prés.* • **dejar muerto** • *chercher,* **buscar** • *sans se décourager,* **sin desalentarse [ie]** • **por todas partes** • **inútilmente** • **matar** • **volver [ue] al punto de partida** • *pire,* **peor** • *un vide,* **un vacío** • **la soledad.**

Tu parecer

Una denuncia sensible

Contar [ue] • **una anécdota** • **niños abandonados** • **una realidad latinoamericana** • *un fléau,* **una plaga** • *ne pas avoir le choix,* **no tener remedio** • *sans protection,* **desamparado(a)** • **las desigualdades** • **analfabeto(a)** • **ser víctima de** • **injusto(a)** • **sin protección legal** • **el valor de la vida humana.**

Vertedero municipal de Managua, Nicaragua.

Pistas

En un vertedero *(une décharge)*

Un petit vagabond, **un vaguito** • *les ordures,* **la basura** • *fouiller dans,* **hurgar en** • *un vautour,* **un buitre, un gallinazo** *(amér.)* • *partager,* **compartir** • **insalubre** • *sale,* **sucio(a)** • **la suciedad** • *la puanteur,* **el hedor** • **como un animal.**

Sobrevivir

Las condiciones de vida • **estar solito(a)** • **abandonado(a)** • *malgré tout,* **pese a todo** • *se débrouiller,* **desenvolverse [ue]** • *trier,* **seleccionar** • **vender** • *nuire,* **perjudicar** • *la santé,* **la salud** • **fácilmente** • **caer enfermo(a)** • *malheureux,* **infeliz** • *le malheur,* **la desdicha** • **desdichado(a).**

Tu parecer

Contrastes sociales

Los ricos y los pobres • *les inégalités,* **las desigualdades** • *les nantis,* **los pudientes** • *les exclus,* **los marginados** • **las rebeliones** • **la violencia** • **la vitalidad** • **la injusticia** • **la dignidad** • *mendier,* **mendigar** • **un mendigo** • **la consideración ≠ el desprecio.**

Recuerda

QUELQUES INDÉFINIS À VALEUR NOMINALE

– **algo / nada** = *quelque chose / rien.*
– **alguien / nadie** = *quelqu'un / personne.*
Construction de nada / nadie : ***Gr. § 42.2.***

LE DIMINUTIF LE PLUS FRÉQUENT

Mot + **-ito(a)**
Un animal → un animal**ito**, una casa → una cas**ita**.
Le diminutif peut avoir une valeur affective.
Gr. § 5.

Entrénate

1. *Rédige quatre phrases en rapport avec le texte en utilisant les quatre indéfinis.*
2. *Dans les phrases suivantes, remplace les mots en gras par leur diminutif.*
El **niño** tiene una **cara** triste. – Los vagos son como **animales**. – El **perro** es también una víctima. – Llevan una vida de **gato** salvaje.

(A) LECTURA

Rue des Francs-Bourgeois

El invierno malo había empezado en noviembre. Era el tipo de invierno que puede hacerle a uno mucho daño *(mal)*. Oscurecía demasiado pronto y casi todos los días desde una semana atrás llovía con ese viento que arroja *(projette)* el agua por la cara, sobre los anteojos *(lunettes)*. Hacía un frío gris oscuro, terriblemente triste, y mi padre había muerto semanas atrás en el Perú.

Se puede odiar París en épocas así. ● Yo, que hacía tiempo me había considerado un hombre con suerte porque había encontrado un cuartucho *(une petite chambre)* en el barrio latino, y un trabajo no muy lejos, en el viejo Marais, tendía ahora a no encontrar más que tristeza en un cuarto cuya única iluminación era una claraboya *(lucarne)* por la que entraba más agua que luz. Me caían gotas de lluvia, me despertaban la humedad y el tac tac de las gotas. Detestaba también mi trabajo, porque desde semanas atrás lo que iba sintiendo mientras caminaba hacia la escuelita oscura, helada *(glacée)*, de paredes húmedas y desoladas, era como la prolongación del malestar total que diariamente me obligaba a abandonar mi habitación huyendo de algo. ●

● ¿Por qué era un invierno malo para el narrador?

● ¿Qué pensaba el narrador del cuarto y de su trabajo?

Pero tenía que comer y por eso nunca me planteé el problema de abandonar a Madame Beaussart. Ni siquiera cuando pensé en el daño que me iba a hacer otro invierno más metido durante varias horas en sus inhóspitas salas de clase, luchando siempre para que me cambiaran el horario de tal manera que me quedara algo de la calefacción *(chauffage)* que ella utilizaba durante sus clases, y que apagaba *(éteignait)* avaramente no bien *(dès que)* terminaba su hora. Otro invierno más, pues, diciendo reglas de gramática española y cosas por el estilo sin poderme quitar ni el abrigo ni la bufanda, ni siquiera la boina *(ni mon manteau, ni mon écharpe, ni même mon béret)* porque hacía tanto frío. Y los alumnos, los alumnos siempre alejándose del profesor porque, a medida que el radiador de gas se iba enfriando *(se refroidissait)*, ellos retrocedían sus sillas y mesas en busca del poco calor que quedaba, allá en el fondo. Los más atrevidos a veces lograron que los dejara escuchar mis clases sentados encima de la calefacción. ●

● ¿Cómo se ganaba la vida el narrador? ¿Cuál era el problema mayor en este trabajo?

Había sido un trabajo fácil, tonto. En todo caso me había permitido descargar un poco de bilis contra el país que me acogía *(accueillait)*, algo que todo extranjero siente alguna vez ganas de hacer en París. Conocer a fondo la escuela de Madame Beaussart, sus increíbles astucias para contratar *(embaucher)* profesores y hacerlos pasar por alumnos con tal de *(afin de)* no declararlos al fisco, me permitía desahogarme *(vider mon sac)* diciendo que cualquier escuelita rural de nuestra América Latina funcionaba en mejores condiciones que el oscuro escándalo que la avara directora tenía montado en la rue des Francs-Bourgeois. ● La vieja era el demonio, nos apagaba el gas, no nos daba seguro social, nos estafaba *(escroquait)* en las cuentas al pagarnos, y ella misma era capaz de dictar cualquier curso, aun de *(y compris de)* enseñar un idioma que no conocía, con tal de no tener que contratar un nuevo profesor. ●

● ¿Cómo se comprende que el narrador es latinoamericano? ¿Quién era Madame Beaussart?

● ¿Por qué dice el narrador que esta vieja era el demonio?

... "sentados encima de la calefacción."

Con los alumnos la cosa era tan mala o peor. Casi todos eran medio tarados, es lo menos que se puede decir; eran "casos", si se les puede llamar así. Habían fracasado *(échoué)* en los liceos, en todas partes, y si estaban allí era porque sus padres no habían encontrado mejor manera de deshacerse de ellos, o porque no habían encontrado otro lugar donde enviarlos para ver, si por lo menos terminaban el colegio. Una vez indagué *(j'ai enquêté)* entre los alumnos para ver cuánto pagaban por venir estudiar a ese antro de cuatro piezas amenazado de demolición. Para mi sorpresa, descubrí que cada uno pagaba suma diferente. Comprendí que la vieja regateaba *(marchandait)* sus precios y que aceptaba cualquier suma con tal de ganarse un alumno.

¿Qué tipo de alumnos venían a esta escuela? ¿Qué descubrió el narrador?

Alfredo Bryce Echenique, "Florence y nós tres", *La felicidad ja ja*, 1990.

(A) Bananeros 21

Chiquita Brands, ¿quién eres? 20

Miles de trabajadores inician una huelga indefinida[1]

Panamá – AFP

Miles de trabajadores de la bananera Puerto Armuelles Fruit Company (PAFCO), filial de la transnacional norteamericana Chiquita Brands, iniciaron ayer una huelga por el cierre de tres fincas[2] que la compañía se niega a[3] reabrir.

La huelga, por tiempo indefinido, involucra[4] a unos 3.500 trabajadores de la compañía, cuyas plantaciones se ubican en el distrito de Barú.

La huelga estalló luego de fracasar[5] el domingo una negociación de última hora entre los representantes de la empresa y el sindicato de trabajadores para evitar el conflicto.

Las partes negociaban una convención colectiva en la que los obreros pedían mejoras salariales, y aunque éstos cedieron en sus exigencias económicas, el conflicto se trabó porque solicitaron la reapertura[6] de tres fincas cerradas y la compañía se negó, afirmó el secretario del sindicato, Edgardo Williams.

Williams reconoció que la paralización de labores "tendrá consecuencias nefastas" sobre la empresa y los trabajadores, pero culpó[7] a la compañía por "no querer un acuerdo y comportarse como en los tiempos de la Mamita Yunai[8]" (cuando las bananeras norteamericanas dictaban su voluntad a los gobiernos).

La frutera trasladó[9] a los 500 trabajadores que quedaron cesantes por el cierre de las tres fincas hacia otras secciones, luego que el Ministerio de Trabajo le negó autorización para proceder al despido[10] de los obreros.

El gerente asistente de la PAFCO, Carlos Aragón, dijo que la empresa enfrenta una baja de producción y elevados costos.

Precisó que la producción actual de Puerto Armuelles es de 7 millones de cajas de banano por año, cuando la cifra ideal son 13 millones de cajas.

Además, los costos de producción por caja se encuentran entre 7,50 y 8 dólares, cuando los competidores la producen entre 4,50 y 5 dólares, sostuvo Aragón.

La Prensa, Nueva York, 21/08/2001.

1. *une grève illimitée.*
2. *la fermeture de trois plantations.*
3. *refuse de.*
4. *mobilise.*
5. *après l'échec.*
6. *la réouverture.*
7. acusó.
8. (United Fruit Company, antigua compañía frutera poderosa).
9. *a déplacé.*
10. *licenciement.*

Para empezar

El escenario y los protagonistas L. 1-11

Los trabajadores · *l'entreprise,* la empresa · *se mettre en grève,* **declararse en huelga** · negociar.

Puntos clave

El punto de vista de los huelguistas *(grévistes)* L. 12-34

La buena voluntad · *s'efforcer de,* **esforzarse [ue] por** · proteger el empleo · *refuser catégoriquement de,* **negarse [ie] rotundamente a** · *rejeter la responsabilité sur,* echar la culpa a · *déloyal,* desleal.

El punto de vista de la compañía L. 35-53

Inconscientes · rentable · *indispensable,* **imprescindible** · los argumentos · *renvoyer,* despedir · *faire face à,* **enfrentarse a** · *moins cher,* **más barato** · los beneficios · asumir las consecuencias.

Tu parecer

Los mismos rivales

Las multinacionales · defenderse [ie] · *obtenir gain de cause,* salir con la suya · el mercado europeo · unos bananos baratos.

À deux, imaginez et jouez le dialogue entre le syndicaliste et le gérant.

Antonio BERNI, *Desocupados* (Chômeurs), 1934. Témpera sobre cartón, 218 x 300 cm.

« El arte es una respuesta a la vida. »
Antonio BERNI

Pistas

El decorado

Le cargo, **el carguero** · *le plancher,* **el entarimado** · *s'entasser,* **amontonarse** · **un espacio irreal** · **un contraste de tamaño** *(taille)*.

Las víctimas de la crisis

Être allongé, **estar tendido** · **una marioneta** · **desarticulado(a)** · **una Virgen con el niño Jesús** · *le chômage,* **el paro** · **estar en paro** · **a la espera de** · *somnolent,* **amodorrado.**

Un pintor comprometido *(engagé)*

Denunciar · *les maux,* **los daños** · *se sentir exclu,* **sentirse [ie/i] marginado** · *sur la rive,* **en la orilla** · **un realismo crítico** · **resignarse** · **la violencia económica.**

RECUERDA

POR *OU* PARA

- *La préposition « par » équivaut pratiquement toujours à l'espagnol* por.
- ***La cause, la durée** sont exprimées par la préposition* por.
  Cause : Lo atacan por su decisión.
  Durée : Se fue por dos días.
- ***Le but et le point de vue** sont exprimés par* para.
  But : Trabaja para ganar dinero.
  Point de vue : Para mí, es muy importante.
  Gr. § 38.4. et 38.5.

ENTRÉNATE

1. *Recherche dans le texte tous les emplois de* **por** *et* **para**. *Précise leur valeur.*
2. *Complète les phrases suivantes avec* **por** *ou* **para** *:*
–Se declaran en huelga ... una semana.
–No ganan mucho dinero ... caja de banano.
–Negocian ... evitar el conflicto.
–Es la única solución ... los trabajadores.
–... eso rechazan las proposiciones de la frutera.

(A) Comutras

>> CD 43

COMITÉ DE MUJERES TRABAJADORAS SALVADOREÑAS
Miembro de la Central de Trabajadores Democráticos CTD
Boulevard María Cristina N° 165. Urbanización La Esperanza
(Tel. y Fax (503) 335.4230)

¡¡¡ Alto a la violación de los Derechos Laborales en las maquilas !!!

El Comité de Mujeres Trabajadoras Salvadoreñas COMUTRAS ante la comunidad nacional e internacional denuncia a la empresa[1] maquilera "Formosa" por violar los derechos laborales, manifestándose de la siguiente manera:

1 Sobrexplotación de las horas laborales y no permitirles el descanso[2] los sábados y domingos a menos que cumplan sus metas asignadas[3].

2 Castigo y tortura a los jefes de líneas, quemándoles[4] la planta de los pies si las trabajadoras no cumplen las metas impuestas por los dueños de la empresa.

3 Las trabajadoras y trabajadores no gozan del Seguro Social, incumpliendo el Código laboral.

4 Exclusión de las trabajadoras y trabajadores mayores de 30 años y que no pesen más de 130 libras, discriminando a las personas maduras[5]. Igualmente se excluye a las mujeres embarazadas[6].

5 A los trabajadores y trabajadoras recién contratadas[7] se les somete a un aprendizaje acelerado por tres semanas sin devengar[8] salario.

6 No se les permite beber agua más que dos veces al día.

7 El tratamiento laboral es de presión, hostigamiento[9] y gritos por jefas de personal de origen extranjero, como son las mujeres taiwanesas.

La empresa maquilera "Formosa" se encuentra ubicada en la Zona Franca de San Bartolo y su capital es de origen taiwanés. El producto que fabrican es la marca deportiva "NIKE". Actualmente están fabricando uniformes de fútbol para Brasil, y su precio de mercado es de $150.00 US dólares.

La empresa gana por cada producto la cantidad de 50.00 US dólares y al trabajador(a) le pagan 0.013 US Dls o sea 0.11 Ctvs[10] de Colón por la fabricación de éste.

¡¡¡Por un trabajo digno y humano!!!

Comité de Mujeres Trabajadoras Salvadoreñas
San Salvador, 17 de Enero de 1998

1. *entreprise.*
2. *repos.*
3. *les objectifs fixés.*
4. *en leur brûlant.*
5. *d'âge mûr.*
6. *femmes enceintes.*
7. *nouvellement embauchées.*
8. *donner droit à.*
9. *harcèlement.*
10. centavos (céntimos).

Para empezar

Las maquilas

CD > PLAGE > 43

Empresas, *des entreprises* – **zonas francas,** *des zones franches* – **aprovechan,** *profitent de.*

Écoutez le CD et dites à votre manière ce que sont les maquilas.

Puntos clave

Una protesta de trabajadoras **Títulos**

El Salvador · **una maquila, una empresa maquilera** · *un tract,* **un panfleto** · **un comité** · *faire connaître,* **dar a conocer.**

Productividad a toda costa *(à tout prix)* Art. 1, 2
Se reposer, descansar • *le droit de,* el derecho a • *interdire,* prohibir • *réaliser un objectif,* cumplir un objetivo • *y compris,* incluso • *les contremaîtres,* los jefes de línea.

Discriminaciones y abusos Art. 3, 4, 5
Ne pas respecter le code, incumplir el código • *renvoyer,* despedir [i] • *embaucher,* contratar • discriminatorio(a) • la vitalidad • el vigor • ser capaz de.

Tiranías Art. 6, 7
Taiwán • *harceler,* hostigar • el ritmo de trabajo • el rendimiento • interrumpir • *même pas,* ni siquiera • *avoir la permission de,* tener permiso para.

Rentabilidad máxima
El origen • famoso(a) • *articles de sport,* géneros deportivos • *la somme (d'argent),* la cantidad • sacar (un) beneficio de • *profiter de (abuser de),* aprovecharse de.

RECUERDA

EMPLOIS DE POR

Por *exprime :*
- *le français « par »*
- *la cause (devant un nom, un adjectif, un infinitif)*
- *l'échange :* Trabajan **por** muy poco dinero.
- *la recherche d'un résultat :* Actuamos **por** la paz.

Gr. § 38.5.

Deux expressions idiomatiques :
Por lo general, *en général* – **Por lo demás**, *cela dit, à part cela.*

ENTRÉNATE

Relève dans le texte toutes les expressions contenant **por** *et classe-les selon les emplois énumérés ci-dessus.*

Tu sentir

¿Qué es lo que más te choca?
La sauvagerie, el salvajismo • la injusticia • la crueldad • la desigualdad • inhumano(a) • *porter atteinte à,* atentar contra • *la loi,* la ley • la legalidad • *prendre en compte,* tomar en cuenta • *ne pas faire cas de,* no hacer caso de • intolerable • *une honte,* una vergüenza.

Pistas

Una imagen de la juventud
Belle, guapa • *insouciante,* despreocupada • bailar • los auriculares • el walkman • *profiter de,* disfrutar de • divertirse [ie/i] • *les soucis,* los cuidados • *la fête,* la marcha.

El anuncio de publicidad
Una marca • *les vêtements de sport,* la ropa deportiva • *les baskets,* las zapatillas • *s'adresser à,* dirigirse a • el mensaje • adaptarse a • una forma de vida • seguir [i] la moda • imitar • el precio • *cher,* caro • *porter,* llevar • *donner envie de,* dar ganas de • la sociedad de consumo • fabricado en.

(A) *Lisa Demetriou* 22

La policía Lisa Demetriou y su hijo asisten al desfile del día de Puerto Rico en Nueva York.
Foto: Rita Rivera.

"Unos de los mejores momentos de mi vida fue cuando iba marchando con mis compañeros policías y con mi hijo durante el desfile del día de Puerto Rico. Todos mis amigos vinieron a vernos, todos cantaban *Qué bonita bandera*, y no puedo siquiera expresar el orgullo que sentí de formar parte del Departamento de Policía de la Ciudad de Nueva York y de ser puertorriqueña. Mi madre era taína[1], descendiente de una tribu indígena de Puerto Rico. Crecimos con comida, música y espiritualidad taínas, y pasé todos los veranos en Puerto Rico hasta cumplir los diez y seis años. Pero más que nada me considero "neoyorrican"[2]. La combinación de las culturas neoyorquina y puertorriqueña es única y muy especial, y creo que me da una perspectiva que me ayuda a ser una policía mejor. Me gusta ser alguien que ayuda a otros, que pone remedio a una situación y que aporta algo valioso[3] a la comunidad."

Lisa Demetriou, in *Americanos*, 1999.

1. (Los indios taínos poblaban las islas antes de la llegada de los españoles.)
2. (Nombre dado a los numerosos descendientes de puertorriqueños que viven en Nueva York.)
3. *de précieux.*

Para empezar

La fotografía y el texto

New-Yorkais(e), neoyorquino(a) · un día festivo · celebrar · recordar [ue] · un momento feliz · también · el pasado · el presente.

Puntos clave

Una policía puertorriqueña del New York Police Department

Faire partie de, formar parte de · usar el uniforme · la gorra · los guantes · *la cravate,* la corbata · *brandir,* enarbolar · sin ostentación · la bandera de Puerto Rico · tanto... como · *les insignes du métier,* los distintivos de la profesión · *être fier(e),* **estar orgulloso(a)** · *en même temps,* **a la vez** · norteamericano(a) · *réussir,* hacer carrera · *honorer,* honrar · la patria.

Los orígenes caribeños

La protagonista · evocar · la isla · las Antillas · el origen taíno · *le teint mat,* la tez morena · las costumbres · la organización social · indígena · distinto(a) · la infancia · *les racines,* **las raíces** · emigrar.

Tu parecer

Presentar una identidad compleja *(complexe)*

Al fondo · la gran ciudad · *l'animation,* el ajetreo · **la muchedumbre** · anónimo(a) · los edificios · la perspectiva · la fotógrafa · *centrer,* enfocar · los modelos · el símbolo · una comunidad · *le mélange,* **la mezcla** · la cultura · *réussir,* acertar [ie] · **el equilibrio** · la fuerza · ayudar · los compatriotas · la solidaridad.

> *Los latinos somos una parte vital de América.*
> Rita Rivera

Recuerda

EMPLOI DE SER

Ser, ***obligatoirement :***

- *avec un nom ou un pronom attributs.* ***(Gr. § 29.2.)***
  Lisa **es** una policía.
  Soy un turista, **soy** yo.
- *avec un adjectif attribut indiquant la caractéristique.* ***(Gr. § 29.4.)***
  Lisa **es** puertorriqueña.

Entrénate

1. *Relève dans le texte les six emplois du verbe* **ser** *et classe-les selon les cas évoqués ci-contre.*
2. *En utilisant du lexique du texte, écris trois phrases où tu emploieras le verbe* **ser** *successivement avec un nom et un pronom attributs, puis avec un adjectif.*

Los latinos:

44 - 45 - 46 - 47 *"La esperanza es lo último que se pierde"*

Los casi 39 millones de censados *(recensés)* forman una comunidad diversa, extraordinariamente joven, con una edad promedio *(moyenne)* de 26 años. En 2050, uno de cada cuatro estadounidenses será hispano.
http://mujer.terra.es/muj/articulo/html/mu22715.htm

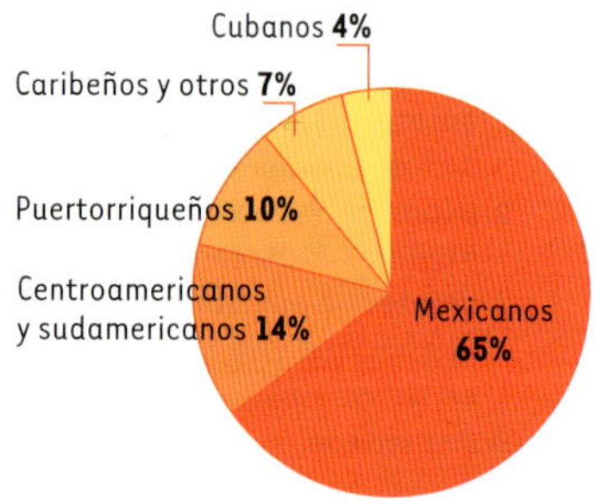

Estimación julio 2000 - Oficina del Censo de EEUU

Tijuana: los ataúdes *(cercueils)* en la frontera recuerdan a los muertos.

Llegar como se pueda a territorio estadounidense

Cruzar la frontera entre México y EE UU

En el intento mueren cada año centenares de personas por deshidratación o incidentes de violencia. Más de seis millones de indocumentados viven en EE UU.

Mantener vivas las raíces

El mesías de las aceras : James de la Vega[1] lleva ocho años dejando su huella efímera de tiza en las aceras del Harlem hispano, en Manhattan. En forma de dibujo o de frase corta contundente *(frappante)*: "Ojo por ojo y el mundo acabará ciego".
Quiere "echar un capote" *(donner un coup de main)* a los chavales para que recobren la esperanza y persigan su sueño.

1. hijo de puertorriqueños.

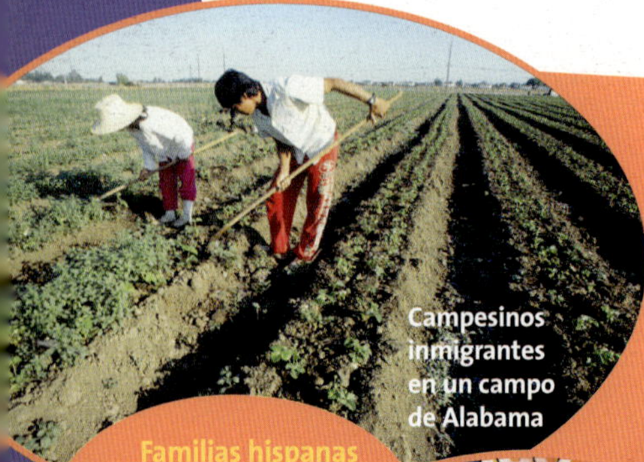

Campesinos inmigrantes en un campo de Alabama

Familias hispanas aprovechan los conocimientos propios de su país para integrarse.

Buscar oportunidades

La fuerza económica y política de la minoría latina

"Hay partes de este país donde ni siquiera sobreviviríamos sin la mano de obra latina." *USA Today*, 2002
Los hispanos son la minoría más joven, que tiene más hijos, y además empiezan a salir de la pobreza. Así, resultan cada vez más atractivos para los mercados y para los cazadores de votos.

Elecciones presidenciales de 2004

Serán entonces el 7% del electorado total, pero en cuatro estados determinantes (California, Tejas, Florida y Nueva York) supondrán más del 20%.

En un restaurante nicaragüense de EE UU.

la principal minoría de EE UU

El "spanglish"

- **El brode** *El hermano*
- **Cachar** *Coger*
- **Culísimo** *Muy cool*
- **El cho** *el espectáculo*
- **Drinquear** *beber*

La fusión cultural e idiomática entre hispanos y anglosajones ha dado lugar a un fenómeno lingüístico curioso: el *spanglish*, que se está abriendo paso también en los circuitos virtuales de Estados Unidos: "Chéckalo", "Clíkalo", "Visita the barrio", "Chatea con new gente". ¡No falta quien lo considera poco menos que un virus informático!

- **El estore** *la tienda*
- **Fri** *gratuito*
- **El lonche** *el almuerzo*
- **Guachear** *observar*
- **El taifa** *el ladrón*
- **Yoguear** *correr*

Formar parte del sueño americano

La generación ñ

Mientras triunfa en Hollywood la actriz **Salma Hayek**[2], que interpretó la figura de la famosa pintora mexicana Frida Kahlo, **John Leguizano**[3] protagoniza al pintor francés Toulouse Lautrec en la película *Moulin Rouge* y **Jennifer López**[4] es la actriz mejor pagada de Hollywood.

2. de origen mexicano.
3. actor de origen colombiano.
4. actriz y cantante de origen puertorriqueño.

Miami, capital de la música latina

En EE UU siguen en ascenso las ventas de música latina y Miami representa lo mejor de los dos mundos: se graba en español con sonido americano. Es esta simbiosis única la que ha atraído a los artistas de "la generación bicultural" como Gloria Estefan[5], Ricky Martin[6] o Celia Cruz[7].

5. cantante y compositora cubana; 6. cantante de origen puertorriqueño; 7. cantante cubana.

Deportista : Óscar de la Hoya, campeón mundial de boxeo

Es el tercer deportista de Estados Unidos por volumen de ingresos *(revenus)*. Desde la fundación que lleva su nombre, trabaja para ayudar a los más desfavorecidos de su comunidad.

Fuentes: *Anuario de El País 2003*, sitios oficiales de los famosos, **http://www.bbc.co.uk/spanish/especiales/mundolatino/introduccion.shtml**

¿? A partir de lo que acabas de leer y escuchar, presenta como si fueras un latino la vida de tu comunidad en Estados Unidos.

(A) Entre Cuba y Nueva York

23

Cuando salí de Cuba tenía sólo dos años, pero recuerdo todo lo que pasó desde que era una cría[1], cada una de las conversaciones, palabra por palabra. Estaba sentada en la falda de mi abuela jugando con sus pendientes[2] de perlas, cuando mi madre le dijo que nos iríamos de la isla. Abuela Celia la acusó de haber traicionado la revolución[3]. Mamá trató de separarme de la abuela, pero yo me agarré[4] a ella y grité a todo pulmón. Mi abuelo vino corriendo y dijo: "Celia, deja que la niña se vaya. Debe estar con Lourdes[5]." Ésa fue la última vez que la vi.

Mi madre dice que Abuela Celia ha tenido un montón de oportunidades de salir de Cuba, pero que es terca[6] y que El Líder[7] le ha sorbido el seso[8]. Mamá dice "comunistas" de la misma manera que alguna gente dice "cáncer", lenta y rabiosamente. Lee los periódicos página por página intentando detectar las conspiraciones de la izquierda, hinca su dedo sobre la posible evidencia, y dice "¿Ves lo que te digo?"

Recuerdo cuando llegamos a Nueva York. Vivimos durante cinco meses en un hotel de Manhattan, mientras mis padres esperaban que la revolución fracasara[9] o que los norteamericanos interviniesen en Cuba. Mi madre me sacaba a pasear por Central Park. Una vez, uno de los agentes del espectáculo de Art Linkletter nos detuvo en el zoo infantil y le preguntó a mi madre que si yo podía tomar parte en el *show*. Pero yo todavía no sabía hablar inglés, y mi madre siguió andando.

Mamá me vestía con un abriguito de lana rojo oscuro con el cuello y los puños de terciopelo negro. El aire era distinto al de Cuba. Tenía un olor a frío, a humo, que helaba mis pulmones. El cielo parecía recién lavado, cortado por rayos de luz. Y los árboles eran distintos también. Parecía como si estuviesen ardiendo[10]. Yo me ponía a correr sobre las hojas secas amontonadas para escucharlas crujir como las palmeras de Cuba durante los huracanes. Pero luego me sentía triste al ver las ramas desnudas y pensaba en Abuela Celia. Me pregunto cómo hubiese sido mi vida si me hubiese quedado con ella.

Cristina García, *Soñar en cubano*, 1992.

1. *toute petite.*
2. *ses boucles d'oreilles.*
3. (la revolución de Fidel Castro, 1959).
4. *je me suis accrochée.*
5. (la madre de la niña).
6. *têtue.*
7. (Fidel Castro).
8. *lui a tourné la tête.*
9. *échoue.*
10. *On aurait dit qu'ils brûlaient.*

Para empezar

Los personajes y su situación L. 1-8

Se souvenir de, **recordar [ue]** · **el momento preciso** · **la salida** · **anunciar** · *les grands-parents,* **los abuelos.**

Puntos clave

El desarraigo *(Le déracinement)* L. 1-8

L'âge tendre, **la edad tierna** · *se graver,* **grabarse** · *un tendre souvenir,* **un recuerdo entrañable** · *avoir de la tendresse pour,* **sentir [ie/i] cariño por** · *la dispute,* **la riña** · **una escena traumatizante** · **exiliarse.**

Una familia desgarrada *(déchirée)* L. 9-14

L'une... l'autre, **la una... la otra** · **oponerse** · *être du parti de,* **ser partidario de** · *refuser de,* **negarse [ie] a** · *la rancune,* **el rencor** · *en vouloir à,* **estar resentido con** · **estar obsesionado por.**

Vivir en la espera L. 15-21

Una situación transitoria · *les parents,* **los padres** · **estar seguro de que** · *être prêt pour,* **estar listo para** · **un país de acogida.**

La añoranza *(Le mal du pays)* L. 22-29
Una estación extraña • **estar acostumbrado** • el clima tropical • *la langue,* el idioma • la naturaleza • el otoño • un contraste violento • *une nouveauté,* una novedad • las sensaciones • *retrouver le passé,* **recobrar el pasado** • un destino • el exilio • *regretter quelqu'un,* echar de menos a alguien.

Tu parecer

Una niña en el siglo
Las rivalidades políticas • *être attaché à,* **tener apego a** • *ballotée,* zarandeada • soportar • *laisser derrière soi,* **dejar atrás** • las peripecias de la Historia.

En el malecón de La Habana.
Foto: Sarah CARON.

Pistas

Cuba romántica
Le coucher de soleil, **el ocaso** • inundar • *l'immensité,* la vastedad • *la promenade du front de mer,* el malecón • *vide,* vacío(a) • la avenida • *un couple,* **una pareja** • *s'isoler,* **aislarse** • la bici.

Los requiebros *(Les galanteries)*
Grimper, encaramarse • *jouir de,* **disfrutar de** • *se reposer,* **descansar** • *se tenir par la main,* agarrarse de la mano • *faire la cour,* **cortejar** • *avoir des projets,* **tener proyectos**.

Avec ton camarade, imaginez et jouez la conversation entre les deux jeunes amoureux.

> COMME AU BAC

Compréhension du texte

1 Valiéndote de detalles precisos del texto, pon de realce las dificultades que pudo encontrar la familia en los primeros meses en Nueva York.

Expression personnelle

2 En seis frases, redacta un resumen ordenado del texto.

Traduction

3 *Traduis depuis* "Mi madre dice..." *jusqu'à* "...te digo?" (L. 9-14)

(A) En la frontera

Frida Kahlo, *Autorretrato en la frontera entre México y Estados Unidos*, 1932. Óleo sobre metal, 30 x 34 cm.

Para empezar

Un autorretrato *(Un autoportrait)*

El título · la pintora · **retratarse** · en medio de · dos mundos diferentes · México · a la izquierda ≠ a la derecha · Estados Unidos.

Puntos clave

La visión de México

El pasado · la pirámide · los aztecas · el sol y la luna humanizados · la mitología · las civilizaciones prehispánicas · los dioses · *les nuages,* **las nubes** ·

la foudre, los rayos · *écroulé,* derrumbado · *les statuettes en terre,* las estatuillas de barro · **la fecundidad** · *la tête de mort,* la calavera · el patrimonio · las plantas características · *les racines,* las raíces · la tierra · natural · la vida.

Estados Unidos, una visión simétrica

Corresponder · paralelo · formas parecidas · realidades opuestas · artificial · cables eléctricos · conectarse · *les tuyauteries,* las tuberías · **la fábrica** · los rascacielos · *la fumée,* el humo · *le drapeau,* la bandera.

La identidad de Frida

Al centro · sola · *le socle,* el zócalo · como una estatua · *la robe,* el vestido · tradicional · elegante · sentirse [ie/i] conectada · **tanto... como** · recibir energía · el emblema de la reunión · **la ambigüedad** · inestable.

Tu parecer

Una visión personal de la frontera

La estructura del cuadro · la frontera común · geográfica · cultural · económica · los aportes · los contactos · *se développer,* **desarrollarse** · el progreso · los templos modernos · guardar su identidad · un problema actual · la emigración · **el futuro**.

En 1932, lors d'une interview, un journaliste demande à Frida Kahlo ce qui lui plaît et lui déplaît au Mexique et aux États-Unis. Avec un(e) camarade, imaginez le dialogue.

En 1930, la pareja de pintores mexicanos Frida Kahlo y Diego Rivera se traslada a Estados Unidos donde reside durante 4 años. En 1932, le proponen a Diego ir a Detroit y pintar murales sobre la industria moderna, en el Instituto de Bellas Artes de Detroit. Frida comienza *Autorretrato en la frontera entre México y Estados Unidos.*

“Nunca pinté mis sueños, sólo pinté mi propia realidad.” Frida KAHLO

Frida KAHLO, 1939.

Recuerda

FAIRE UN PARALLÈLE (UN PARALELISMO)

Pero – *en revanche,* **en cambio** – *cependant,* **sin embargo** – **al contrario** – **mientras que** – *au lieu de,* **en vez de** – **por un lado... por otro lado** – *malgré,* **a pesar de** – *bien que,* **aunque** + *ind.* – *même si,* **aunque** + *subj.* – *aussi,* **también** ≠ *non plus,* **tampoco**.

Entrénate

Utilise ces connecteurs pour t'exprimer à propos du tableau.

(A) ATELIERS >> GENTES

> ATELIER 1 ** réalisation 15' (assistant) > B1-1

Prenez connaissance de ces informations avant d'écouter le témoignage de Roberto Cannessa.

Recuerda Roberto Cannessa
El cardiólogo Roberto Cannessa, uno de los 16 sobrevivientes de la tragedia de los Andes, estuvo en la zona en noviembre de 2002. Treinta años después de que el Fairchild F-227 de la Fuerza Aérea de Uruguay, en que viajaban los rugbistas del club Old Christians, se estrellara *(s'écrase)* en la montaña. Los pasajeros que quedaron con vida sufrieron infernales 71 días en medio de la nieve, expuestos a todo tipo de peligros y, a partir de un momento, sin más alimento que los cuerpos de sus amigos muertos.
El Mercurio de Valparaíso, 05/10/2003.

CD > PLAGE > 48
Me da pereza, *je n'ai pas envie* – **la calefacción,** *le chauffage*.

Complétez les propos du cardiologue :
"De pronto .... secarse las lágrimas."
"Este mundo es .... botones."
"La experiencia .... recóndito *(caché)* .... límite."

CD > PLAGE > 48
Habríamos firmado cadena perpetua, *nous aurions signé pour une peine à perpétuité* – **carne,** *de la chair* – **no teníamos más elección que,** *nous n'avions pas d'autre choix que*.

Confirmez ou démentez les affirmations suivantes :
Dice Cannessa que:
–los pasajeros sobrevivientes eran como condenados a cadena perpetua;
–lo recuerda casi todo;
–nadie tiene derecho a acusarlo por haber comido carne humana.

Vous pouvez utiliser : **En efecto** • *pas du tout*, **en absoluto** • *je suis d'accord avec*, **coincido con.**

MON BILAN **j'ai pu...**
je dois encore améliorer...

> ATELIER 2 ** réalisation 10' (assistant) > B1-1

Lisez ces quelques lignes avant d'écouter l'interview de Jorge Arriola, impresario de Libido.

La banda de rock, Libido, ganó anoche su segundo premio consecutivo otorgado *(attribué)* por MTV Latinoamérica, la mayor cadena hispana de televisión dedicada a la música, en una ceremonia realizada en Miami Beach.
América Televisión, 26/10/2003.

CD > PLAGE > 49

Que graban para disqueras, *qui enregistrent pour des maisons de disques* – **lo festejamos bien,** *nous le fêtons comme il faut* – **una cachetada,** *une gifle* – **sellos,** *labels* – **una minita de oro,** *une petite mine d'or* – **nuestros seguidores,** *nos fans*.

Écoutez plusieurs fois si nécessaire et complétez :
–Arriola habla de... para las grandes disqueras porque Libido...
–La banda considera que su música es...
–Los músicos quieren festejar el premio...

MON BILAN **j'ai pu...**
je dois encore améliorer...

ATELIER 3

** réalisation 15' (assistant) > B1-1 > B1-2

Viajar a Estados Unidos se ha transformado en una verdadera odisea, bien si se trata de una estadía (séjour) *por vacaciones o si sólo hay que hacer una escala técnica.*

Con el sello *(tampon) "deported" (expulsé)* quedó su visa que hasta ese entonces prolongaba su permiso de entrar a Estados Unidos. Un imperdonable descuido *(négligence)* de la raqueta número dos de Chile, llevaba su pasaporte no actualizado y sin foto, le costó una experiencia que difícilmente olvidará. Estuvo retenido varias horas en el terminal aéreo del aeropuerto de Washington, le tomaron declaraciones juradas, no lo dejaron hablar por teléfono ni con su entrenador Gabriel Markus. Con el equipaje decomisado *(les bagages confisqués)*, en short y calcetines, llegó a Santiago.

El Mercurio de Valparaíso, 17/08/2003.

Nicolás Massú.

Après avoir lu ces lignes, imagine que tu es Nicolás Massú et réponds au journaliste chilien.

–Nicolás, ¿nos puedes contar lo que te ha pasado?

–..............................

–¿Qué comentario te inspira todo esto?

–..............................

MON BILAN **j'ai pu...**
je dois encore améliorer...

ATELIER 4

** préparation 10' - réalisation 30" (assistant) > B1-1

Sur une chaîne espagnole, en fin de journal télévisé, tu rends compte brièvement (environ trente secondes) de cette information légère. "Para terminar, esta última noticia. Próximamente en..."

Primera Convención Latinoamericana de Fanáticos de *Star Wars* en Caracas

El sueño de muchos venezolanos se hará realidad cuando, por las calles de Chuao, puedan verse caminando a algunos de los más emblemáticos personajes de la legendaria saga fílmica. El evento promete ser una fiesta, con exposiciones de figuras originales, disfraces *(déguisements)*, concursos y la visita de actores.
Los llamados *trekkies* –fanáticos de las películas *Star Trek*– son célebres blancos de burlas y chistes *(objets de moqueries et de blagues)* en Estados Unidos por tomarse muy en serio su papel.
Así es, también, el venezolano Alexander González. "Aún conservo las entradas de la primera vez que vi la película, en 1977", dice. Eso fue hace 26 años, cuando González ni se imaginaba que, para el año 2003, estaría organizando la Primera Convención Latinoamericana de Fanáticos de *Star Wars*.

El Nacional, Revista Domingo, 26/10/2003.

MON BILAN **j'ai pu...**
je dois encore améliorer...

RECUERDA

Un descuido, *une négligence.*
El equipaje, *les bagages.*
Una banda de rock.
Un premio, *un prix.*
No tener más elección que, *ne pas avoir d'autre choix que.*

(A) El sí de Catalina

24

Andrés Ascencio llega a casa de los padres de Catalina.

—¿Están tus papás? –preguntó. Diles que vengo por ustedes para que nos vayamos a casar.
–¿Quiénes? –pregunté.
–Yo y tú –dijo. Pero hay que llevar a los demás[1].
–Ni siquiera me has preguntado si me quiero casar contigo –dije. ¿Qué te crees?
–¿Cómo que quién me creo? Pues me creo yo, Andrés Ascencio. No proteste y súbase al coche.
Mi mamá lloraba. Me dio gusto porque le imponía algo de rito a la situación. Las mamás siempre lloran cuando se casan sus hijas.
–¿Por qué lloras mamá?
–Porque presiento[2], hija.
Mi mamá se la pasaba[3] presintiendo.
Llegamos al registro civil. Ahí estaban esperando unos amigos de Andrés, Rodolfo con Sofía, su esposa, que me miró con desprecio[4]. Pensé que le darían rabia mis piernas y mis ojos[5], porque era de pierna flaca[6] y ojo chico.
El juez era un chaparrito, calvo[7] y solemne.
–Buenas, Cabañas –dijo Andrés.
–Buenos días, general, qué gusto nos da tenerlo por aquí. Ya está todo listo.
Sacó una libreta enorme y se puso detrás de un escritorio.
–Estamos aquí reunidos para celebrar el matrimonio del señor general Andrés Ascencio con la señorita Catalina Guzmán. En mi calidad de representante de la ley, le pregunto: Catalina, ¿acepta por esposo al general Andrés Ascencio aquí presente?
–Bueno –dije.
–Tiene que decir sí –dijo el juez.
–Sí –dije.
–General Andrés Ascencio, ¿acepta por esposa a la señorita Catalina Guzmán?
–Sí –dijo Andrés. La acepto, prometo todas las deferencias que el fuerte debe al débil y todas esas cosas, así que puedes ahorrarte[8] la lectura. ¿Dónde te firmamos[9]? Toma la pluma Catalina.

Ángeles Mastretta, *Arráncame la vida*, 1985.

1. a los otros.
2. *j'appréhende.*
3. (se pasaba el tiempo).
4. *avec mépris.*
5. *mes jambes et mes yeux la feraient enrager.*
6. *maigre.*
7. *Le juge était un type tout petit, chauve.*
8. *t'économiser.*
9. *signe-t-on ?*

“No hay boda sin tornaboda.”

Para empezar

Un hombre expeditivo

Una joven • un general • casarse.

Puntos clave

Una petición de mano marcial *(Une demande en mariage martiale)* L. 1-11

Ne pas y aller par quatre chemins, **no andar con rodeos** • **estar sorprendido(a)** • *bien que,* **aunque** + *ind.* • **protestar** • *sans égards,* **sin miramientos** • **ordenar que** + *subj.* • *une affaire,* **un negocio** • *craindre,* **temer.**

La ceremonia a paso de carga L. 12-29

Préparé d'avance, **preparado de antemano** • **un hombre respetado** • *comme chez lui,* **como Pedro por su casa** • **consentir [ie/i]** • *sans hésiter,* **sin vacilar** • *être pressé,* **tener [ie] prisa** • *abréger,* **acortar [ue].**

Tu sentir

¿Amor ciego *(aveugle)* o sumisión?

La condición femenina • **estar sometido(a)** • *à moins que,* **a no ser que** + *subj.* • *choisir,* **elegir [i]** • *qui ne dit mot consent,* **quien calla otorga** • **dominar** • **en un plano de igualdad** • *tenir les rênes,* **llevar la voz cantante.**

Estampados y bordados *(imprimés et broderies)* son una de las claves *(points forts)* del otoño-invierno. "Top" y cardigán (con bordados de fruta) de Moschino. La falda es de Oh Carol!

El País, 06/10/2002.

El cajón del pan, *la corbeille à pain* – manchas de grasa, *des taches de graisse* – llanto, *pleurs* – tinta, *encre* – estoy harta de, *j'en ai assez de.*

Pistas

Una escena estereotipada

La cocina • **estar de pie** • *les gants en caoutchouc,* **los guantes de goma** • *le tablier,* **el delantal** • *frotter,* **fregar [ie]** • *les tâches ménagères,* **las faenas caseras** • *épuisant,* **agobiador** • *pleurer,* **llorar** • *découragée,* **desanimada** • **la esclavitud.**

Una forma de vestir diferente

Porter (un habit), **llevar** • *un mannequin,* **una modelo** • **el estilo** • *mélanger,* **mezclar** • *à la mode,* **de moda** • *évoluer,* **evolucionar** • *confortable,* **cómodo** • **la originalidad** • **un curioso anuncio** • **la moda otoño-invierno** • *décalé,* **desfasado** • **un colage** • *un gribouillage,* **un garabato.**

Recuerda

L'OBLIGATION PERSONNELLE

Deux façons simples de l'exprimer :

- **Tener que** + *infinitif*
  Tengo que casarme con él.
  *Je **dois** me marier avec lui.*
- **Deber** + *infinitif*
  El fuerte **debe** proteger al débil.
  *Le fort **doit** protéger le faible.*
  Gr. § 36.1.

L'OBLIGATION IMPERSONNELLE

- **Hay que** + *infinitif*
  Hay que llevar a los demás.
  *Il **faut** emmener les autres.*
  Gr. § 36.2.

Entrénate

1. *Réécris les phrases suivantes en utilisant l'une des formes de l'obligation personnelle :*
–Habla mucho → Tiene que hablar mucho. Debe hablar mucho.
–La madre aceptó la petición de boda.
–Catalina dice sí.
–El general protegerá a su esposa.
–El juez estaba listo.

2. *Traduis les phrases suivantes :*
–Hay que ir al registro civil para casarse.
–Había que firmar antes de salir.
–Para que el general no se pusiera furioso, había que obedecer sus órdenes.
–El día de la boda *(noce)*, hay que divertirse.

(A) Jardinero

Dos horas a pie por la vereda[1] tenía que caminar don Diego Álvarez de Toledo y Prieto-Villegas, un indio maya que así se llamaba, hasta llegar a casa del ama[2] Teresa donde cuida el jardín. Vestido de blanco, con guaraches y jorongo[3], llegó aquella mañana un poco demorado[4] al trabajo. Había pasado toda la noche en la sala de espera del hospital donde su hijo Dieguito, de tres años de edad, había sido internado con urgencia por una fiebre súbita con vómitos. El criado don Diego Álvarez de Toledo con el sombrero en la mano y sin levantar la vista del suelo pidió excusas a su ama por la tardanza. "Dispense, señora –murmuró– pues hasta las ocho no ha salido el doctor para decirnos que Dios se había llevado al cielo a Dieguito." La señora quedó compungida[5] al saber que aquel indito maya había andado tanto camino para decirle que su hijo había muerto esa mañana y viéndolo entero[6] y sin lágrimas dispuesto a trabajar ese día en el jardín pese a que Dieguito le esperaba metido en una caja blanca, pensó qué grado de insensibilidad no tendría aquel ser ante la muerte. "Por Dios, váyase usted, don Diego, a enterrar a su hijito." Pero el jardinero le contestó que las rosas también le necesitaban. Sin duda aquella señora no estaba capacitada para distinguir qué era amor a un hijo muerto, qué era amor a las rosas vivas. De hecho el criado maya don Diego Álvarez de Toledo estuvo trabajando todo el día en el jardín. Extendió el mantillo y trasquiló la hiedra[7] mientras a dos horas de camino en el poblado su familia también adornaba al muertito con su traje blanco, con guirnaldas de papel de colores y algunas medallas. Al terminar la jornada el criado pidió permiso a su señora para cortar las seis mejores rosas del jardín. Cuando el sol ya doblaba[8], se vio caminar por la vereda a don Diego Álvarez de Toledo y Prieto-Villegas que volvía a casa con las flores en la mano, apurado[9] por llegar a la hora del entierro. Nunca un hijo tuvo en su muerte unas rosas mejor cultivadas.

Manuel Vicent, *El País*, 13/06/1999.

1. *le sentier.*
2. la patrona.
3. *sandales et poncho.*
4. *en retard.*
5. *fut affligée.*
6. fuerte.
7. *mit du terreau et taille le lierre.*
8. *déclinait.*
9. *pressé.*

Para empezar

Llegó con retraso *(en retard)* L. 1-7

Mettre deux heures à, **tardar dos horas en** • *malgré le fait que,* **pese a que** + *ind.* • *comme si de rien n'était,* **como si nada** • *une longue marche,* **una larga caminata.**

Puntos clave

El criado *(Le domestique)* don Diego L. 7-10

La hiérarchie sociale, **la jerarquía social** • **sentirse [ie/i] culpable** • *le paradis,* **el paraíso** • *la foi,* **la fe** • *cela semblerait normal (que),* **sería muy natural (que** + *subj. imp.)* • *un calme stupéfiant,* **una calma asombrosa.**

La incomprensión entre dos mundos L. 10-15

Elle ne peut pas croire que, **no pasa a creer que** • *compatir à,* **compadecerse de** • *elle, à sa place,* **ella que él** + *cond.* • **monstruoso** • **chocar** • **la cultura occidental** • *face à la mort,* **ante la muerte** • *être prêt à,* **estar dispuesto a.**

Los vivos *(vivants)* y los muertos L. 15-22

Faire sa journée, **cumplir su jornada** • *un simple domestique,* **un mero criado** • **el mundo de los vivos** • **respetar** • **lo cotidiano** • **un fenómeno natural** • **no perturbar.**

Dolor y dignidad L. 22-26

Une offrande, **una ofrenda** • **lo mejor** • **resignarse** • **la esperanza religiosa.**

Tu sentir

Dos visiones del mundo

La serenidad • **la armonía** • **dos sensibilidades opuestas** • *quant à nous,* **en cuanto a nosotros** • *avoir coutume de,* **acostumbrar** • *être en deuil,* **estar de luto.**

Juan RULFO (escritor y fotógrafo mexicano, 1918-1986),
Campesino de Cardonal durante la filmación de El Despojo, 1959.

Pistas

Una composición impactante

De dos, **de espaldas** • *tourner le dos,* **dar la espalda** • **un campesino humilde** • **un sombrero de palma** • *déchiré,* **desgarrado** • *le balluchon,* **el petate** • *pierreux,* **pedregoso** • *partager le regard,* **compartir la visión.**

Interrogando al vacío *(le vide)*

La inmensidad • **contemplar** • *se reposer,* **descansar** • *les racines,* **las raíces** • **desértico** • **estéril** • **el enigma** • **indiferente** • **en vano** • *la solitude,* **la soledad** • **un mundo estático** • **la esperanza** • **conmovedor.**

> *Pero muchos que son primeros serán últimos y los últimos primeros.*
> Evangelio según Mateo

Recuerda

AL + *INFINITIF* (*Gr. § 23.*)

Cette expression exprime ***la simultanéité de deux actions****. Elle équivaut à* cuando + *indicatif et peut être traduite en français par le gérondif.*
Al llegar, se quitó el sombrero. = **Cuando llegó,** se quitó el sombrero.

LE PARTICIPE PASSÉ

- *Dans les temps composés actifs (toujours avec* **haber**: había muerto*) :* ***invariable.***
- *Avec* **ser** *:* ***s'accorde.***
- *avec* **estar** *ou* llegar; volver; esperar; ver; quedar... *:* ***s'accorde.***

Entrénate

1. *Recherche dans le texte les emplois de* **al** + *infinitif et remplace-les par* **cuando** + *indicatif. Donne les traductions possibles.*
2. *Recherche dans le texte les participes passés et explique leur construction.*

(A) La guagua[1] 25

Aquel mediodía, la guagua 68 pegó un frenazo en una bocacalle. Hubo gritos de protesta, por el tremendo sacudón, hasta que los pasajeros vieron el motivo del frenazo: una mujer muy rumbosa[2], que había cruzado la calle.

–Me disculpan, caballeros –dijo el conductor de la guagua 68, y se bajó. Entonces todos los pasajeros aplaudieron[3] y le desearon buena suerte.

El conductor caminó balanceándose, sin apuro[4], y los pasajeros lo vieron acercarse a la muy salsosa, que estaba en la esquina, recostada a[5] la pared, lamiendo un helado[6]. Desde la guagua 68, los pasajeros seguían el ir y venir de aquella lengüita que besaba el helado mientras el conductor hablaba y hablaba sin respuesta, hasta que de pronto ella se rió y le regaló una mirada. El conductor alzó el pulgar[7] y todos los pasajeros le dedicaron una cerrada ovación.

Pero cuando el conductor entró en la heladería, produjo cierta inquietud general. Y cuando al rato salió con un helado en cada mano, cundió el pánico en las masas.

Le tocaron bocina[8]. Alguien se afirmó en la bocina con alma y vida, y sonó la bocina como alarma de robos o sirena de incendio; pero el conductor, sordo, como si nada, seguía pegado a la muy sabrosa.

Entonces avanzó, desde los asientos de atrás de la guagua 68, una mujer que parecía una gran bala de cañón y tenía cara de mandar[9]. Sin decir palabra, se sentó en el asiento del conductor y puso el motor en marcha. La guagua 68 continuó su recorrido, parando[10] en sus paradas habituales, hasta que la mujer llegó a su propia parada y se bajó. Otro pasajero ocupó su lugar, durante un buen tramo, de parada en parada, y después otro, y otro, y así siguió la guagua 68 hasta el final.

Eduardo Galeano, *El libro de los abrazos*, 1989.

1. *L'autobus (Cuba).*
2. *très aguichante.*
3. *applaudirent.*
4. *sans se presser.*
5. *appuyée contre.*
6. *léchant une glace.*
7. *leva le pouce.*
8. *Ils le klaxonnèrent.*
9. *une tête à commander.*
10. *s'arrêtant.*

Para empezar

En autobús L. 1-4
S'arrêter brutalement, **pararse en seco** · *subit(e),* **repentino(a)** · **una mujer guapísima** · **el chofer.**

Puntos clave

El flechazo *(Le coup de foudre)* L. 5-13
Le voyageur, **el viajero** · *encourager,* **alentar [ie]** · **entusiasmarse** · **emocionado(a)** · *être témoin de,* **ser testigo de** · *flirter,* **galantear** · **la seducción** · **atractivo(a)** · *faire lanterner,* **dar largas** · **sensual** · **un juego amoroso** · **triunfar.**

La inquietud L. 14-19
Darse cuenta de que · **volver [ue]** · *oublier de,* **olvidarse de** · **abandonado(a)** · **el pánico** · **burlesco(a)** · *s'échiner à,* **empeñarse en** · **mientras que** · *faire la sourde oreille,* **hacerse el sordo** · **saborear.**

Una solución divertida L. 20-26
Prendre l'affaire en main, **hacerse cargo del asunto** · **decidido(a)** · **una mujer mandona** · **conducir** · *comme si de rien n'était,* **como si nada** · *continuer de + inf.,* **seguir [i] +** *gér.* · *rouler,* **rodar [ue]** · *prendre le relais,* **tomar el relevo.**

Tu sentir

Ligar *(Draguer)*
En pincer pour, **estar colgado(a) por** · **el comportamiento** · **seducir** · **la mirada** · *faire le beau (la belle),* **dárselas de guapo(a)** · *bavarder,* **charlar** · *tomber amoureux,* **enamorarse.**

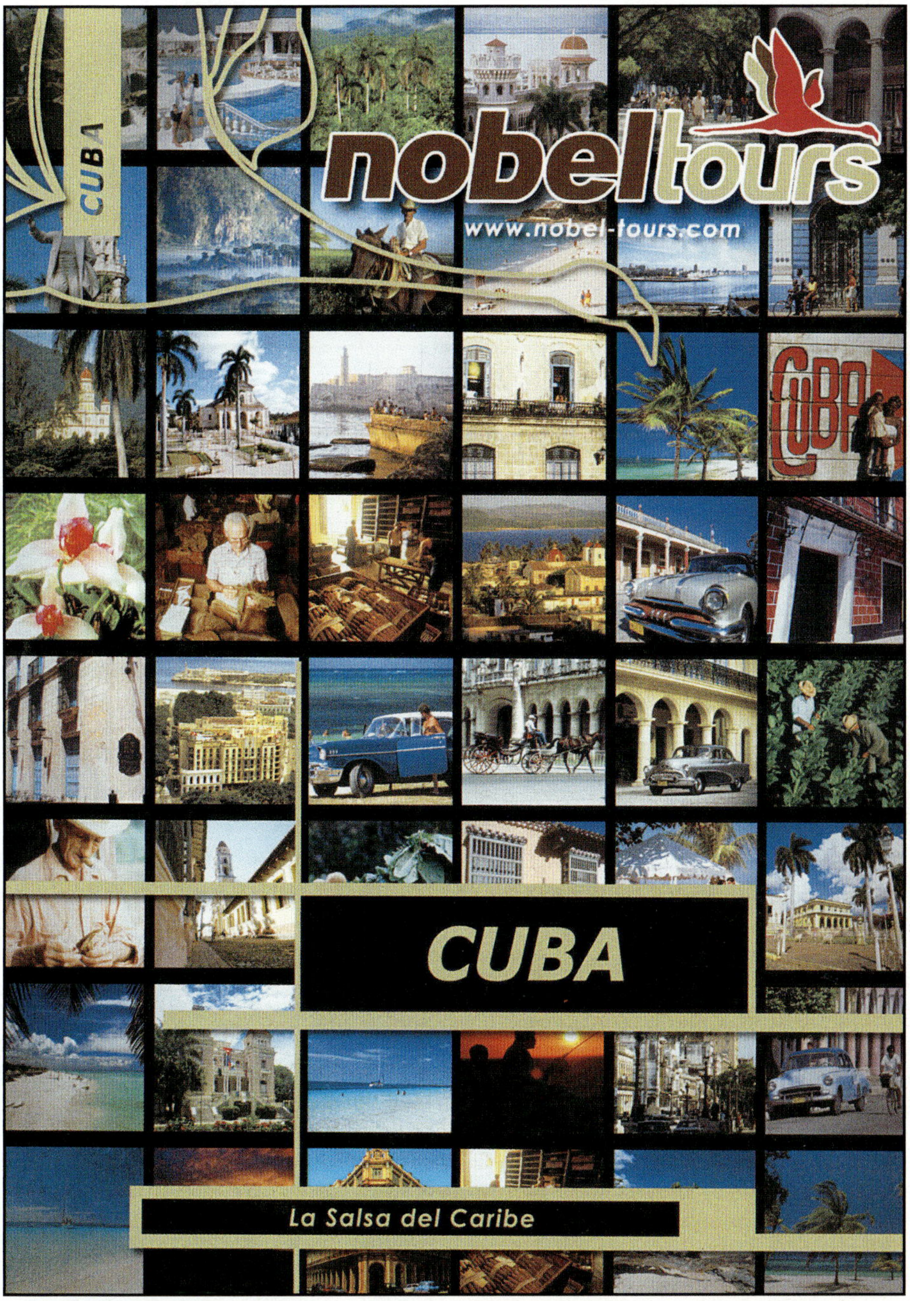

Pistas

Un mosaico de fotos

Los colores vivos • la naturaleza tropical • un cocotero • *luxuriant,* exuberante • la arena blanca • una orquídea • el cultivo del tabaco • una fábrica • *les cigares,* **los puros** • un monumento • un coche norteamericano.

La salsa del Caribe

El juego de palabras • la música • *l'assaisonnement, la sauce,* la salsa • *attirer,* atraer • el turista • buscar • las vacaciones • un paraíso • la riqueza • las actividades • *le repos,* **el descanso** • descubrir • un abanico de propuestas • la propaganda • la imagen.

> Comme au bac

Compréhension du texte

1 ¿Por qué se paró la guagua?
¿Cómo reaccionaron los viajeros? ¿Qué pasó después?
¿Cómo solucionaron los viajeros el problema?

Expression personnelle

2 Apoyándote en ejemplos precisos del texto, analiza el juego de la seducción entre el hombre y la mujer.

Traduction

3 *Traduis depuis* "Entonces avanzó..." *jusqu'à* "...llegó a su propia parada y se bajó." (L. 20-24)

Subsistir en Cuba

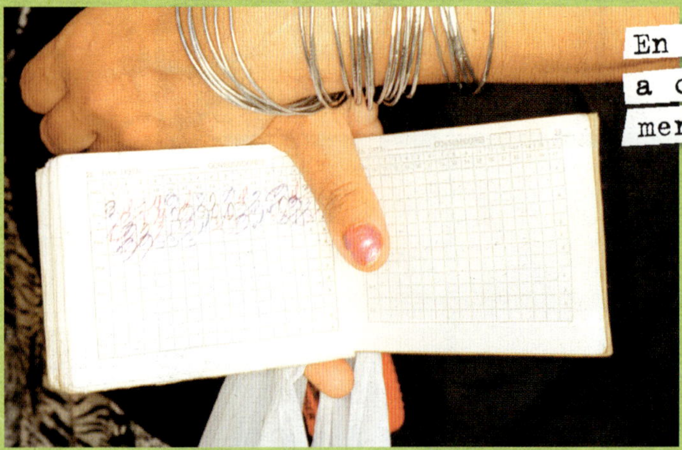

En la libreta de racionamiento, a cada cubano le corresponden mensualmente por ejemplo:

2,7 kilos de arroz
2,2 kilos de azúcar
500 gramos de frijoles *(haricots)*
450 gramos de pollo
250 gramos de pescado
un cuarto de litro de aceite
una pastilla de jabón de baño o de lavar
58 gramos de café
un tubo de pasta de dientes
y poco más *(guère plus)*.

Estos productos los subvenciona el Gobierno y son baratos.

Tiempos difíciles para Cuba

La *perestroika* anunció tiempos difíciles para Cuba. La disminución creciente *(croissante)* desde 1986 de las importaciones de petróleo soviético a bajo precio arruinó la economía urbana. El resultado fue que Cuba vive una grave crisis financiera y económica: persistencia del bloqueo *(embargo)* económico estadounidense *(des États-Unis)* y dificultades comerciales. Se instaló una recesión que obligó a Fidel Castro a imponer un plan de austeridad draconiano *(draconien)* a finales de agosto de 1990.
La desaparición de las democracias populares de la Europa del Este y de la misma Unión Soviética contribuyeron también a la degradación de la situación política de Cuba.
Por un lado, un informe *(un rapport)* elaborado por la O.N.U. en 1989 denunciaba que los atentados a los derechos del hombre desprestigiaban *(discréditaient)* el régimen.
http://www.telepolis.com/tec/hemeroteca/perfiles/20020211/113308_modulo4421.htm

La picaresca *(Le Système-D)* y las vacas

La necesidad y la picaresca han convertido el mercado negro de carne en un verdadero problema para las autoridades. En 1999 una reforma del Código Penal aumentó hasta diez años de cárcel *(prison)* el castigo *(la condamnation)* para quien mate una vaca.

Mauricio Vincent, *EL PAÍS*, 11/05/2003.
http://www.dhistoria.com/historia/cuba.htm

- Compara tu propio consumo mensual con la libreta de racionamiento de un cubano.
- Elige cinco palabras que te parezcan resumir la situación económica de Cuba.
- ¿Cuál es el castigo para quien mate una vaca? Justifícalas.
- Enumera las palabras que usan los cubanos en lugar de *(à la place de)* "robar" o "robo".
- ¿Hay "pérdida de valores" en Cuba?

"En un apartamento vivimos diez –mujeres, hombres, ancianos y niños–, y sólo hay seis camas."

Vaya, robar *(Allons, voler)* **no es robar: es "luchar", "inventar" y, sobre todo, "resolver".**

" Resolver" *(se débrouiller)* es un concepto clave para entender qué pasa hoy en Cuba. Más del 90% de las familias cubanas recurren a algún tipo de actividad ilícita para llegar a final del mes. En 2001, "la ilegalidad como norma" se ha extendido en la sociedad provocando una grave pérdida de valores. Así, robar en el centro laboral *(lieu de travail)*, ejercer el trabajo por cuenta propia sin licencia *(sans autorisation)* o comprar y revender productos en el mercado negro son acciones asumidas por la población como algo natural, que no tiene connotaciones negativas.

" Entre 1989 y 1993, el producto interno bruto de Cuba descendió de un 35%. En este lapso de tiempo, las importaciones cayeron un 70%. Desde ese golpe *(coup)* todavía no nos hemos recuperado, y a eso hay que añadir *(ajouter)* cuatro décadas de bloqueo norteamericano, que ahora Bush quiere recrudecer prohibiendo *(renforcer en interdisant)* el envío de remesas *(de fonds)*."

"No nos hemos recuperado."

"En el socialismo cubano no hay robo, sino "desvío" *(détournement)* **o "faltante"** *(article manquant)*.**"**

No es un secreto el caso de las "depredaciones eléctricas" –hurto *(vol)* de cables eléctricos, angulares *(poutrelles)* de torres *(pylônes)* de alta tensión y aceite *(huile)* de los transformadores–, ni la frecuente adulteración *(frelatage)* del ron *(rhum)*: el licor se mezcla *(mélange)* con agua y en vez de tener 40 grados tiene 24; es cuando se dice que el ron está "bautizado" *(baptisé)*.

Mauricio VINCENT, *EL PAÍS*, 11/05/2003.

ATELIERS

LUCHANDO POR LA DIGNIDAD

ATELIER 1 (*) réalisation 10' — B1

CD > PLAGE > 50

Écoute ton CD et complète le texte suivant :

La vida en Ciudad Bolívar

Sandra nació .... pero a sus siete años sucede un cataclismo. Ella que vivía en Caleras, ..., tiene que mudarse *(déménager)* con toda su familia a Ciudad Bolívar, un barrio *(un quartier)* de Bogotá .... Víctimas de la crisis, los Sánchez se fueron a vivir ...., a El Paraíso, y fue como bajar al infierno, cuenta Sandra. Allí sus padres .... una casa con techo *(un toit)* de plástico, ... Como ellos, millares *(des milliers)* de familias llegan a Ciudad Bolívar .... que arrasa el campo *(envahit la campagne)* entre guerrillas y narcos. En estas chabolas, viejos, niños, adolescentes y adultos viven entre el fango *(la boue)* y la inseguridad. .... En muchos casos la mujer abandonada por el marido tiene que criar a una prole *(élever les enfants)*, ... para sus hijos. Allí, muchas de las chicas de 13 años tienen bebés y crían *(élèvent)* solas a sus niños y así, en un ciclo infernal, ...

Tatiana Rilhat, la esperanza de Bogotá, en vocable 6/11/03

Sandra en El Paraíso, Ciudad Bolívar.

***Écoute à nouveau le texte et explique à la classe comment tu comprends l'expression de Sandra* "bajar al infierno".**

MON BILAN j'ai pu...
je dois encore améliorer...

ATELIER 2 (**) préparation 5' - réalisation 2' — B1-3

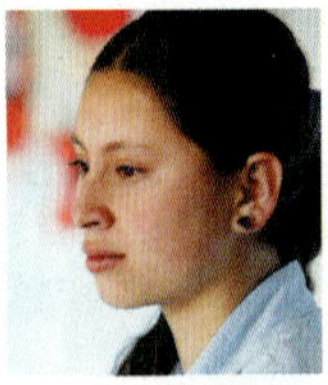

CD > PLAGE > 51

Hundirse, *s'enfoncer* – **dedicar,** *consacrer* – **elegida,** *élue* – **la rabia,** *la rage* – **personera,** *représentante* – **consiguió,** *elle a réussi* – **aseos,** *des toilettes* – **lo suyo,** *son idée* – **la luchadora,** *la battante.*

Écoutez votre CD en prenant un minimum de notes. Vous direz à la classe :
- ***en quoi Sandra est une personne remarquable ;***
- ***quels sont ses objectifs.***

Decidida • *entreprenante,* **emprendedora** • **una líder** • **luchar por** • **el porvenir** • *baisser les bras,* **rendirse [i].**

Escuela en Quintay, Chile.

MON BILAN j'ai pu...
je dois encore améliorer...

ATELIER 3 * préparation 10' - réalisation 3' (assistant) > B1

Cartoneros en Buenos Aires.

CD > PLAGE > 52

Los desechos, la basura, *les déchets* **– papeleras,** *des cartonneries* **– se ha duplicado,** *a été multiplié par deux* **– alrededor,** *autour de* **– vergonzoso o molesto,** *honteux ou gênant.*

Écoutez votre CD pour pouvoir expliquer à la classe à quoi correspondent les chiffres suivants :

40.000 – 5 – 100 millones.

***Écoutez de nouveau votre CD et présentez les informations que vous avez recueillies sur les* cartoneros.**

MON BILAN **j'ai pu...**
je dois encore améliorer...

ATELIER 4 ** préparation 10' - réalisation 5' (assistant) > B2

CD > PLAGE > 53

Actuar, *agir* **– aguda,** *grave* **– si se coge a tiempo,** *si on la prend à temps* **– el mono Aotus,** *le singe Aotus* **– en cualquier caso,** *en tout cas* **– si logramos el éxito,** *si nous avons du succès* **– no costará,** *il ne coûtera pas* **– un coste,** *un prix* **– la OMS, la Organización Mundial de la Salud – vacunar – la pelea,** *le combat.*

Écoutez votre CD plusieurs fois. Vous pouvez prendre quelques notes. À votre tour maintenant! Vous êtes Patarroyo, le scientifique colombien qui cherche un vaccin* (una vacuna) *contre la malaria et vous répondez aux deux questions de la journaliste. Votre camarade vous aidera à évaluer votre performance avant de jouer le rôle de Patarroyo à son tour.

–¿Y por qué la malaria y no otra enfermedad infecciosa?

–Dices que tu nueva vacuna será gratuita...

MON BILAN **j'ai pu...**
je dois encore améliorer...

RECUERDA Léxico para sobrevivir

Actuar, *agir.*
Reaccionar, *réagir.*
La pelea, *le combat.*
Lograr el éxito, *avoir du succès.*
La rabia, *la rage.*

Conseguir [i], *réussir à.*
Lo suyo, *son idée.*
Luchar, *se battre.*
La luchadora, *la battante.*

(A) El pueblo en demanda de salud

Parte izquierda

Diego Rivera, *El pueblo en demanda de salud* (título inicial), *Historia de la medicina en México* (título definitivo), 1953. 7,4 x 10,8 m, Hospital de la Raza, México DF.

MURAL COMPLETO

Para empezar
Mural completo

Ahora y antes
Un hospital · *la taille*, el tamaño · una divinidad · prehispánico · la medicina · la modernidad.

Puntos clave Parte izquierda

Haciendo cola *(la queue)*
Arriba · *la foule*, la muchedumbre · *humble*, humilde · *la peau sombre*, la tez oscura · *un blessé*, un lisiado · *une femme enceinte*, una mujer embarazada · necesitar · *les soins médicaux*, la atención médica · la gente adinerada · *les liasses de billets*, los fajos de billetes · *être réticent(e)*, ser reacio(a) · una mirada hostil.

Un mismo personaje, cuatro o cinco veces
Des traits indiens, rasgos aindiados · de perfil · la camisa · *le bras bandé*, el brazo vendado · un médico · *la visite médicale*, el examen médico · examinar · los electrodos · hacer una radiografía · *être allongé*, estar tumbado · la paloma · *accueillir*, acoger.

La modernidad
Una máquina · el cáncer · los rayos X · *le bloc opératoire*, el quirófano · *soigner*, curar · *l'accouchement*, el parto · el cordón umbilical · la higiene · *le masque*, la máscara · *la blouse*, la bata · técnicas avanzadas.

El árbol de vida
El tronco · *la branche*, la rama · *une courbe*, una curva · *une droite*, una recta · geométrico · la ciencia · la naturaleza · la sangre · *couler*, fluir · *prendre racine*, echar raíces · *la sève*, la savia · el árbol genealógico · la especie humana.

Tu sentir

El progreso medical
La maladie, la enfermedad · el Seguro Social · *financer*, costear · *soulager*, aliviar · sufrir · eficaz · un tratamiento · la solidaridad · *l'égalité devant...*, la igualdad ante... · *la froideur*, la frialdad · *la tendresse*, la ternura · la compasión · la medicina natural.

RECUERDA

POUR INSISTER (C'EST... QUI/QUE)

- ***sur le sujet (c'est... qui)***
  Ce sont les médecins ***qui*** *ont une blouse.*
  Los médicos son quienes (los que) llevan batas.
  C'est sa santé ***qui*** *l'inquiète.*
  Su salud es la que le inquieta.
- ***sur le lieu, la cause (c'est... que)***
  C'est ***dans*** *un hôpital* ***que*** *se trouve la peinture murale.*
  En un hospital es donde se encuentra el mural.
  C'est ***parce qu'****il est en colère* ***qu'****il agit ainsi.*
  Por estar en cólera es por lo que actúa de este modo.
  Gr. § 30.

> ENTRÉNATE

Insiste sur le mot ou l'expression en gras.

–**A la derecha** están representados **los antepasados aztecas.**

–**Tlazoltéotl**, la diosa azteca, ocupa el centro del fresco.

–Me gusta mucho esta obra **porque contiene un mensaje.**

Colombia hoy, Soles y Sombras

Tres representaciones nacionales

La orquídea, flor nacional

El cóndor, ave nacional

La bandera nacional

Según la visión revolucionaria, la bandera simboliza el rico pueblo de Colombia (amarillo) separado por el azul de los mares del yugo (rojo) español.
http://www.turiscolombia.andes.com/colombia_emblemas.html

Santa Fe de Bogotá D.C. (Distrito Capital), 6.500.000 de habitantes.

LOS SOLES

Una fama internacional

El café de Colombia

Colombia es el primer productor de café suave (arábica) en el mundo y las actividades alrededor del grano constituyen la principal actividad agroindustrial del país.

Tres celebridades de fama mundial

Gabriel García Márquez,

Premio Nobel de Literatura 1982

"Frente a la opresión, el saqueo y el abandono, nuestra respuesta es la vida. Ni los diluvios ni las pestes, ni las hambrunas *(famines)* ni los cataclismos, ni siquiera las guerras han conseguido reducir la ventaja tenaz de la vida sobre la muerte."

http://www.esquinalatina.de/modules.php

El pintor Fernando Botero

Se puede decir que la inspiración de Botero emerge de la visión "pintoresca" de la realidad colombiana. Por este motivo intenta mostrar la realidad percibida de sus raíces, a través de sus cuadros o esculturas.

http://www.geocities.com/colombia_botero/

El piloto Juan Pablo Montoya

Cuando el rey Juan Carlos de España le propuso convertirse en ciudadano español le contestó: "Le agradezco mucho, pero estoy muy orgulloso de ser colombiano".

http://eltiempo.terra.com.co/

La gastronomía

La bandeja, uno de los platos típicos.

La diversidad étnica (mestizaje de indios, blancos y negros) se manifiesta en la gastronomía colombiana; en ella se mezclan ingredientes indígenas y españoles con formas de preparación africanas, árabes y españolas. Los ingredientes principales son: cerdo, papas (patatas), frijoles *(haricots rouges ou noirs)*, maíz, pollo, arroz y sopas. La bandeja, un plato con frijoles, carne, huevo, plátano y aguacate es una especialidad de la comida bogotana.
http://www.turiscolombia.andes.com/comida_colombia.html

Recorre con atención esta página doble y, después, continúa la frase siguiente para tus compañeros: "Si algún día fuera a Colombia..."

LAS SOMBRAS

La guerrilla

Las FARC (Fuerzas Armadas Revolucionarias de Colombia) fueron, en su origen un grupo de autodefensa campesina. En los últimos años, las FARC han demostrado poseer una creciente capacidad de acción militar, evidenciada en exitosos combates contra el Ejército y múltiples tomas de poblaciones. Por otra parte, los Paramilitares, que son grupos armados ilegales, combaten a la guerrilla y a sus colaboradores con violentos métodos. Son acusados de contar con el apoyo de algunos sectores de las Fuerzas Militares y de cometer masacres y crímenes.

http://www.accubec.org/biblioteca/laguerrillaencolombia.htm

La industria del secuestro

El secuestro y la extorsión en Colombia se convirtieron en una industria próspera, alimentada por todo el mundo y a la cual la comunidad internacional no le ha puesto el cuidado necesario.

Con ese dinero no sólo se fortalece el siniestro negocio, sino que se financian de forma directa la violencia y el terrorismo que tanto afectan a Colombia.

http://elpais-cali.terra.com.co/historico/

El narcotráfico

El narcotráfico ejerce su poder para penetrar en las estructuras de la sociedad civil, para intervenir en las redes de toma de decisiones y para controlar parte de los territorios nacionales.
Destabiliza el Estado e impone sus propias leyes y valores, violando los derechos humanos y poniendo en peligro el sistema democrático.
Lo peor es que el narcotráfico sirve los intereses de la guerrilla, de los paramilitares y de algunos sectores del Estado.

http://www.gestiopolis.com/recursos/documentos/fulldocs/eco/narcotraficolombia.htm

Aquí tienes tres enigmas a partir de palabras sacadas de la página doble. Empléalas en una frase que presente la solución del enigma.
Ejemplo. Enigma: el rey – orgulloso – colombiano.
Frase explicativa: Se trata del piloto Juan Pablo Montoya que le contestó al rey de España: "Le agradezco mucho pero estoy muy orgulloso de ser colombiano".
Enigma 1: la inspiración – la realidad – plasmar.
Enigma 2: autodefensa campesina – acción militar – contra el ejército.
Enigma 3: grupos armados ilegales – masacres – crímenes.

GRAMMAIRE

A

a, 38.1, 38.7
acaso, 32.5
accent écrit, 1.4
accent tonique naturel, 1.3
accord du participe passé, 26.3
aconsejar que, 32.2, 34
action en cours, 37
adjectif, 3.2
adjectifs de nationalité, 3.2
adjectifs en **–dor**, **–sor**, **–tor**, 3.2
adjectifs en **–ín**, **–án**, **–ón**, 3.2
adjectifs qui perdent le **–o** *final*
adjectifs qui s'apocopent, 6.2
adverbes de lieu, 40
adverbes de manière, 41
adverbes en **–mente**, 41.1, 41.2
aimer que, 32.1
ahí, 40
al, 7.1
al + *infinitif*, 35.2
algo, 15.1
alguien, 15.1
alguno, 15.2
allí, **allá**, 40
alphabet, 1.1
à moi, à toi, à lui..., 12.2
andar, 50.2, 50.3
apetecer, 13.7
apocope, 6
apocope de **recientemente**, 6.3
apostrophe française, 1.2
aquí, 40
article défini, 7
article indéfini, 8
article indéfini, omission, 8.3
article **la** → el, 7.3
article neutre **lo**, 10
article partitif du, de la, 9
assez de, 15.3
aucun, 15.2
aunque, 32.4
aussi... que, autant... que, 46.3
autant de... que, 15.3
avec, 38.6
avoir l'habitude de, 39.5

B

bastante, 15.3
beaucoup de, 15.3
bien que, 32.4
bueno, 6.1
but, 38.4

C

ça, 11.3
caer, *conjug.*, 50.1, 50.3 / *présent ind.*, 18.6 / *présent subj.*, 19.6, 50.2
cardinaux, 2.1
cause, 38.5
ce que, 16.3
ce qui à trait à, ce qui concerne, 10.3
ce qui est, ce qu'il y a de, 10.2
ce qui, ce que, 10.1
ce, cet, cette, ces, 11.1
ceci, cela, ça, 11.3
cela fait..., 37.4
celui de, ceux de, celle de, celles de, 7.2
celui-ci, celui-là, ceux-ci..., 11.2
centaines, 2.1
c'est moi..., c'est lui qui..., 30.1
c'est... que, 30.3
c'est... qui, c'est... que, 30
chiffres, 2
ciento, cien, 2
combien (interrogatif), 44.2
combien, comme (avec adjectif), 10.4
comme si, 32.2
comme, que (exclamatifs), 45.2
como + *subj.*, 32.2
como si, 32.2
comparatif, 46
con, 38.6
concluir, *présent ind.*, 18.8 / *présent subj.*, 19.8
concordance des temps, 33
condition, subordonnée de condition, 32.3
conditionnel, formation, 22 / *emploi*, 31.5 / *incertitude*, 31.5
conducir, *conjug.*, 50.2 / *présent ind.*, 18.7 / *présent subj.*, 19.7, 50.3
conjugaison (tableaux), 50
conmigo, contigo..., 13.4
conocer, *présent ind.*, 18.7 / *présent subj.*, 19.7
conseiller de, 32.2
consonnes doubles, 1.2
construir, *présent ind.*, 18.8 / *présent subj.*, 19.8
continuer à, 37.3
convertirse [ie/i] en, 39.3
costar [ue], 13.7, 49.2
craindre que, 32.1
croire, je ne crois pas que, 32.1
cualquiera, **cualquier**, 6.2
cuan, 15.3
cuando + *subj.*, 32.2
cuanto a, os, as... como, 15.3
cuyo, 16.4

D

dans, 38.3
dar, *conjug.*, 50.2, 50.3 / *présent ind.*, 18.7 / *présent subj.*, 19.5, 50.2
date, 2.2
de + *infinitif*, 35.3
de nuevo, 39.4
de, 38.2, 38.7
deber, 36.1
decir [i] que, 32.2, 34
decir [i], *conjug.*, 26.2, 50.2, 50.3 / *présent ind.*, 18.6 / *présent subj.*, 19.6, 50.2
défense, 20.1, 20.3
del, 7.1
demander de, 32.2
demander, poser une question, **preguntar**, 34
demasiado, 15.3
démonstratifs, 11
depuis, 39.2
des, 8.2
desde hace, 39.2
desde, 39.2
desear que, 32.1
désirer que, 32.1
dès que + *subj.*, 32.2.
devenir, 39.3
devoir, 36
devoir, ce doit être, 32.5
diminutifs, 5
diphtongue, 18.2, 19.2
diphtongue (verbes à), 49.1
dire de, 32.2
dire que, 32.2
discours direct, 34
discours indirect, 34
doler [ue], 13.7, 49.2
donde, 16.5
donde + *subj.*, 32.2
dont, 16.4
dormir [ue/u], *conjug.*, 49.2 / *présent subj.*, 19.4
du, de la (articles partitifs), 9

E

el, 7
el de, los de, la de, las de, 7.2
elegir [i], *conjug.*, 49.2 / *présent ind.*, 18.3 / *présent subj.*, 19.3
el más, 47.2
el menos, 47.2
el que, los que, 16.2
empêcher de, 32.2
en cuanto + *subj.*, 32.2
en que, 16.5
en, 38.3
enclise, 13.3
enclise, à l'impératif, 20.2
encore, toujours (action qui dure), 37.3

estar, *conjug.*, 29, 50.2, 50.3 / *emplois obligatoires*, 29.3 / *présent ind.*, 18.5, 50.3 / *présent subj.*, 19.5, 50.2, 50.3
estar + *gérondif*, 37.1
estar, ser *(choisir entre)*, 29.4, 29.5
être (les deux verbes) 29
être en train de, 37.1
exclamation directe, 45.1

F

féminin, 3
futur antérieur, 27.3
futur, formation, 21 / *emploi*, 31.4 / *incertitude*, 31.4

G

genre, 3
gérondif, 28
gérondif, formation, 28.1
gérondif, irrégularités, 28.2
grande, gran, 6.2
groupes verbaux, les 3 groupes, 17.2
gustar, 13.7
gustar, me gusta que, 32.1

H

haber, 50.2, 50.3
habitude, 39.5
hace, 39.1
hace falta que, 36.1, 36.2
hacer, *conjug.*, 26.2, 50.2, 50.3 / *présent ind.*, 18.6 / *présent subj.*, 19.6, 50.2
hacerse, 39.3
hay, 39.1
hay que, 36.2
heure, 2.3
hypothèse, 32.5, 31.4, 31.5

I

ici, là, là-bas, 40
il faut, 36
il faut que je, 36
il y a, 39.1
imparfait de l'indicatif, formation, 23 / *emploi*, 31.2
impedir [i], *conjug.*, 49.2 / *présent ind.*, 18.3 / *présent subj.*, 19.3
impératif, 20
impératif négatif, 20.3
incertitude, 31.4, 31.5
indéfinis, 15
indéfinis qui expriment une quantité, 15.3
indispensable, es indispensable que, 32.1
infinitif, constructions, 35
infinitif, constructions particulières, 35.4
infinitif substantivé, 35.1
interdiction, 20.3
interdire de, 32.2
interrogatifs (les mots), 44.2
interrogation directe, 44.1
interrogation indirecte, 44.3
ir, *conjug.*, 50.2, 50.3 / *présent ind.*, 18.4 / *présent subj.*, 19.5, 50.2
ir + *gérondif*, 37.2
–ísimo, 47.1

J

jamais, 42.2
jours, 2.2

L

la, las, 7
la → el, 7.3
la que, las que, 16.2
là, là-bas, 40
le, la, les, 7.1
le mien, le tien, le sien..., 12.3
le plus, le moins, 47
le vôtre, les vôtres..., 12.4
lettres, 1.1
lieu, subordonnée de lieu, 32.2
l'imparfait du subjonctif, 25
llegar a ser, 39.3
llevar + *gérondif*, 37.4
lo, *article neutre*, 10
lo + *adj.* + **que**, 10.4
lo + *adj. ou part. passé*, 10.2
lo de, 10.3
lo que, 10.1, 16.3
los, 7
lo... todo, 10.5

M

mais (mais au contraire), 43.2
mais (mais cependant), 43.1
malo, 6.1
mandar que, 32.2, 34
manière (subordonnée de), 32.2
más, 47.2
masculin, 3
más... que, 46.1
mayor, 46.1
mejor, 46.1
même si, 32.4
menor, 46.1
menos, 47.2
menos... que, 46.1
mientras + *subj.*, 32.2
modifications orthographiques, 1.5
moins... que, 46.1
mois, 2.2
mon, ton, son, ma..., 12.1
mucho, 15.3
muy, 47.1

N

n'importe quel, 15.2
nada, 15.1
nadie, 15.1
necesario, es necesario que, 32.1
ne... même pas, 42.5
ne... pas, 42.1
ne... plus, 42.3
ne... que, 42.4
ne... rien, 42.2
ni siquiera, 42.5
ninguno, ningún, 15.2
ni... ni, 42.6
no + *subj.*, 20.3, 32.2
no sólo... sino, 43.2
no, 42.1
nom, 3.1
nombres, 2
noms de pays, 7.4
noms en **–ista** *et en* **–ante**, 3.1
noms en **–or**, 3.1
noms propres de lieux géographiques, 3.1
non pas... mais, 43.2
non plus, 42.2
non seulement... mais aussi, 43.2
normal, es normal que, 32.1
no... más, 42.3
no... ni, 42.6
no... sino, 42.4
numération, 2.1

O

obligation impersonnelle, 36.2
obligation personnelle, 36.1
obligation, 36
oír, *conjug.*, 50.2, 50.3 / *présent ind.*, 18.6 / *présent subj.*, 19.6, 50.2
ojalá, 32.1
omission de l'article, 7.4
on, 14
ordinaux, 2.1
ordre, 20.1, 20.2 / *verbes d'ordre*, 32.2
orthographe, 1.2
otra vez, 39.4
otro, 15.3
où, 16.5
où (interrogatif), 44.2

P

par, 38.5
para que, 32.1
para, 38.4
parecer, *présent ind.*, 18.7 / *présent subj.*, 19.7
participe passé, formation, 26.1 / *participes passés irréguliers*, 26.2
pasar a ser, 39.3
passage du discours direct au discours indirect, 34
passé composé, formation, 27.1 / *emploi*, 31.1
passé simple, formation, 24, 50.2 / *emploi*, 31.3
pedir [i], *conjug.*, 49.2 / *présent ind.*, 18.3
pedir [i] que, 32.2, 34

penser, je ne pense pas que, 32.1
peor, 46.1
personne, 15.1, 42.2
peu à peu, 37.2
peu de, 15.3
peut-être que, 32.5
phrase exclamative, 45
phrase interrogative, 44
phrase négative, 42
pluriel, 4
plus-que-parfait de l'indicatif, 27.2
plus-que-parfait du subjonctif, 27.3
plusieurs, 15.3
plus... que, 46.1
poco, 15.3
poder [ue], 49.2, 50.2, 50.3
poner, *conjug.*, 26.2, 50.2, 50.3 / *présent ind.*, 18.6 / *présent subj.*, 19.6, 50.2
ponerse, 39.3
por, 38.5
possessifs, 12
possible, il est possible que, 32.5
pour, 38.4
pour que, 32.1
pourvu que, 32.1
préférer que, 32.1
preferir [ie/i] que, 32.1, 49.2
preguntar, 34
premier, 2.1
prépositions, 38, 38.7
présent subj., formation, 19 / *emplois*, 32, 32.1, 32.2
présents de l'indicatif réguliers, 18.1
prier de, 32.2
primero, primer, 6.1
prohibir que, 32.2, 34
pronom indéfini, 14
pronom relatif après une préposition, 16.2
pronoms personnels, 13, 48.2
pronoms relatifs, 16
prononcer, 1
prononciation, 1.2

Q

quand (interrogatif), 44.2
quand + futur ind., 32.2
que, 16.1
que + subj., 32.2
que, comme (exclamatifs), 45.2
quel(s), quelle(s) (exclamatifs), 44.2 *et* 45.3
quel(s), quelle(s) (interrogatifs), 44.2
quelqu'un, 15.1
quelque, 15.2
quelque chose, 15.1
querer [ie], 50.2, 50.3
querer [ie] que, 32.1
qui, que, quoi (interrogatifs), 44.2
qui + subj., 32.2
quien + *sub.j*, 32.2
quién, quiénes *(interrogatifs)*, 44.2
quizá, quizás, 32.5
quoique, 32.4

R

radical, 17.1
recientemente, 6.3
recomendar [ie] que, 32.2, 34
recommander de, 32.2, 34
réitération, 39.4
relative, subordonnée relative + subj., 32.2
relire, lire à nouveau, 39.4
rien, 15.1
rogar [ue] que, 32.2, 34

S

saber, *conjug.*, 50.2, 50.3 / *présent ind.*, 18.4 / *présent subj.*, 19.5, 50.2
salir, *conjug.*, 50.2, 50.3 / *présent ind.*, 18.6 / *présent subj.*, 19.6, 50.2
sans que, 32.1
se, 13.3, 13.5, 13.6
se = *on*, 14
se lo, se la..., 13.3
seguir [i], *conjug.*, 49.2 / *présent ind.*, 18.3 / *présent subj.*, 19.3
seguir + *gérondif*, 37.3
sentir [ie/i], *conjug.*, 49.2 / *présent subj.*, 19.4
ser, 49, 50.3
ser, *conjug.*, 29, 50.2, 50.3
ser, *emplois obligatoires*, 29.2
ser, estar *(choisir entre)*, 29.1, 29.2, 29.4, 29.5
ser, *présent ind.*, 18.4 / *présent subj.*, 19.5
seulement, 42.4
si, la condition, 32.3
sin que, 32.1
singulier, 4
soler [ue], 39.5, 49.2
sólo, 42.4
subjonctif passé, 27.3
superlatifs, 47

T

tal vez, 32.5
tan / cuan, 15.3
tant, tellement, tant de, 15.3
tanto, a, os, as... como, 15.3
temer que, 32.1
temps, subordonnée de temps, 32.2
tener que, 36.1
tener [ie], *conjug.*, 50.2, 50.3 / *présent ind.*, 18.6 / *présent subj.*, 19.6, 50.2
tercero, tercer, 6.1
terminaison, 17.1
tocar, 13.7
toujours, encore (action qui dure), 37.3
tournure emphatique, 30
tournure pronominale, 12.5
tout, c.o.d, 10.5
traducir, *conjug.*, 50.3 / *présent ind.*, 18.7 / *présent subj.*, 19.7
traer, *conjug.*, 50.2, 50.3 / *présent ind.*, 18.6 / *présent subj.*, 19.6, 50.2
très, 47
troisième personne du pluriel = on, 14
trop de, 15.3

U

un, 6.1
un, une, 8.1
un autre, d'autres, 15.3
uno, alguno, ninguno, 6.1
uno, una, 14
usted, 13.5, 13.6

V

valer, *présent ind.*, 18.6 / *présent subj.*, 19.6
varios, 15.3
venir [ie], *conjug.*, 50.2, 50.3 / *présent ind.*, 18.6 / *présent subj.*, 19.6, 50.2
ver, *conjug.*, 26.2, 50.2, 50.3 / *présent ind.*, 18.4 / *présent subj.*, 19.5
verbes à diphtongue, 18.2, 19.2, 49.1
verbes à fermeture de voyelle, 49.1
verbes d'ordre, 32.2
verbes dont la 1re pers. du présent de l'ind. est en **–oy**, 18.5
verbes dont la 1re pers. du présent de l'ind. est en **–zco**, 18.7, 19.7
verbes dont la 1re pers. du présent de l'ind. est en **–go**, 18.6, 19.6
verbes en **–acer**, **–ocer**, **–ecer**, **–ucir**, 18.7, 19.7
verbes en **–uir**, 18.8, 19.8
verbes irréguliers, 50
verbes type **pedir [i]**, 18.3, 19.3, 49.2
verbes type **sentir [ie/i]**, 19.4, 49.2
vestir [i], *conjug.*, 49.2 / *présent ind.*, 18.3 / *présent subj.*, 19.3
volver [ue] a, 39.4, 49.2
volverse [ue], 39.3, 48.2, 49.2
votre, vos, à vous..., 12.4
vouloir que, 32.1
vous, 13.5, 13.6

Y

ya no, 42.3

I
ÉCRIRE, PRONONCER, COMPTER

1

> Écrire et prononcer

1.1 L'alphabet espagnol
Il comporte vingt-neuf lettres. Voici la liste de ces lettres, ainsi que la façon de les prononcer. En espagnol, les lettres sont féminines :
la a, la b, la c...
a (a); b (be); c (ce); d (de); e (e); f (efe); g (ge); h (hache); i (i); j (jota); k (ka); l (ele); ll (elle); m (eme); n (ene); ñ (eñe); o (o); p (pe); q (cu); r (ere); rr (erre); s (ese); t (te); u (u); v (uve); w (uve doble); x (equis); y (i griega); z (zeta).

1.2 L'orthographe
L'espagnol est une langue qui s'orthographie de façon quasiment phonétique :
fotografía, elefante...
Toutes les lettres se prononcent, à l'exception du h *:*
historia, búho, el auto...
La prononciation de b *et de* v *est identique :*
caballo, cavar.
On ne peut redoubler que les consonnes suivantes : **cc – ll – nn – rr.** *Ce sont celles du mot* **CaRoLiNa.** *Elles ont une prononciation particulière.* **Ración ≠ acción / pero ≠ perro / luna ≠ lluvia.**
L' apostrophe n'existe pas en espagnol : l'histoire → **la historia.**

1.3 L'accent tonique naturel
La plupart des langues ont un accent tonique naturel. Dans un mot de plusieurs syllabes, on prononce une syllabe ou une voyelle avec plus d'insistance que les autres.
Compare le même mot dans ces trois langues :
– en anglais : oc**to**ber
– en français : oc**to**br(e) *– remarque le e muet*
– en espagnol : oc**tu**bre.
L'accent tonique se trouve sur la même syllabe.
Sa place habituelle, trois règles simples :
– sur ***l'avant-dernière syllabe*** *pour les mots terminés par une* ***voyelle, par*** s ***ou par*** n *:*
la chi̲ca ha̲bla / las chi̲cas ha̲blan.
– sur ***la dernière syllabe*** *pour les mots terminés par une* ***consonne autre que*** s ***ou*** n ***ainsi que par*** y *:*
el profeso̲r / el pape̲l / esto̲y.
– l'accent tonique, sauf exceptions très rares, ***ne change pas de place en passant du singulier au pluriel*** *:*
el profeso̲r → los profeso̲res.
el pape̲l → los pape̲les.

1.4 L'accent écrit, à quoi sert-il ?
Lorsque l'accent tonique n'est pas à sa place habituelle, il indique où il se trouve :
Amé̲rica / á̲rbol / jó̲venes.
Il faut parfois l'ajouter ou le supprimer, quand on passe du singulier au pluriel :
lecció̲n / leccio̲nes – jo̲ven / jó̲venes.
Il sert aussi à différencier certains mots :
Solo *: seul /* **sólo** *: seulement.*
Se *: se /* **sé** *: je sais.*
El *: le /* **él** *: il ou lui.*
Mi *: mon /* **mí** *: moi (pour moi).*
Si *: si /* **sí** *: oui.*
De *: de /* **dé** *: que je donne.*

1.5 Modifications orthographiques
Elles permettent de conserver la prononciation initiale, selon que la lettre se trouve devant : **a, o, u,** *ou* **e, i.**
- **c → qu : secar → seco,** *mais* **sequé / Paca,** *mais* **Paquita.**
- **g → gu : pagar → pago,** *mais* **pagué / el amigo,** *mais* **el amiguito.**
- **z → c : empezar → empiezo,** *mais* **empecé / el lápiz,** *mais* **los lápices.**
- **c → z : hacer → hice,** *mais* **hizo.**
- **g → j : coger → coge,** *mais* **cojo.**

2

> Nombres et chiffres

2.1 La numération
Zéro, un, deux, trois, quatre... les cardinaux
Cero, uno, dos, tres, cuatro, cinco, seis, siete, ocho, nueve.
Diez, once, doce, trece, catorce, quince, dieciséis, diecisiete, dieciocho, diecinueve.
Veinte, veintiuno, veintidós, veintitrés,

veinticuatro, veinticinco, veintiséis, veintisiete, veintiocho, veintinueve.
Treinta, treinta y uno, treinta y dos...
cuarenta, cuarenta y uno, cuarenta y dos...
cincuenta, sesenta, setenta, ochenta, noventa...
Ciento, ciento uno, ciento dos... ciento Ø cuarenta y siete, ciento noventa y dos...
Doscientos(as)... trescientos(as)...
cuatrocientos(as)... quinientos(as)...
seiscientos(as)... setecientos(as)...
ochocientos(as)... novecientos(as)...
Mil, un millón,... mil millones *(un milliard).*
3 259 632 103 : **tres mil doscientos cincuenta y nueve millones seiscientos treinta y dos mil ciento tres.**

- *On emploie* **y** *seulement entre les dizaines et les unités :* **sesenta y dos**. *Mais :* **ciento Ø dos**.
- **Un → una** *au féminin :* **veintiuna chicas**.
- **Uno → un** *devant un nom masculin :* **veintiún chicos**.
- **Ciento → cien** *devant un nom :* **cien niños**, *et devant un nombre multiplié :* **cien millones**.
- *Les centaines s'accordent avec le nom qu'elles déterminent :* **doscientas páginas**.

Le premier, le deuxième, le troisième... les ordinaux

- **El primero, el segundo, el tercero, el cuarto, el quinto, el sexto, el séptimo, el octavo, el noveno, el décimo, el undécimo, el duodécimo.**
- *Attention, devant un nom masculin singulier :* **primero → primer, tercero → tercer.**

El primer plano, el tercer artículo.
À partir de treizième, on emploie habituellement les cardinaux :
el veinticuatro aniversario.

2.2 *Lire la date*

- *Les jours :* **lunes, martes, miércoles, jueves, viernes, sábado, domingo.**
- *Les mois :* **enero, febrero, marzo, abril, mayo, junio, julio, agosto, septiembre, octubre, noviembre, diciembre.**

Lunes, quince de septiembre de 2003 (dos mil tres).
Lunes, a quince de septiembre de 2003. *(En-tête de lettre.)*

2.3 *Lire l'heure*

- *Une heure,* **La una.** *Deux heures,* **Las dos**.
- **¿Qué hora es, por favor? – Es la una y media, son las dos, las tres...**
- **Las cinco y cuarto – Las diez de la mañana – Las seis menos diez – Las cinco y veinte de la tarde – Las cuatro y media de la madrugada – Las doce de la noche.**

II
LE NOM, L'ADJECTIF, LES PRONOMS

3

> *Masculin / féminin : le genre*

3.1 *Le nom*

- *Un nom masculin en espagnol peut être féminin en français et vice-versa.*

Le lait, **La leche**. *La dent,* **El diente**.

- *Généralement, les noms en* **–o** *sont masculins, les noms en* **–a** *sont féminins, mais :*

– *Les noms en* **–ema** *sont généralement masculins :*
un problema, el tema, el poema...
– *D'autres mots terminés par* **–a** *sont également masculins :*
el clima, el mapa *(la carte),* **el poeta...**
– *Les noms en* **–ista** *et en* **–ante** *peuvent être masculins ou féminins :*
un dentista / una dentista.
un estudiante / una estudiante.

- *Les noms en* **–or** *sont tous masculins.*

Deux exceptions à connaître : **la flor, la labor**.

- *Les noms propres de lieux géographiques (fleuves, montagnes...) sont du genre masculin, même les noms étrangers :*

el Ebro, el Sena, el Ródano, el Loira, el Mediterráneo, los Andes...

3.2 *L'adjectif, son accord en genre*

- *Les adjectifs en* **–o** *au masculin font leur féminin en* **–a** *:* **negro, negra**.
- *On ajoute un* **–a** *au masculin pour :*

– *les adjectifs en* **–ín, –án, –ón**.
Llorón, llorona / charlatán, charlatana.
– *les adjectifs en* **–dor, –sor, –tor**.
Seductor, seductora.
– *les adjectifs de nationalité.*
Francés, francesa / alemán, alemana.

- *Attention, tous les autres adjectifs sont identiques au masculin et au féminin.*

El corredor interior / la galería interior.
El hijo mayor / la hija mayor.
El chico fuerte / la chica fuerte.
Una cosa fácil / un ejercicio fácil.
Un hombre cortés / una mujer cortés.

4

> Singulier / pluriel : le nombre

La règle est la même pour les noms et les adjectifs.

4.1 ***Mots terminés par une voyelle, on ajoute un –S***
La casa, las casas / triste, tristes / el caballo, los caballos.

4.2 ***Mots terminés par une consonne, on ajoute –ES***
El señor, los señores.
La ley, las leyes.
Attention, les mots terminés par **–í, –ú,** *ont également un pluriel en* **–es** *:* **rubí, rubíes.**

Attention, les noms terminés par un **–s** *au singulier,*
- *sont invariables si la dernière syllabe ne porte pas l'accent tonique.*
La crisis, las crisis.
- *prennent* **–es** *si l'accent tonique se trouve sur la dernière syllabe, ou s'ils sont monosyllabes.*
El interés, los intereses.
El dios, los dioses.

5

> Les diminutifs

- *On ajoute* **–ito, –ita** *aux mots terminés par* **–o, –a,** *ou par une consonne autre que* **–n** *et* **–r.**
Chico → chiquito / animal → animalito / casa → casita.
- *On ajoute* **–cito, –cita** *aux mots terminés par* **–e, –n** *ou* **–r.**
Hombre → hombrecito
Rincón → rinconcito
Pastor → pastorcito
Attention, cette règle peut varier et tous les mots ne sont pas susceptibles de recevoir un diminutif.

6

> L'apocope

C'est la disparition d'une voyelle ou d'une syllabe à la fin d'un mot.

6.1 ***Adjectifs qui perdent le –O final devant un nom masculin singulier***
Bueno.
Malo.
Uno, alguno, ninguno.
Primero.
Tercero.
Un buen hombre / el primer capítulo / un libro...
Mais : la primera estrofa.

6.2 ***Adjectifs qui s'apocopent devant un nom au singulier, masculin ou féminin***
Grande → gran.
Cualquiera → cualquier.
La gran ciudad / cualquier cosa.

6.3 ***L'apocope de* RECIENTEMENTE**
Recientemente → recién *devant un participe passé.*
El bebé recién nacido / los recién casados...

7

> *L'article défini* : el, la, los, las

7.1 ***« Le, la, les »* → EL, LA, LOS, LAS**
El cuaderno, los cuadernos / la profesora, las profesoras.
Attention :
– a + el → al
– de + el → del
Voy al teatro / vengo del cine.

7.2 ***« Celui de, ceux de, celle de, celles de »* → EL DE, LOS DE, LA DE, LAS DE**
C'est sa table, c'est celle de Pedro, **Es su mesa, es la de Pedro.**
Ce sont ses livres, ce sont ceux de Pedro, **Son sus libros, son los de Pedro.**

7.3 ***L'article* LA → EL**
Devant tous les noms commençant par **a–** *(ou* **ha–***) accentué, l'article* **la** *est remplacé par* **el**.
El agua cristalina, las aguas cristalinas.
El hacha, las hachas.
Si l'accent se trouve sur une autre syllabe, l'article ne change pas.
La amistad, las amistades.

7.4 ***Omission de l'article***
• *Devant* **casa** *dans le sens de « chez ».*
Pepe está en casa.
Voy a casa.
• *Devant les noms de pays quand ils sont employés seuls.*
La** France et **l'**Espagne font partie de **l'**Europe,* **Francia y España forman parte de Europa.** *(Il y a quelques exceptions :* **la India, el Perú, los Estados Unidos...).*
Mais attention, on emploie l'article quand le pays est déterminé : **la España de Franco**.

8

> *L'article indéfini*

8.1 ***« Un, une »***
Au singulier, **un, una → un libro, una casa.**

8.2 ***« Des »***
Au pluriel, l'espagnol n'exprime habituellement pas l'article indéfini français « des » (pluriel de « un, une ») :
J'ai acheté un journal, **He comprado un periódico.** *Mais : J'ai acheté des journaux,* **He comprado ∅ periódicos.**

8.3 ***Omission de l'article***
Il n'y a généralement pas d'article indéfini devant certains adjectifs : **otro, igual, semejante, cualquier, medio, distinto.**
Revenez un autre jour, **Vuelva ∅ otro día.**
Donnez-moi une livre de tomates, **Déme ∅ medio kilo de tomates.**

9

> *L'article partitif*

« Du, de la »
Ces articles partitifs (qui désignent « une partie du tout ») ne sont pas exprimés en espagnol : Je mange du pain avec de la confiture, **Como ∅ pan con ∅ mermelada.**

10

> *L'article neutre* lo

Il ne s'emploie jamais devant un nom.

10.1 ***« Ce qui, ce que... »* → LO QUE...**
Je n'aime pas ce que tu dis, **No me gusta lo que dices.**

10.2 ***« Ce qui est, ce qu'il y a de... »***
→ LO + *adjectif ou part. passé*
Ce qui est important c'est de participer, **Lo importante es participar.**

10.3 ***« Ce qui à trait à, ce qui concerne »***
→ LO DE
Pour ce qui concerne la télévision, **En cuanto a lo de la televisión.**

10.4 ***« Combien, comme »***
→ LO + *adjectif* + QUE
L'adjectif s'accorde avec le nom qu'il qualifie : Tu n'imagines pas combien (comme) elle est jolie, **No te imaginas lo linda que es.**

10.5 ***« Tout », complément d'objet direct***
→ LO... TODO
Lorsque **todo** *est c.o.d., il est toujours accompagné de* **lo** *: Je sais tout,* **Lo sé todo.**

11

> *Les démonstratifs*

11.1 ***« Ce, cet, cette, ces », adjectifs***
Masculin : **este, estos / ese, esos / aquel, aquellos.**

Féminin : esta, estas / esa, esas / aquella, aquellas.
À qui est ce livre (-ci) ?, ¿De quién es este libro?
À qui est ce livre (-là) ?, ¿De quién es ese libro?
Te souviens-tu de ces années-là ?, ¿Recuerdas aquellos años?

11.2 ***« Celui-ci, celui-là, ceux-ci, ceux-là, celle(s)-ci, celle(s)-là », pronoms***
Les formes sont identiques aux précédentes. Elles se différencient par l'accent écrit.
Mais qui est celui-ci ?, Pero ¿quién es éste?

11.3 ***« Ceci, cela, ça », le neutre***
Des formes uniques et invariables, sans accent : esto, eso, aquello.
Ceci ne me plaît pas, Esto no me gusta.

12

> Les possessifs

12.1 ***« Mon, ton, son, ma, ta, sa... », les adjectifs***
Lorsqu'ils sont placés avant le nom :
mi, mis / tu, tus / su, sus / nuestro, a, os, as / vuestro, a, os, as / su, sus.
Mes livres, ta maison, Mis libros, tu casa.

12.2 ***« À moi, à toi, à lui... »***
Lorsqu'il a ce sens, l'adjectif possessif espagnol est placé après le nom et s'accorde avec lui. Il est souvent, dans ce cas, attribut du verbe ser *:*
mío, a, os, as / tuyo, a, os, as / suyo, a, os, as / nuestro, a, os, as / vuestro, a, os, as / suyo, a, os, as.
C'est un ami à moi (un de mes amis), Es un amigo mío / *Mon Dieu !,* ¡Dios mío! / *Cette moto est à moi,* Esta moto es mía.

12.3 ***« Le mien, le tien, le sien... », les pronoms***
Ce sont les adjectifs du paragraphe précédent précédés de l'article défini, el, la, los, las.
C'est le mien, Es el mío.

12.4 ***« Votre, vos, à vous, le vôtre, les vôtres, la vôtre »***
• *Attention ! Ces formes peuvent renvoyer en espagnol au vouvoiement de politesse avec* usted *ou bien* ustedes. *On emploie dans ce cas les adjectifs de la 3e personne, singuliers ou pluriels :* su, sus, suyo, a, os, as.
Voici votre voiture, Monsieur, Aquí está su coche, señor.
Madame, cette écharpe est-elle à vous ?, Señora, ¿esta bufanda es suya?
• De usted, de ustedes *: la préposition* de *suivie du pronom sujet peut également marquer la possession.*
Cette voiture est à vous ?, ¿El coche es de usted?

12.5 ***La tournure pronominale***
Elle peut exprimer l'idée de possession et remplace souvent, en espagnol, l'adjectif possessif. Dans ce cas le pronom personnel complément (me, te, se, nos, os, se) *renvoie à la personne et la « chose possédée » est précédée de l'article défini :*
J'ai passé mon temps à dormir, Me pasé el tiempo durmiendo.
Mets ton pull, il fait froid, Ponte el jersey, que hace frío.

13

> Les pronoms personnels

13.1 ***Les trois séries de pronoms personnels***
Il faut bien distinguer trois fonctions qui correspondent à trois séries différentes :
• *Pronoms sujets :* ***(Moi) je*** *mange,* Yo como.
• *Pronoms compléments : Je* ***le*** *donne,* Lo doy. *Tu* ***me*** *parles,* Me hablas.
• *Pronoms après une préposition : Pour* ***moi***, Para **mí**.

13.2 ***Pronoms sujets***

yo	tú	él, ella
je, moi	*tu, toi*	*il, lui, elle*
nosotros/-as	vosotros/-as	ellos/-as
nous	*vous*	*ils, eux, elles*

La personne étant exprimée par la terminaison du verbe, les pronoms sujets ont en général une valeur d'insistance : Hablo, ***Je*** *parle /* **Yo** hablo, *C'est* ***moi*** *qui parle.*

13.3 ***Pronoms compléments***
• *Complément direct*

me	te	lo, la, le, se
me	*te*	*le, la, se*
nos	os	los, las, les, se
nous	*vous*	*les, se*

Les pronoms de la troisième personne **le** *(sg.) et* **les** *(pl.) ne peuvent pas être employés pour un objet.* Lo, la, los, las *peuvent être employés dans tous les cas.*

Ton frère ? Je ***le*** *vois* → ¿Tu hermano?, **lo** *(ou* **le***)* veo.
Mais : Ce livre ? Je ***le*** *vois* → ¿Este libro?, **lo** *(***le** *impossible)* veo.

• *Complément indirect*
Comme le complément direct, sauf à la ***3ᵉ personne qui n'a qu'une seule forme****.*
3ᵉ pers. du singulier : **le** → *lui.*
3ᵉ pers. du pluriel : **les** → *leur.*
Tu ***lui*** *donnes,* **Le** das.

• *Enclise*
Le ou les pronoms compléments sont obligatoirement ***soudés*** *à la fin du verbe à* ***l'infinitif****, au* ***gérondif*** *ou à* ***l'impératif*** *(ordre).*
Lavar**se** las manos, está lavándo**se** las manos, láva**te** las manos.

• *Ordre des pronoms compléments*
En français, l'ordre varie ; en espagnol, toujours : ***indirect + direct****.*
Tu ***me le*** *dis* → **Me lo** dices.
*Dis-****le moi*** → Dí**melo**.

• Se lo, se la, se los, se las
Lorsque deux pronoms de la 3ᵉ personne se suivent, le premier devient **se** *dans tous les cas.*
Je ***leur*** *donne + je* ***le*** *donne = je* ***le leur*** *donne,*
Les doy + **lo** doy = **se lo** doy.

13.4 *Pronoms personnels après préposition*

mí	**ti**	**él, ella, sí**
moi	*toi*	*lui, elle, soi*
nosotros/-as	**vosotros/-as**	**ellos/-as, sí**
nous	*vous*	*eux, elles, soi*

Attention aux trois formes spéciales avec **con** *:*
conmigo, ***avec moi*** *;* **contigo,** ***avec toi*** *et* **consigo,** ***avec soi****. Les autres formes sont régulières :* con él, con nosotros...

13.5 *Les trois « vous »*

En français ***vous (2ᵉ pers. pl.)*** *:*
- *plusieurs personnes que l'on tutoie (tu + tu +...)* → **vosotros, as** ***(2ᵉ pers. pl.)***
- *une seule personne que l'on vouvoie (monsieur...)* → **usted** ***(3ᵉ pers. sg.)***
- *plusieurs personnes que l'on vouvoie (vous + vous +...)* → **ustedes** ***(3ᵉ pers. pl.)***

13.6 USTED, *le vouvoiement*

Il suffit de ne jamais oublier que l'espagnol emploie la troisième personne.

• *Sujet*
Que voulez-vous, monsieur ?, ¿Qué quier**e** **usted**, señor?
Que désirez-vous, messieurs ?, ¿Qué dese**an** **ustedes**, señores?

• *Complément direct ou indirect*
Je vous parle, madame, **Le** hablo, señora.
Qu'est-ce que je vous sers, jeune homme ?, ¿Qué **le** sirvo, joven?
Qu'est-ce que je vous sers, mesdemoiselles ?, ¿Qué **les** sirvo, señoritas?

• Se lo...
Je vous l'offre, madame la ministre, **Se lo** ofrezco, señora ministra.

• *Réfléchi*
Asseyez-vous, mon cher, Siént**ese**, amigo mío.
Voulez-vous vous asseoir, mesdames ?, ¿Quier**en** senta**rse**, señoras?

• *Avec préposition*
C'est pour vous, mon capitaine, Es para **usted**, mi capitán.
J'irai avec vous, messieurs, Iré con **ustedes**, señores.

13.7 *Construction des verbes du type* GUSTAR

Gustar, *équivalent courant de « aimer »,* ***s'accorde comme « plaire »****.*
*J'aim**e** ces fleur**s** = Ces fleur**s** me plais**ent**.*
→ Me gust**an** estas flor**es** *(ou,* Estas flor**es** me gust**an***).*
On peut préciser ou renforcer le complément, ce n'est pas obligatoire. La règle d'accord ne change évidemment pas.
Les garçons aiment le football :
→ *Le football plaît* ***aux*** *garçons.*
→ **A los** chicos **les** gusta el fútbol.
Nous aimons le chocolat :
→ *Le chocolat* ***nous*** *plaît (à nous).*
→ **(A nosotros) nos** gusta el chocolate.

Autres verbes qui, comme gustar*, ont une construction inversée par rapport à leur équivalent français :*
Doler [ue], *avoir mal, se construit comme « faire mal ».*
Apetecer, *avoir envie, se construit comme « faire envie ».*
Costar [ue], *avoir du mal à, se construit comme « coûter, être difficile ».*
Donc :
Il a mal aux pieds, **(A él) le** duelen los pies.

Vous avez envie de sortir, **(A vosotros) os** apetece salir.
Ils ont du mal à courir, **(A ellos) les** cuesta correr.
Attention à tocar, *qui a une construction particulière.*
C'est à ton tour (c'est à toi) de chanter, **(A ti) te** toca cantar.

14

> « On », comment l'exprimer en espagnol ?

Ce pronom indéfini français n'a pas d'équivalent exact en espagnol. On emploie suivant les cas :

• **Se** *+ verbe à la 3e personne*
Ici, ***on mange*** *bien,* Aquí **se come** bien.
Cette tournure est employée pour exprimer un fait général qui, habituellement, se répète. Elle est impossible à utiliser avec un verbe qui est déjà pronominal, comme par exemple **levantarse**.
Attention à l'accord : **Se vende un apartamento, se venden casas.**

• *La troisième personne du pluriel*
On frappe *à la porte :* **Llaman** a la puerta.
Dans ce cas, il s'agit d'un sujet très indéterminé, le « je » est exclu.

• **Uno, una**
• *Lorsque « on » est employé avec un verbe pronominal :*
Uno se levanta a las siete.
• *Lorsque le « je » est impliqué :*
Una lo hace todo en casa.

15

> Les indéfinis

15.1 Les indéfinis à valeur nominale

Ils sont invariables.
Quelque chose → **algo**.
Quelqu'un → **alguien**.
Rien → **nada**.
Personne → **nadie**.
Attention à la double construction des indéfinis négatifs **nada** *et* **nadie** *(Voir § 42.2).*

15.2 Les indéfinis à valeur partitive et indéterminée

Quelque → **alguno**.
Aucun → **ninguno**.
N'importe quel → **cualquiera**.
Attention à l'apocope de alguno, ninguno, cualquiera *(Voir § 6).*

15.3 Les indéfinis qui expriment une quantité

Peu de → **poco, a, os, as**.
Beaucoup de → **mucho, a, os, as**.
Assez de → **bastante, bastantes**.
Trop de → **demasiado, a, os, as**.
Plusieurs → **varios, as**.
Autant de... que... → **tanto, a, os, as... como...**
Un autre, d'autres → **otro, a, os, as**.

• *Avec un nom, ils s'accordent :*
Pocas chicas – bastantes libros – varias ocasiones – tantos hombres como mujeres – otras personas.

• *Avec un adjectif, un verbe ou un adverbe, ils sont invariables :*
Las calles son demasiado estrechas – hay que trabajar mucho.

• **Tanto / cuanto → tan / cuan**
Ils s'apocopent devant un adjectif ou un adverbe :
Una chica **tan** guapa.

16

> Les pronoms relatifs

16.1 Le pronom relatif QUE

Que → *qui, que, quoi.*
Los niños **que** juegan, *Les enfants qui jouent.*
El libro **que** me interesa, *Le livre qui m'intéresse.*
La casa **que** ves, *La maison que tu vois.*

16.2 Le pronom relatif après une préposition

• *Renvoie à une chose*
→ **el que, los que / la que, las que.**
La película **de la que** te hablo.
• *Renvoie à une personne*
→ **quien, quienes.**
La chica **con quien** salgo.

16.3 ***La traduction de « ce que »***

Ce que → **lo que**.

Lo que me interesa es la literatura.

16.4 ***La traduction de « dont »***

• **Cuyo, a, os, as** → *dont le, dont la, dont les.*

Il est toujours suivi du nom auquel il se rapporte et avec lequel il s'accorde.

La casa **cuya chimenea...**, el árbol **cuyas ramas...**

• *« Dont » complément d'un verbe*

Dans ce cas, on utilise : **de quien, del que, de la que, de los que...**

La jeune fille dont je parle, La joven **de quien** hablo.

La ville dont je parle, La ciudad **de la que** hablo.

16.5 ***Le pronom relatif « où »***

• *Pour un lieu* → **donde / en que**.

La ciudad **donde (en que)** vivo.

• *Pour une période de temps* → **en que**.

La época **en que** vivimos.

III

LE VERBE SAVOIR CONJUGUER

17

> Le verbe

17.1 ***Le radical et la terminaison***

Comme en français, toute forme verbale est composée d'un radical et d'une terminaison :

Hablar *:* habl/ar.

Hablo *:* habl/o.

Hablando *:* habl/ando.

Hablaba *:* habl/aban.

17.2 ***Les trois groupes***

Tous les verbes espagnols se répartissent en trois groupes, définis à partir de leur infinitif :

1er groupe, verbes en –AR : hablAR, contestAR, cantAR,...

2e groupe, verbes en –ER : aprendER, comER, bebER,...

3e groupe, verbes en –IR : escribIR, vivIR, subIR,...

18

> Le présent de l'indicatif

18.1 ***Les verbes réguliers***

Verbes en –AR :

Hablar: habl**o**, habl**as**, habl**a**, habl**amos**, habl**áis**, habl**an**.

Verbes en –ER et en –IR :

Aprender: aprend**o**, aprend**es**, aprend**e**, aprend**emos**, aprend**éis**, aprend**en**.

Escribir: escrib**o**, escrib**es**, escrib**e**, escrib**imos**, escrib**ís**, escrib**en**.

Remarque : la première personne est généralement en **o** *:* habl**o**, aprend**o**, escrib**o**.

18.2 ***Les verbes à diphtongue, e → ie, o → ue***

• *Qu'est-ce que la diphtongue ? Certains verbes subissent une modification de la voyelle du radical lorsqu'elle est accentuée. Ce phénomène existe en français ; c'est le cas par exemple du verbe « tenir » : je t**ie**ns, tu t**ie**ns, il t**ie**nt, nous t**e**nons, vous t**e**nez, ils t**ie**nnent.*

• *Il existe 2 types de diphtongues :*

e → ie, o → ue.

Cette modification a lieu aux 3 personnes du singulier et à la 3e du pluriel, parce qu'il s'agit de la voyelle accentuée. ***Donc pas de diphtongue à la 1re ni à la 2e personne du pluriel.***

Pensar → p**ie**nso, p**ie**nsas, p**ie**nsa, pensamos, pensáis, p**ie**nsan.

Poder → p**ue**do, p**ue**des, p**ue**de, podemos, podéis, p**ue**den.

Voir liste des principaux verbes à diphtongue (§ 49.1).

18.3 ***Verbes du type* PEDIR *(fermeture de voyelle),* e → i**

Pour ces verbes, le **e** *final du radical se ferme en* **i** *lorsque la terminaison ne comporte pas de* **i** *accentué.*

Pedir → p**i**do, p**i**des, p**i**de, pedimos, pedís, p**i**den.

Sur le même modèle : **seguir, vestir, elegir, impedir,...**
Tu remarques que cette fermeture se produit aux 3 personnes du singulier et à la 3e du pluriel, comme pour les verbes à diphtongue.

18.4 *Verbes très particuliers*

Haber: he, has, ha, hemos, habéis, han.
Ser: soy, eres, es, somos, sois, son.
Ir: voy, vas, va, vamos vais, van.
Ver: veo, ves, ve, vemos, veis, ven.
Saber: sé, sabes, sabe, sabemos, sabéis, saben.

18.5 *Verbes dont la 1re personne est en* –OY

Estar → estoy, estás, está, estamos, estáis, están.
Dar → doy, das, da, damos, dais, dan.

18.6 *Verbes dont la 1re personne est en* –GO

Hacer	**→ hago**	**Decir**	**→ digo**
Poner	**→ pongo**	**Venir**	**→ vengo**
Salir	**→ salgo**	**Caer**	**→ caigo**
Oír	**→ oigo**	**Traer**	**→ traigo**
Tener	**→ tengo**	**Valer**	**→ valgo**

18.7 *Verbes dont la 1re personne est en* –ZCO

C'est le cas de la quasi totalité des verbes en –ACER, –OCER, –ECER, –UCIR.
Conocer → conozco
Parecer → parezco
Traducir → traduzco
Conducir → conduzco

18.8 *Les verbes en* –UIR

Un **y** *s'intercale entre le radical et les voyelles autres que* **i** *de la terminaison.*
Concluir → concluyo, concluyes, concluye, concluimos, concluís, concluyen.
Sur ce modèle : **huir, construir,...**

19

> Le présent du subjonctif

19.1 *Verbes réguliers*

Les verbes en –AR ont, à toutes les personnes, un **e** *:*
Hablar → hable, hables,...

Les verbes en –ER et en –IR, un **a** *:*
Aprender → aprenda, aprendas,...
Escribir → escriba, escribas,...

19.2 *Les verbes à diphtongue*

Ils gardent la diphtongue aux mêmes personnes qu'au présent de l'indicatif, donc aux 3 personnes du singulier et à la 3e du pluriel :
Pensar: piense, pienses, piense, pensemos, penséis, piensen.
Poder: pueda, puedas, pueda, podamos, podáis, puedan.

19.3 *Les verbes du type* PEDIR *(fermeture de voyelle)*

La voyelle du radical est **i**, *à toutes les personnes :*
Pedir: pida, pidas, pida, pidamos, pidáis, pidan.
Sur ce modèle : **seguir, vestir, elegir, impedir,...**

19.4 *Les verbes du type* SENTIR *(diphtongue et fermeture de voyelle)*

Ces verbes combinent la diphtongue et la fermeture ; ils diphtonguent comme pensar *(***e → ie***) lorsque* **e** *est placé sous l'accent tonique, et* **e** *se ferme en* **i** *comme* pedir *(***e → i***) quand l'accent tonique tombe sur une voyelle de la terminaison autre que* **i**.

Dans les mêmes conditions, le **o** *de* dormir *et de* morir *donnera tantôt* **ue** *tantôt* **u**.
Sentir: sienta, sientas, sienta, sintamos, sintáis, sientan.
Dormir: duerma, duermas, duerma, durmamos, durmáis, duerman.

19.5 *Verbes très particuliers*

Haber: haya, hayas, haya, hayamos, hayáis, hayan.
Ser: sea, seas, sea, seamos, seáis, sean.
Ir: vaya, vayas, vaya, vayamos, vayáis, vayan.
Saber: sepa, sepas, sepa, sepamos, sepáis, sepan.
Ver: vea, veas, vea, veamos, veáis, vean.
Attention à l'accent pour **estar** *et* **dar** *:*
Estar: esté, estés, esté, estemos, estéis, estén.
Dar: dé, des, dé, demos, deis, den.

19.6 *Verbes dont la 1re personne du présent de l'indicatif est en* –GO

Ces verbes se conjuguent en **–ga** *au présent du subjonctif :*
Hacer, hago → haga, hagas,...
Poner, pongo → ponga, pongas,...

Decir, digo → diga, digas,...
Tener, tengo → tenga, tengas,...
Salir, salgo → salga, salgas,...
Venir, vengo → venga, vengas,...
Oír, oigo → oiga, oigas,...
Caer, caigo → caiga, caigas,...

19.7 *Verbes en –ACER, –OCER, –ECER, –UCIR*
Leur subjonctif présent est aussi formé sur le modèle de la 1re personne du présent de l'indicatif :
Conocer, conozco → conozca, conozcas, conozca, conozcamos, conozcáis, conozcan.
Parecer, parezco → parezca, parezcas,...

19.8 *Verbes en –UIR*
Concluir: concluya,...
Le **y** *est présent à toutes les personnes.*

20

> *L'impératif, formation et emploi*

20.1 *Emploi*
Il est essentiel de bien distinguer deux cas :
– ***L'ordre*** *: Viens,* **Ven** *; Mangeons,* **Comamos.**
– ***La défense*** *(ordre négatif) :*
Ne viens pas, **No vengas.**
Ne mangeons rien, **No comamos nada.**

20.2 *L'ordre*
• ***Les deux personnes spécifiques***
– *La 2e personne du singulier (le* tú *du tutoiement), une astuce : pour l'obtenir, prends la 2e personne du singulier du présent de l'indicatif et supprime le* **s**.
Hablar: tú habla**s** → **habla.**
Aprender: tú aprende**s** → **aprende.**
Escribir: tú escribe**s** → **escribe.**
Attention aux irréguliers à cette 2e personne du singulier !

Decir	→ **di**	Salir	→ **sal**
Hacer	→ **haz**	Ser	→ **sé**
Ir	→ **ve**	Tener	→ **ten**
Poner	→ **pon**	Venir	→ **ven**

– *La 2e personne du pluriel* (vosotros)*, autre astuce : remplace le* **r** *de la terminaison de l'infinitif par* **d**.
Habla**r** → **hablad**
Aprende**r** → **aprended**
Escribi**r** → **escribid**

• ***Les autres personnes***
nosotros / usted / ustedes
Elles sont toutes issues du subjonctif présent.
Hablar → **hablemos**
Escribir → **escribamos**
Hablar → **hable** usted
Aprender → **aprenda** usted
Hablar → **hablen** ustedes
Aprender → **aprendan** ustedes

• ***L'enclise du pronom***
Comme en français, elle est obligatoire.
Attention à l'ordre des pronoms (Voir § 13.3).
Cállate, hazlo, dímelo...
Ne pas oublier l'accent écrit.
L'enclise peut entraîner des modifications :
Callemos + nos → **callémonos**
Callad + os → **callaos**
C'est la même chose pour les verbes pronominaux : **sentémonos, sentaos,...**

20.3 *La défense (l'interdiction)*
Toutes les personnes sont issues du présent du subjonctif : **No + *verbe conjugué*** *à la personne correspondante.*
No hables, **no** habléis
No hablemos
No hable, **no** hablen
Jamais d'enclise du pronom : no **te** sientes, no **se** siente.

21

> *Le futur*

21.1 *Verbes réguliers*
Comme en français, le futur est formé à partir de ***l'infinitif*** *du verbe* **+ *terminaisons***.
Pour les 3 groupes, c'est la même terminaison :
Hablar, **Aprender**, **Escribir** } + **é, ás, á, emos, éis, án.**
Remarque : présence d'un ***accent écrit*** *à toutes les personnes sauf à la 1re du pluriel.*

21.2 *Verbes irréguliers*
Quelques verbes changent de radical mais les terminaisons sont identiques :

Poder → podré,...	Caber → cabré,...
Poner → pondré,...	Haber → habré,...
Tener → tendré,...	Saber → sabré,...
Venir → vendré,...	Decir → diré,...
Salir → saldré,...	Hacer → haré,...
Valer → valdré,...	Querer → querré,...

22

> Le conditionnel

22.1 ***Verbes réguliers***

Comme le futur, le conditionnel est formé à partir de l'infinitif. La terminaison, commune aux 3 groupes, est ici en **–ía**.

Hablar / Aprender / Escribir } + ía, ías, ía, íamos, íais, ían.

Remarque : présence d'un accent écrit sur le **í** *à toutes les personnes.*

22.2 ***Verbes irréguliers***

Les verbes ***irréguliers au futur*** *le sont aussi au conditionnel.*

Tener → tendré → **tendría**,...
Salir → saldré → **saldría**,...
Poner → pondré → **pondría**,...

23

> L'imparfait de l'indicatif

À partir du radical de l'infinitif + terminaisons de 2 types :

Verbes en –AR : Hablar → habl**aba**, habl**abas**, habl**aba**, habl**ábamos**, habl**abais**, habl**aban**.

Verbes en –ER et en –IR : Aprender → aprend**ía**, aprend**ías**, aprend**ía**, aprend**íamos**, aprend**íais**, aprend**ían**.

3 verbes particuliers :

Ser: era, eras, era, éramos, erais, eran.
Ir: iba, ibas, iba, íbamos, ibais, iban.
Ver: veía,...

Attention aux accents écrits !

24

> Le passé simple

24.1 ***Verbes réguliers***

- ***Les 3 groupes :***

Verbes en –AR :
Radical + **é, aste, ó, amos, asteis, aron.**
Verbes en –ER et en –IR : ils se conjuguent de la même façon.
Radical + **í, iste, ió, imos, isteis, ieron.**

- ***Les verbes du type*** PEDIR

Pedir: pedí, pediste, **pidió**, pedimos, pedisteis, **pidieron**.

- ***Les verbes du type*** SENTIR

Sentir: sentí, sentiste, **sintió**, sentimos, sentisteis, **sintieron**.
Tous ces verbes sont accentués sur la terminaison.

24.2 ***Verbes irréguliers***

- *Certains verbes, parmi les plus courants, sont irréguliers. Ils ont un radical spécifique au passé simple :*

Andar → ANDUV
Haber → HUB
Estar → ESTUV
Tener → TUV
Poder → PUD
Poner → PUS
Querer → QUIS
Saber → SUP
Venir → VIN
Hacer → HIC
Conducir → CONDUJ
Decir → DIJ
Traer → TRAJ
} *+ terminaisons*

Tous ces verbes ont des terminaisons identiques, aucune d'entre elles ne porte d'accent écrit : **–e, –iste, –o, –imos, –isteis, –ieron.**
Quise, quisiste, quiso, quisimos, quisisteis, quisieron.

- *Attention :*

– **jie** *devient* **je** *:* decir → **dijeron**, *de même que* **traer, conducir, traducir**.
– *aux verbes dérivés :* **proponer** *se conjugue comme* **poner, detener** *comme* **tener, traducir** *comme* **conducir...**
– *à la modification orthographique de* **hacer** *:* hice, hiciste, **hizo**.

- *3 verbes ont un passé simple particulier :*

– **Ser** *et* **ir : fui, fuiste, fue, fuimos, fuisteis, fueron.**

– **Dar**, *qui se conjugue comme un verbe en -ER* : **di, diste, dio, dimos, disteis, dieron.**

25

> L'imparfait du subjonctif

Pour tous les verbes, il est formé sur la 3e personne du pluriel du passé simple : on remplace **–RON** *par* **–RA** *ou par* **–SE**.
Hablar: hablaron → hablara, hablaras, hablara, habláramos, hablarais, hablaran.
Ser: fueron → fuera,...
Les verbes irréguliers au passé simple sont donc également irréguliers à l'imparfait du subjonctif.

26

> Le participe passé

26.1 Formation

Verbes en –AR → **–ado**
Verbes en –ER, –IR → **–ido**

26.2 Principaux participes passés irréguliers

Abrir	→	**abierto** *(ouvert)*
Cubrir	→	**cubierto** *(couvert)*
Decir	→	**dicho** *(dit)*
Escribir	→	**escrito** *(écrit)*
Freír	→	**frito** *(frit)*
Hacer	→	**hecho** *(fait)*
Imprimir	→	**impreso** *(imprimé)*
Morir	→	**muerto** *(mort)*
Poner	→	**puesto** *(mis)*
Pudrir	→	**podrido** *(pourri)*
Resolver	→	**resuelto** *(résolu)*
Romper	→	**roto** *(cassé)*
Satisfacer	→	**satisfecho** *(satisfait)*
Ver	→	**visto** *(vu)*
Volver	→	**vuelto** *(revenu)*

Attention aux dérivés :

Descubrir	→	descubierto *(découvert)*
Imponer	→	impuesto *(imposé)*
Prever	→	previsto *(prévu), etc.*

26.3 Accord

• *Jamais d'accord avec l'auxiliaire* **haber** *(temps composés). Les filles que tu as* ***vues***, Las chicas que has visto.
• *Lorsqu'il est adjectif, il s'accorde : Elles sont fatiguées*, Están cansadas.

27

> Les temps composés

Formation

• *Ils sont tous formés avec l'auxiliaire* **haber** *suivi du participe invariable :*
He cantado, había comido, habrá dicho.
• *L'auxiliaire et le participe* ***ne sont jamais séparés*** *: Il a beaucoup parlé*, **Ha hablado mucho.**
• *Attention aux verbes qui en français sont construits avec* ***« être »*** *à la forme active :*
Il est tombé, **Se ha caído.**
Il était venu, **Había venido.**

27.1 Le passé composé

Il est formé avec **haber** *au présent de l'indicatif :*
He, has, ha, hemos, habéis, han + *participe passé.*

27.2 Le plus-que-parfait

Il est formé avec **haber** *à l'imparfait de l'indicatif :*
Había, habías, había, habíamos, habíais, habían + *participe passé.*

27.3 Autres temps composés

Ils sont formés avec **haber** *conjugué au temps simple correspondant :*
Futur antérieur : **habré, habrás, habrá, habremos, habréis, habrán** + *participe passé. Il aura fait*, Habrá hecho.
Subjonctif passé : **haya, hayas, haya, hayamos, hayáis, hayan** + *participe passé. Qu'il ait fait*, Que haya hecho.
Plus-que-parfait du subjonctif : **hubiera, hubieras, hubiera, hubiéramos, hubierais, hubieran** + *participe passé. Qu'il eût fait*, Que hubiera hecho.

28

> Le gérondif

28.1 Formation
Verbes en –AR → **-ando**.
Verbes en –ER / –IR → **-iendo**.

28.2 Irrégularités
Verbes du type **pedir / sentir** → pidiendo, sintiendo
Verbes du type **caer / leer** → cayendo, leyendo
Verbes en **-uir** : huir → huyendo
Verbe **ir** → yendo
Verbe **dormir** → durmiendo

29

> Les deux verbes « être », ser *et* estar

Rappel des formes irrégulières de leur conjugaison
Voir tableau (§50.1).

29.1 Emplois, remarques préalables
• ***Attention !*** : *« Je me suis trompé..., je suis allé... », sont des passés composés, ni* ser, *ni* estar *mais* haber → Me **he** equivocado..., **he** ido...
• *L'emploi de* **ser** *ou de* **estar** ***ne dépend pas d'une notion de temps ou de durée***.
Cuando era joven estaba siempre enfermo – Cuando sea viejo... – Estar muerto.
• *L'emploi de l'un ou l'autre verbe n'est vraiment délicat qu'avec l'adjectif attribut ou le participe passé adjectivé. Dans tous les autres cas il suffit de suivre des règles claires, déterminées par la nature et la fonction des mots que chaque verbe introduit.*

29.2 Les emplois obligatoires de SER
• ***« C'est..., ce sont... »,*** *suivi d'un nom propre / commun, d'un pronom, d'un adverbe* : Soy Juan – Es una casa – Es él – Es siempre igual.
• ***Avec les mots attributs suivants :***
– ***un nom, un pronom personnel, un nombre, une idée de quantité :*** El chico es un tonto – El libro es mío – Éramos trece – Son muchos.
– ***un infinitif :*** Su pasatiempo predilecto era leer.
– ***dans l'expression de l'heure :*** Son las doce en punto.
• ***Avec un complément qui exprime :***
– ***l'origine :*** Soy de Madrid.
– ***l'appartenance :*** El coche es de mi padre.
– ***la matière :*** Es de oro, es de madera.
– ***la destination :*** El libro es para ti.
– ***la catégorie, la qualité :*** El castillo es de estilo medieval – La carne es de primera calidad.
– ***la comparaison :*** Su casa era como un paraíso.

29.3 Les emplois obligatoires de ESTAR
• ***Avec un complément qui exprime :***
– ***la localisation dans l'espace :*** Madrid está en el centro de España – Estamos en casa.
– ***la localisation dans le temps :*** Estamos a principios de septiembre.
– ***l'attitude physique, l'opinion :*** Estar de pie – Estar sentado – Estar de acuerdo.
– ***la circonstance :*** Estar de vacaciones – Estar de viaje – Estar en peligro.
• ***Avec un gérondif (tournure progressive) :*** Está lloviendo – Estaban viendo la televisión.

29.4 Choisir entre SER et ESTAR
• ***Avec un participe passé :***
– **Ser** *lorsqu'il s'agit de la* ***forme passive****. Le complément d'agent peut être exprimé ou sous-entendu* : Mi casa fue construida en 1980. – Fuimos educados por nuestros abuelos.
– **Estar** *lorsqu'il s'agit du* ***résultat d'une action*** *antérieure* : Hace un año que mi casa está construida – El trabajo ya está terminado.

• ***Avec un adjectif attribut ou un participe passé adjectivé :***
Ser, *lorsque cet adjectif exprime une caractéristique ou une qualité essentielle* :
– ***la nationalité, l'origine, l'appartenance à un groupe :*** Ser español, francés, extranjero, cristiano, socialista...
– ***la couleur, la forme, la dimension, la caractéristique physique :*** Ser blanco, azul, alto, flaco, miope... Ser joven, viejo.
– ***un trait de caractère, une qualité, un défaut, une caractéristique morale :*** Ser inteligente, estúpido, sentimental, astuto...
– ***la définition d'une notion abstraite :*** La industria es esencial para el país. – La situación es delicada, peligrosa... – La guerra es horrible.
Estar, *lorsque cet adjectif exprime une situation due à une circonstance particulière* :
– ***apparence, état physique :*** Estar muerto – Estar pálido, cansado, enfermo – El agua está fría. – El muro está sucio. – La botella está llena, vacía, rota...

– ***sentiment, état moral :*** Estar contento, triste, deprimido – Estar seguro de sí.
– ***situation ou circonstance :*** Estar solo.

29.5 ***SER ou ESTAR peuvent modifier le sens de l'adjectif***
Ser bueno, *être bon* – Estar bueno, *être en bonne santé.*
Ser malo, *être méchant* – Estar malo, *être malade.*
Ser listo, *être intelligent* – Estar listo, *être prêt.*
Ser moreno, *être brun* – Estar moreno, *être bronzé.*
Ser negro, *être noir* – Estar negro, *être furieux.*
Ser verde, *être vert (couleur)* – Estar verde, *ne pas être mûr.*
Ser rico, *être riche* – Estar rico, *être délicieux.*

30

> « C'est... qui », « c'est... que »

La tournure emphatique
Très lourde, cette construction de renforcement est beaucoup moins utilisée en espagnol qu'en français.
Remarque importante : *le verbe employé est* ***toujours*** **ser.**

30.1 ***« C'est moi... », « c'est lui qui »***
L'espagnol utilise simplement la forme conjuguée du verbe accompagnée du pronom personnel sujet habituellement non exprimé : C'est moi, **Soy yo** *; C'est lui qui l'a fait,* **Lo hizo él.**

30.2 ***Renforcement d'un nom sujet***
Le relatif, **el que, los que, la que, las que, quien, quienes,** *s'accorde avec son antécédent : Ce sont les jeunes qui font...,* Los jóvenes **son los que** (quienes) hacen...
Le verbe **ser** *est en règle générale au même temps que celui de la proposition relative :* Colón **fue** quien **descubrió** América.

30.3 ***« C'est que ». Renforcement d'un complément circonstanciel***
Cette tournure renforce divers compléments circonstanciels : lieu, temps, manière, cause. L'espagnol utilise les équivalents suivants :
donde *(complément de lieu)*
cuando *(complément de temps)*
como *(complément de manière)*
por lo que *(complément de cause).*
C'est alors qu'il entra, Entonces **fue cuando** entró – *C'est ici qu'habite la concierge,* Aquí **es donde** vive la portera.

IV

EMPLOI DES TEMPS ET DES MODES

31

> L'emploi des temps

31.1 ***Le passé composé***
• *En espagnol, c'est un temps du présent :* Ya está, **ha llegado**, *Ça y est, il est arrivé (il vient d'arriver).*
• *Il entre en concordance avec le présent du subjonctif :* Te lo **he dicho** para que lo **sepas**.

31.2 ***L'imparfait***
Son emploi en espagnol est strictement identique à celui du français.

31.3 ***Le passé simple***
Il est d'un emploi beaucoup plus fréquent en espagnol qu'en français, et se substitue dans la plupart des cas au passé composé français. Il renvoie dans le passé à une action ponctuelle et achevée : **El año pasado**, me **pasé** las vacaciones en Cuba.

31.4 ***Le futur***
Outre sa valeur de futur, il peut aussi indiquer une incertitude : **Serán** las dos y pico, *Il doit être deux heures et quelque.*

31.5 ***Le conditionnel***
Outre sa valeur de conditionnel, il peut aussi indiquer une incertitude dans le passé : **Tendría** unos veinte años cuando se casó, *Il devait avoir une vingtaine d'années quand il s'est marié.*

31.6 ***Le gérondif***
• ***Il est invariable.***
• *Il accompagne un autre verbe conjugué et il joue généralement le rôle d'un complément de manière comme en*

*français, **« en travaillant », « en disant ».***
***Je vais à l'école** en chantant* → Voy a la escuela **cantando**.
• *Contrairement à l'usage en français, il ne peut remplacer une relative complément de nom :*
*Un homme **parlant** quatre langues = **qui parle*** → Un hombre **que habla** cuatro idiomas.

32

L'emploi des modes : indicatif ou subjonctif ?

Le subjonctif
En espagnol, le subjonctif, beaucoup plus qu'en français, est le mode de l'éventualité, de l'action non réalisée ou de la réalité subjective, alors que l'indicatif est celui de la réalité, de l'action réalisée et de l'objectivité. Donc par l'emploi de l'un ou de l'autre on indique que la chose dont on parle est réelle (indicatif) ou éventuelle (subjonctif).

32.1 *Le subjonctif, emplois semblables au français*

• **para que** *(but) : Je te le dis pour que tu le saches,* Te lo digo **para que lo sepas.**
• **querer, desear, temer que** *(verbes de volonté, désir, crainte) : Je veux qu'il vienne,* **Quiero que venga.**
• **es necesario, normal, indispensable que...**
– **me gusta que, prefiero que...** *(point de vue, sentiment, appréciation) : Il faut que tu étudies,* **Es necesario que estudies.** *J'aime que tu dises la vérité,* **Me gusta que digas** la verdad.
• ***je ne pense pas que, je ne crois pas que*** *(mise en doute) : Je ne pense pas que ce soit possible,* **No creo que sea** posible.
• ***pourvu que,* ojalá** *(souhait) : Pourvu que nous gagnions le gros lot !,* ¡**Ojalá nos toque** el gordo!
• ***sans que,* sin que** *(restriction) : Je l'ai fait sans qu'on me voie,* Lo hice sin **que me vieran**.

32.2 *Le mode subjonctif, emplois différents du français*

• *À la place d'une défense (Voir § 20.3) :*
No cojas el coche hoy.
• ***Après « dire de », « demander de », « prier de », « conseiller de », « interdire de » :***
Je te demande de le faire, **Te pido que lo hagas.**
Principaux verbes qui se construisent ainsi :
Pedir[i], decir[i] *(quand il exprime un ordre),* **rogar [ue]** *(prier),* **ordenar, mandar, aconsejar, recomendar [ie].**
• ***À la place du futur dans une subordonnée circonstancielle :***
– ***de temps** : introduite par* **cuando, mientras, en cuanto...**
– ***de manière** : introduite par* **como...**
– ***de lieu** : introduite par* **donde, en que...**
***et dans une proposition relative** ou pour indiquer une conséquence éventuelle :*
Je le ferai quand je pourrai, **Lo haré cuando pueda.**
Fais comme tu voudras, **Haz como quieras.**
Le fera qui pourra, **Lo hará quien pueda.**
Recherchons secrétaire sachant l'espagnol, Se busca secretaria **que sepa español**.
• ***À la place de l'imparfait de l'indicatif** dans la subordonnée de **condition** introduite par* **si** *(Voir § 32.3).*
• **como si :** *toujours suivi de l'imparfait ou du plus-que-parfait du subjonctif :* Lo afirma **como si estuviera** seguro.

32.3 *L'expression de la condition*

• *Si plus tard **j'ai** de l'argent **je m'achèterai** cette moto (je l'envisage comme une possibilité) → indicatif :* Si más tarde **tengo** dinero me **compraré** esta moto.
• ***Si j'avais** de l'argent **je m'achèterais** cette moto (ce qui n'est pas le cas pour le moment) → subjonctif :* **Si tuviera** dinero **me compraría** esta moto.

32.4 aunque

• ***+ indicatif : « quoique, bien que »***
Bien qu'il pleuve je vais me promener (il pleut réellement) → Aunque **llueve** me voy de paseo.
• ***+ subjonctif : « même si »***
Même s'il pleut, j'irai me promener (il n'est pas sûr qu'il pleuve) → Aunque **llueva** me iré de paseo.

32.5 quizás, acaso, tal vez + *indicatif ou subjonctif : « peut-être (que) »*

C'est peut-être lui (j'en suis presque sûr), Quizás **es** él.
C'est peut-être lui (mais je n'en suis pas sûr), Quizás **sea** él.

33

> La concordance des temps

En français elle n'est plus employée que dans la langue littéraire (je voulais qu'elle me l'achetât). En espagnol, elle est rigoureusement appliquée, dès lors que la phrase répond au schéma suivant : ***proposition principale + subordonnée au subjonctif.*** *D'un mode à l'autre la concordance des temps s'établit ainsi :*

Temps de la principale	***→ Temps de la sub.***
présent de l'indicatif *impératif* *futur* *passé composé*	*→ présent du subj.*
imparfait de l'indicatif *passé simple* *conditionnel* *plus-que-parfait de l'indicatif*	*→ imparfait du subj.*

34

> Le passage du discours direct au discours indirect

34.1 ***Le mode et le temps***

• **decir que**, « ***dire que*** », *affirmer quelque chose : le mode reste identique →* te digo que estoy cansado.

• **decir que**, « ***dire de*** » *+ infinitif, donner un ordre : on emploie le subjonctif dans la subordonnée →* te digo **que vengas**.

Pense à respecter la concordance des temps : te **decía** que **vinieras**, te **dije** que **vinieras**.

Pedir, mandar, ordenar, *(demander de, ordonner de) : ces verbes se construisent également avec* **que +** ***subjonctif***.

Construction de **preguntar** *:*

¿Qué hora es? → Le pregunta qué hora es.

¿Sabes qué hora es? Le pregunta **si** sabe qué hora es.

34.2 ***Les personnes verbales***

Les personnes verbales, les pronoms personnels et les possessifs sont en général modifiés puisque l'on passe du dialogue au récit.

¿Cómo te llamas? → El profesor **le** pregunta cómo **se** llama.

¡Acércate! → El profesor **le** mandó que **se** acercara.

Es necesario que hagas tu tarea. → El profesor **le** dijo al alumno que era necesario que hiciera **su** tarea.

V

AUTRES FORMES DU VERBE

35

> L'infinitif, constructions

35.1 ***L'infinitif substantivé***

L'infinitif peut être employé comme nom (substantif). Certains infinitifs sont d'ailleurs devenus des noms à part entière, comme en français. Ils peuvent être précédés d'un article, d'un adjectif possessif, démonstratif, etc. : **el ser, el poder, el deber,** el cantar de los pájaros – el ir y venir constante de las ambulancias.

35.2 **AL +** ***infinitif***

Cette construction indique ***la simultanéité*** *de deux actions :* **Al abrir** la puerta me miró con insistencia. *On pourrait dire aussi :* **Cuando abrió** la puerta...

35.3 **DE +** ***infinitif***

Cette construction a valeur d'une subordonnée de condition : **De ser** más joven *(Si j'étais plus jeune)*, lo haría con mucho gusto.

On pourrait dire aussi : **Si fuera** más joven...

35.4 ***Constructions particulières***

On construit l'infinitif sans préposition dans les cas suivants :

Il est important de participer, **Es importante Ø participar.**

Cela permet de comprendre, **Eso permite Ø entender.**

Il est nécessaire de prendre des précautions, **Es necesario Ø tomar precauciones.**

36

> « Devoir, je dois, il faut, il faut que je... », l'obligation

36.1 « Je dois, tu dois, il doit, il faut que je... » l'obligation personnelle
*Je dois sortir, il faut que **je** (sorte)...*
*Tu dois sortir, il faut que **tu** (sortes)...*
Se rend par :
Tengo que salir, **tienes que** salir.
Debo salir, **debes** salir.
Ou :
Hace falta que *(+ subjonctif).*
Hace falta que salga.
Es necesario que salgamos.
Es preciso que salgan.

36.2 « Il faut... » l'obligation impersonnelle
Il faut sortir → **Hay que** salir.
Hace falta salir.
Es necesario salir.
Es preciso salir.

37

> L'action en cours

« Semi-auxiliaire » + gérondif
Accompagné d'un verbe appelé « semi-auxiliaire », le gérondif permet de préciser l'aspect de l'action en cours : progression, continuité, etc.

37.1 « Être en train de » → ESTAR + gérondif
En français on emploie peu cette tournure assez lourde, mais elle est très fréquente en espagnol : Que fais-tu ? Je travaille, **Estoy trabajando.**

37.2 « Peu à peu » / « progressivement » → IR + gérondif
*La tournure souligne le caractère progressif de l'action ou la succession d'actions en train de se faire : Les idées changeaient **peu à peu**,* **Las ideas iban cambiando.**

37.3 « Toujours » / « encore » / « continuer à » → SEGUIR + gérondif
*La tournure évoque la prolongation de l'action : Il pleut **toujours** (encore) / **il continue de** pleuvoir,* **sigue lloviendo.**

37.4 « Cela fait... » → LLEVAR + compl. de temps + gérondif
La tournure exprime le temps passé à faire quelque chose : Cela fait des heures qu'il lit / il lit depuis des heures, **lleva horas leyendo.**

VI CONSTRUCTION DE LA PHRASE

38

> Les prépositions

38.1 La préposition A
• *Devant un complément d'objet direct qui représente une personne déterminée, la préposition **a** est obligatoire :*
¿**A** quién has visto? He visto **a** mi madre.
• *Après un verbe qui exprime un déplacement, même au figuré, la préposition **a** est obligatoire :*
Voy **a** España ; voy **a** explicar ; salgo **a** la calle ; se acerca **a** la ventana.

38.2 La préposition DE
• *Elle exprime l'origine :* vengo **de** Madrid.
• *Elle évoque la matière : la montre est en or* → el reloj es **de** oro.
• *Elle sert à caractériser : un enfant aux yeux verts* → un niño **de** ojos verdes.
• *Elle exprime la propriété, l'appartenance : ce livre est à mon père* → este libro es **de** mi padre.
• *Attention à certaines expressions :* **de compras, de vacaciones, de viaje, de paseo...**
• *Attention à ne pas l'employer après certains adjectifs et certains verbes :*
Es **difícil Ø hablar** español ; es **imposible Ø decir** ; mi madre **decide Ø irse** ; el chico **intenta Ø salir...**

38.3 La préposition EN

• *Le lieu où l'on est :* Está **en** Barcelona. Voy **en** tren.
• *Le moment où l'on se trouve :* Estamos **en** otoño, **en** el siglo veinte, **en** la época moderna...

38.4 La préposition PARA

• *Elle sert à exprimer le point de vue :* **Para mí,** es una buena película.
• *Elle sert à exprimer le but :* Trabaja **para** ganar dinero *(dans le but de).*
• *Elle sert à exprimer la destination :* Este plato es **para ti**.

38.5 La préposition POR

• *Elle sert à exprimer la cause :* Se va **por** miedo (porque tiene miedo) ; no la quieren ver **por** mentirosa (porque es mentirosa), **por** sus ideas (a causa de sus ideas).
• *Elle indique le lieu par où l'on passe :* Paso **por** la parte vieja de la ciudad.
• *Elle exprime l'échange :* Me lo vende **por** mil pesetas.
• *Elle exprime la recherche d'un résultat :* Lucha **por** la paz.
• *Elle traduit le complément d'agent « par » :* Fue asesinado **por** un grupo terrorista.

38.6 La préposition CON

• Va **con** su amiga al cine.
• *Attention, cette préposition exprime aussi une attitude :* ***les** mains dans les poches,* **con** las manos en los bolsillos.

38.7 Verbe + préposition : quelques constructions à retenir

A	
Acercarse a	*s'approcher de*
Negarse [ie] a	*refuser de*
Oler [Hue] a	*sentir le (la)*
DE	
Acordarse [ue] de	*se rappeler Ø*
Colgar [ue] de	*pendre à*
Disfrazarse de	*se déguiser en*
Huir de	*fuir Ø*
Fiarse de	*se fier à*
CON	
Amenazar con	*menacer de*
Bastar con	*suffire de*
Comparar con	*comparer à*
Competir [i] con	*concurrencer Ø*
Contentarse con	*se contenter de*
Soñar [ue] con	*rêver à / de*
EN	
Consistir en	*consister à*
Fijarse en	*prêter attention à*
Influir en	*influencer Ø*
Pensar [ie] en	*penser à*
Vacilar en	*hésiter à*
PARA	
Servir [i] para	*servir à*
POR	
Esforzarse [ue] por	*s'efforcer de*
Interesarse por	*s'intéresser à*
Preguntar por	*prendre des nouvelles de*
Ø	
Recordar [ue] Ø	*se souvenir de*

39

› Quelques verbes et locutions à connaître

39.1 « Il y a »

• ***Il y a* → hay**
Pour localiser ou énumérer : il y a des enfants partout, il y avait du travail, il y a eu un accident → **hay** niños por todas partes, **había** trabajo, **hubo** un accidente.
• ***Il y a* → hace**
Pour évoquer le temps : il y a trente ans, il y a longtemps → **hace** treinta años, **hace** mucho tiempo.

39.2 « Depuis »

• *Date : je vis ici depuis 1992,* vivo aquí **desde** 1992.
• *Période de temps : je vis ici depuis six ans,* vivo aquí **desde hace** seis años.

39.3 « Devenir »

• *S'il s'agit d'une transformation passagère :* **ponerse**.
Il devient nerveux, **Se pone** nervioso.
• *S'il s'agit d'une transformation plus durable :* **volverse [ue]**.
Il devient méchant, **Se vuelve** malo.
• *S'il s'agit d'une transformation essentielle :* **hacerse, convertirse [ie/i] en**.
Il devient riche, **Se hace** rico.
Cette région devient industrielle, Esta región **se convierte** en una región industrial.
• *S'il s'agit d'un effort :* **pasar a ser, llegar a ser**.
Il est devenu ingénieur, **Llegó a ser** ingeniero.

39.4 ***La réitération***

« Relire, lire à nouveau » peut se dire :
Volver [ue] a + *verbe* → **volver a leer.**
Verbe + de nuevo → **leer de nuevo.**
Verbe + otra vez → **leer otra vez.**
Il relit, il lit à nouveau, **Vuelve a leer, lee de nuevo, lee otra vez.**

39.5 ***L'habitude***

« Avoir l'habitude de, d'habitude, d'ordinaire, généralement... »
Toutes ces expressions peuvent se rendre par le verbe soler [ue] + *le verbe à l'infinitif :*
Il a l'habitude de venir → **Suele venir.**
Il pleut souvent → **Suele llover.**

40

> Les adverbes de lieu

« Ici, là, là-bas » → **Aquí, ahí, allí, allá.**
Ces adverbes signalent une situation dans l'espace, de la plus proche à la plus éloignée, par rapport à celui qui parle : Ici en Europe, **Aquí** en Europa / *Là-bas en Amérique,* **Allá** en América.

41

> Les adverbes de manière

41.1 ***Comment les former ?***

On ajoute **–mente** *à l'adjectif* ***au féminin****.*
Attention au féminin de certains adjectifs.
Tranquil**a** → tranquil**a**mente.
Fácil → fácilmente.
Triste → tristemente.

41.2 ***Suite d'adverbes en* –MENTE**

Si plusieurs adverbes en **–mente** *se suivent, on n'ajoute la terminaison* **–mente** ***qu'au dernier de la liste*** *:*
Doucement, mélancoliquement et tristement
→ Suave, melancólica y tristemente.

42

> La phrase négative

Place du mot négatif
Dans tous les cas de figure un mot négatif, quel qu'il soit, doit toujours ***précéder le verbe****.*

42.1 ***« Ne... pas »***

Je n'ai pas le temps, **No** tengo tiempo.

42.2 ***« Ne... rien », « personne », « jamais », « non plus »*** → **NADA, NADIE, NUNCA, TAMPOCO**

Deux constructions sont possibles en espagnol :
Je n'ai rien, **No** tengo **nada** / **Nada** tengo.
Personne n'est venu, **No** ha venido **nadie** / **Nadie** ha venido.
Je ne l'ai jamais vu, **No** lo he visto **nunca** / **Nunca** lo he visto.
Je n'en veux pas non plus, **No** quiero **tampoco** / **Tampoco** quiero.

42.3 ***« Ne... plus »***

Je ne t'aime plus, **Ya no** te quiero –
Je n'en veux plus, **No** quiero **más**.

42.4 ***« Ne... que », « seulement »***

Je ne mange que des bananes, **Sólo** como plátanos / **No** como **más que** plátanos / **No** como **sino** plátanos.

42.5 ***« Ne... même pas »***

Je ne sais même pas où se trouve cette ville, **Ni siquiera** sé dónde se encuentra esta ciudad.

42.6 ***« Ni... ni », « ne... ni »***

Je n'ai ni télé ni voiture, **No** tengo tele **ni** coche.
Il ne m'écrit ni ne m'appelle, **No** me escribe **ni** me llama.

43

> La traduction de « mais »

43.1 ***« Mais » au sens de « mais cependant »*** → **PERO**

Il est intelligent mais paresseux, Es inteligente **pero** perezoso.

43.2 ***« Mais » au sens de « mais, au contraire »*** **→ SINO**

Sino *doit toujours être précédé de la négation* **no** *: Il n'est pas intelligent mais stupide,* **No** es inteligente **sino** estúpido.

Sino *est obligatoirement suivi de* **que** *lorsqu'il relie des verbes conjugués :* **No** trabaja **sino que** está jugando.

44

> La phrase interrogative

44.1 ***L'interrogation directe***

La phrase est encadrée par deux points d'interrogation, un à l'envers pour en signaler le début, un à l'endroit pour en signaler la fin. Le sujet se trouve normalement après le verbe :
¿Está Pedro en casa?

44.2 ***Les mots interrogatifs***

Ils portent toujours un accent écrit : que, **qué** *– pourquoi,* **por qué** *ou* **para qué** *– qui,* **quién, quiénes** *– quel, quelle,* **cuál** *– quels, quelles,* **cuáles** *– combien,* **cuánto, a, os, as** *– où,* **dónde** *– quand,* **cuándo** *– comment,* **cómo**.
¿Cuál es tu nombre? – ¿Cuándo llega el tren? – ¿Quiénes son? – ¿Cuántas hermanas tienes?

44.3 ***L'interrogation indirecte***

Elle n'est pas signalée par les points d'interrogation, mais elle est reconnaissable parce que le mot interrogatif porte un ***accent écrit****. Je ne sais pas comment il s'appelle,* No sé **cómo** se llama.

45

> La phrase exclamative

45.1 ***L'exclamation directe***

La phrase exclamative est encadrée par deux points d'exclamation, un à l'envers pour en signaler le début, un à l'endroit pour en signaler la fin. Les mots exclamatifs portent toujours un ***accent écrit****, même dans l'exclamation indirecte.*

45.2 ***L'exclamation porte sur un seul mot (nom ou adjectif)***

Que, comme, quel(s), quelle(s) → **qué** *:*
Que (comme) c'est drôle !, ¡Qué divertido! – *Quelle aventure !,* ¡Qué aventura! – *Que ces fleurs sont jolies !,* ¡Qué bonitas son estas flores!

45.3 ***L'exclamation porte à la fois sur un nom et un adjectif***

Il faut alors utiliser **tan** *ou* **más** *:*
Quelles jolies fleurs !, ¡Qué flores más bonitas! – *Quelle drôle d'idée !,* ¡Qué idea tan rara!

46

> « Aussi... que, plus... que, moins... que », le comparatif

46.1 ***« Plus... que, moins... que »*** **→ MÁS... QUE, MENOS... QUE**

Miguel es **más** alto **que** Juan.
Juan es **menos** alto **que** Miguel.
Attention : plus grand → **mayor** */ plus petit →* **menor** */ meilleur →* **mejor** */ pire →* **peor**.

46.2 ***La subordonnée complément du comparatif***

C'est plus facile que tu ne le crois, Es **más** fácil **de lo que** piensas.

46.3 ***« Aussi... que... » →*** **TAN** ***(+ adverbe ou adjectif)*** **COMO...**

Pedro es **tan** bueno **como** Miguel.

47

> « Très, le plus, le moins... », les superlatifs

47.1 ***La traduction de « très », le superlatif absolu***

Très → **muy**	*ou*	*adjectif* + **ísimo(a)**.
Es muy fácil	*ou*	Es facilísimo.

Es muy interesante *ou* Es interesantísimo.
Es muy bueno *ou* Es buenísimo.

47.2 ***« Le plus... »*** → **EL MÁS...**
« La plus... » → **LA MÁS...**
« Les plus... » → **LOS (LAS) MÁS...**
« Le moins... » → **EL MENOS...**
« La moins... » → **LA MENOS...**

C'est le plus aimable → **Es el más amable.**

• *Attention, on ne répète jamais deux fois l'article.*

Le livre le plus intéressant que je connaisse, **El** libro **Ø más** interesante...

• *Le verbe introduit par le superlatif est normalement à l'indicatif en espagnol.*

C'est le livre le plus intéressant que je connaisse, Es el libro más interesante que conozco.

48

> La conjugaison régulière

48.1 ***Les trois groupes,*** CANTAR, COMER, VIVIR.

Cantar				
Indicatif présent	Impératif	Subjonctif présent	Gérondif	Futur
canto cantas canta cantamos cantáis cantan	canta cante usted cantemos cantad canten ustedes	cante cantes cante cantemos cantéis canten	cantando	cantaré cantarás cantará cantaremos cantaréis cantarán
Imparfait	Passé simple	Subj. imparfait	Participe passé	Conditionnel
cantaba cantabas cantaba cantábamos cantabais cantaban	canté cantaste cantó cantamos cantasteis cantaron	cantara cantaras cantara cantáramos cantarais cantaran	cantado	cantaría cantarías cantaría cantaríamos cantaríais cantarían

Comer				
Indicatif présent	Impératif	Subjonctif présent	Gérondif	Futur
como comes come comemos coméis comen	come coma usted comamos comed coman ustedes	coma comas coma comamos comáis coman	comiendo	comeré comerás comerá comeremos comeréis comerán
Imparfait	Passé simple	Subj. imparfait	Participe passé	Conditionnel
comía comías comía comíamos comíais comían	comí comiste comió comimos comisteis comieron	comiera comieras comiera comiéramos comierais comieran	comido	comería comerías comería comeríamos comeríais comerían

Vivir				
Indicatif présent	Impératif	Subjonctif présent	Gérondif	Futur
vivo vives vive vivimos vivís viven	vive viva usted vivamos vivid vivan ustedes	viva vivas viva vivamos viváis vivan	viviendo	viviré vivirás vivirá viviremos viviréis vivirán
Imparfait	Passé simple	Subj. imparfait	Participe passé	Conditionnel
vivía vivías vivía vivíamos vivíais vivían	viví viviste vivió vivimos vivisteis vivieron	viviera vivieras viviera viviéramos vivierais vivieran	vivido	viviría vivirías viviría viviríamos viviríais vivirían

48.2 *Les pronoms personnels réfléchis dans la conjugaison, exemple* LAVARSE. *À l'impératif ils sont toujours enclitiques, soudés à la forme verbale. Ne pas oublier l'accent écrit sur quatre des cinq formes impératives.*

Indicatif présent		Impératif	
me lavo te lavas se lava	nos lavamos os laváis se lavan	lávate lávese (usted)	lavémonos lavaos lávense (ustedes)

49

>Les verbes à diphtongue, fermeture de voyelle et alternance

49.1 Liste des principaux verbes

Acordarse de [ue], *se rappeler, se souvenir de*
Almorzar [ue], *déjeuner*
Aprobar [ue], *approuver, réussir (à un examen)*
Atender a [ie], *s'occuper de*
Calentar [ie], *chauffer, réchauffer*
Cerrar [ie], *fermer*
Colgar [ue], *pendre, suspendre*
Comenzar [ie], *commencer*
Competir con [i], *concurrencer, rivaliser*
Confesar [ie], *avouer*
Conseguir [i], *obtenir*
Contar [ue], *conter, raconter*
Convenir [ie], *convenir*
Costar [ue], *coûter, avoir du mal à*
Decir [i], *dire*
Defender [ie], *défendre*
Demostrar [ue], *démontrer*
Despertar [ie], *réveiller*
Doler [ue], *faire mal*
Dormir [ue/u], *dormir*
Empezar [ie], *commencer*
Encender [ie], *allumer*
Encontrar [ue], *trouver*
Gobernar [ie], *gouverner*
Herir [ie/i], *blesser*
Invertir [ie/i], *investir*
Jugar [ue], *jouer*
Llover [ue], *pleuvoir*
Medir [i], *mesurer*
Mentir [ie/i], *mentir*
Morder [ue], *mordre*
Morir [ue/u], *mourir*
Mostrar [ue], *montrer*
Mover [ue], *bouger, remuer*
Nevar [ie], *neiger*
Oler [Hue], *sentir*
Pedir [i], *demander*
Perder [ie], *perdre*
Poder [ue], *pouvoir*
Probar [ue], *essayer, goûter*
Pensar en [ie], *penser à*
Preferir [ie/i], *préférer*
Querer [ie], *vouloir, aimer*
Recordar [ue], *rappeler Ø*
Repetir [i], *répéter*
Resolver [ue], *résoudre*
Soler [ue], *avoir l'habitude de*
Seguir [i], *suivre, continuer à*
Sentar [ie], *asseoir*
Sentir [ie/i], *sentir, regretter*
Soltar [ue], *lâcher*
Soñar con [ue], *rêver à / de*
Tender [ie], *étendre, allonger*
Tener [ie], *avoir*
Venir [ie], *venir*
Vestir [i], *habiller, porter (un vêtement)*
Volar [ue], *voler (oiseau)*
Volver [ue], *revenir*

49.2 Conjugaison

Indicatif présent	Impératif	Subjonctif présent	Passé simple	Subjonctif imparfait	Gérondif
Les verbes à diphtongue e → ie : Pensar					
pienso piensas piensa pensamos pensáis piensan	 piensa piense pensemos pensad piensen	piense pienses piense pensemos penséis piensen			
o → ue : Contar					
cuento cuentas cuenta contamos contáis cuentan	 cuenta cuente contemos contad cuenten	cuente cuentes cuente contemos contéis cuenten			
Les verbes à fermeture de voyelle e → i : Pedir					
pido pides pide pedimos pedís piden	 pide pida pidamos pedid pidan	pida pidas pida pidamos pidáis pidan	pedí pediste pidió pedimos pedisteis pidieron	pidiera pidieras pidiera pidiéramos pidierais pidieran	pidiendo
e → ie et i : Sentir					
siento sientes siente sentimos sentís sienten	 siente sienta sintamos sentid sientan	sienta sientas sienta sintamos sintáis sientan	sentí sentiste sintió sentimos sentisteis sintieron	sintiera sintieras sintiera sintiéramos sintierais sintieran	sintiendo
Les verbes à alternance o → ue et u : Dormir					
duermo duermes duerme dormimos dormís duermen	 duerme duerma durmamos dormid duerman	duerma duermas duerma durmamos durmáis duerman	dormí dormiste durmió dormimos dormisteis durmieron	durmiera durmieras durmiera durmiéramos durmierais durmieran	durmiendo

50

> Verbes irréguliers

50.1 *Un cas particulier : les verbes en* -ACER / -ECER / -OCER / -UCIR, type CONOCER C → ZC

Ind. présent	Impératif	Subj. présent	Passé simple	Subj. imparfait	Gérondif
conozco		conozca			
conoces	conoce	conozcas			
conoce	conozca	conozca			
conocemos	conozcamos	conozcamos			
conocéis	conoced	conozcáis			
conocen	conozcan	conozcan			

50.2 *Pour conjuguer : formes irrégulières des verbes les plus courants*

Infinitif	Ind. présent	Passé simple	Futur	Impératif	Participe passé
Andar		anduve			
Caer	caigo				
Conducir	conduzco	conduje			
Dar	doy	di			
Decir	digo	dije	diré	di	dicho
Estar	estoy	estuve			
Haber	he	hube	habré		
Hacer	hago	hice	haré	haz	hecho
Ir	voy	fui		ve	
Oír	oigo			oye	
Poder		pude	podré	puede	
Poner	pongo	puse	pondré	pon	puesto
Querer		quise	querré		
Saber	sé	supe	sabré		
Salir	salgo		saldré	sal	
Ser	soy	fui		sé	
Tener	tengo	tuve	tendré	ten	
Traer	traigo	traje			
Venir	vengo	vine	vendré	ven	
Ver	veo				visto

Attention : *si un verbe est irrégulier au présent de l'indicatif (§18), il l'est aussi au présent du subjonctif (§19). S'il est irrégulier au passé simple (§24), il l'est aussi au subjonctif imparfait (§25).*
Voir également futur et conditionnel (§21, 22).

50.3 Conjugaison

Verbes	Ind. présent		Impératif		Subj. présent		Futur		Imparfait		Passé simple		Subj. imparfait		Part. passé Gérondif	Conditionnel	
	ando	andamos		andemos	ande	andemos	andaré	andaremos	andaba	andábamos	anduve	anduvimos	anduviera	anduviéramos	andado	andaría	andaríamos
Andar	andas	andáis	anda	andad	andes	andéis	andarás	andaréis	andabas	andabais	anduviste	anduvisteis	anduvieras	anduvierais		andarías	andaríais
	anda	andan	ande	anden	ande	anden	andará	andarán	andaba	andaban	anduvo	anduvieron	anduviera	anduvieran	andando	andaría	andarían
	caigo	caemos		caigamos	caiga	caigamos	caeré	caeremos	caía	caíamos	caí	caímos	cayera	cayéramos	caído	caería	caeríamos
Caer	caes	caéis	cae	caed	caigas	caigáis	caerás	caeréis	caías	caíais	caíste	caísteis	cayeras	cayerais		caerías	caeríais
	cae	caen	caiga	caigan	caiga	caigan	caerá	caerán	caía	caían	cayó	cayeron	cayera	cayeran	cayendo	caería	caerían
	conduzco	conducimos		conduzcamos	conduzca	conduzcamos	conduciré	conduciremos	conducía	conducíamos	conduje	condujimos	condujera	condujéramos	conducido	conduciría	conduciríamos
Conducir	conduces	conducís	conduce	conducid	conduzcas	conduzcáis	conducirás	conduciréis	conducías	conducíais	condujiste	condujisteis	condujeras	condujerais		conducirías	conduciríais
	conduce	conducen	conduzca	conduzcan	conduzca	conduzcan	conducirá	conducirán	conducía	conducían	condujo	condujeron	condujera	condujeran	conduciendo	conduciría	conducirían
	doy	damos		demos	dé	demos	daré	daremos	daba	dábamos	di	dimos	diera	diéramos	dado	daría	daríamos
Dar	das	dais	da	dad	des	deis	darás	daréis	dabas	dabais	diste	disteis	dieras	dierais		darías	daríais
	da	dan	dé	den	dé	den	dará	darán	daba	daban	dio	dieron	diera	dieran	dando	daría	darían
	digo	decimos		digamos	diga	digamos	diré	diremos	decía	decíamos	dije	dijimos	dijera	dijéramos	dicho	diría	diríamos
Decir	dices	decís	di	decid	digas	digáis	dirás	diréis	decías	decíais	dijiste	dijisteis	dijeras	dijerais		dirías	diríais
	dice	dicen	diga	digan	diga	digan	dirá	dirán	decía	decían	dijo	dijeron	dijera	dijeran	diciendo	diría	dirían
	estoy	estamos		estemos	esté	estemos	estaré	estaremos	estaba	estábamos	estuve	estuvimos	estuviera	estuviéramos	estado	estaría	estaríamos
Estar	estás	estáis	está	estad	estés	estéis	estarás	estaréis	estabas	estabais	estuviste	estuvisteis	estuvieras	estuvierais		estarías	estaríais
	está	están	esté	estén	esté	estén	estará	estarán	estaba	estaban	estuvo	estuvieron	estuviera	estuvieran	estando	estaría	estarían

Verbes	Ind. présent		Impératif		Subj. présent		Futur		Imparfait		Passé simple		Subj. imparfait		Part. passé Gérondif	Conditionnel	
Haber	he has ha	hemos habéis han			haya hayas haya	hayamos hayáis hayan	habré habrás habrá	habremos habréis habrán	había habías había	habíamos habíais habían	hube hubiste hubo	hubimos hubisteis hubieron	hubiera hubieras hubiera	hubiéramos hubierais hubieran	habido habiendo	habría habrías habría	habríamos habríais habrían
Hacer	hago haces hace	hacemos hacéis hacen	 haz haga	hagamos haced hagan	haga hagas haga	hagamos hagáis hagan	haré harás hará	haremos haréis harán	hacía hacías hacía	hacíamos hacíais hacían	hice hiciste hizo	hicimos hicisteis hicieron	hiciera hicieras hiciera	hiciéramos hicierais hicieran	hecho haciendo	haría harías haría	haríamos haríais harían
Ir	voy vas va	vamos vais van	 ve vaya	vamos id vayan	vaya vayas vaya	vayamos vayáis vayan	iré irás irá	iremos iréis irán	iba ibas iba	íbamos ibais iban	fui fuiste fue	fuimos fuisteis fueron	fuera fueras fuera	fuéramos fuerais fueran	ido yendo	iría irías iría	iríamos iríais irían
Oír	oigo oyes oye	oímos oís oyen	 oye oiga	oigamos oíd oigan	oiga oigas oiga	oigamos oigáis oigan	oiré oirás oirá	oiremos oiréis oirán	oía oías oía	oíamos oíais oían	oí oíste oyó	oímos oísteis oyeron	oyera oyeras oyera	oyéramos oyerais oyeran	oído oyendo	oiría oirías oiría	oiríamos oiríais oirían
Poder	puedo puedes puede	podemos podéis pueden	 puede pueda	podamos poded puedan	pueda puedas pueda	podamos podáis puedan	podré podrás podrá	podremos podréis podrán	podía podías podía	podíamos podíais podían	pude pudiste pudo	pudimos pudisteis pudieron	pudiera pudieras pudiera	pudiéramos pudierais pudieran	podido pudiendo	podría podrías podría	podríamos podríais podrían
Poner	pongo pones pone	ponemos ponéis ponen	 pon ponga	pongamos poned pongan	ponga pongas ponga	pongamos pongáis pongan	pondré pondrás pondrá	pondremos pondréis pondrán	ponía ponías ponía	poníamos poníais ponían	puse pusiste puso	pusimos pusisteis pusieron	pusiera pusieras pusiera	pusiéramos pusierais pusieran	puesto poniendo	pondría pondrías pondría	pondríamos pondríais pondrían
Querer	quiero quieres quiere	queremos queréis quieren	 quiere quiera	queramos quered quieran	quiera quieras quiera	queramos queráis quieran	querré querrás querrá	querremos querréis querrán	quería querías quería	queríamos queríais querían	quise quisiste quiso	quisimos quisisteis quisieron	quisiera quisieras quisiera	quisiéramos quisierais quisieran	querido queriendo	querría querrías querría	querríamos querríais querrían

Verbes	Ind. présent		Impératif		Subj. présent		Futur		Imparfait		Passé simple		Subj. imparfait		Part. passé Gérondif	Conditionnel	
Saber	sé	sabemos		sepamos	sepa	sepamos	sabré	sabremos	sabía	sabíamos	supe	supimos	supiera	supiéramos	sabido	sabría	sabríamos
	sabes	sabéis	sabe	sabed	sepas	sepáis	sabrás	sabréis	sabías	sabíais	supiste	supisteis	supieras	supierais		sabrías	sabríais
	sabe	saben	sepa	sepan	sepa	sepan	sabrá	sabrán	sabía	sabían	supo	supieron	supiera	supieran	sabiendo	sabría	sabrían
Salir	salgo	salimos		salgamos	salga	salgamos	saldré	saldremos	salía	salíamos	salí	salimos	saliera	saliéramos	salido	saldría	saldríamos
	sales	salís	sal	salid	salgas	salgáis	saldrás	saldréis	salías	salíais	saliste	salisteis	salieras	salierais		saldrías	saldríais
	sale	salen	salga	salgan	salga	salgan	saldrá	saldrán	salía	salían	salió	salieron	saliera	salieran	saliendo	saldría	saldrían
Ser	soy	somos		seamos	sea	seamos	seré	seremos	era	éramos	fui	fuimos	fuera	fuéramos	sido	sería	seríamos
	eres	sois	sé	sed	seas	seáis	serás	seréis	eras	erais	fuiste	fuisteis	fueras	fuerais		serías	seríais
	es	son	sea	sean	sea	sean	será	serán	era	eran	fue	fueron	fuera	fueran	siendo	sería	serían
Tener	tengo	tenemos		tengamos	tenga	tengamos	tendré	tendremos	tenía	teníamos	tuve	tuvimos	tuviera	tuviéramos	tenido	tendría	tendríamos
	tienes	tenéis	ten	tened	tengas	tengáis	tendrás	tendréis	tenías	teníais	tuviste	tuvisteis	tuvieras	tuvierais		tendrías	tendríais
	tiene	tienen	tenga	tengan	tenga	tengan	tendrá	tendrán	tenía	tenían	tuvo	tuvieron	tuviera	tuvieran	teniendo	tendría	tendrían
Traer	traigo	traemos		traigamos	traiga	traigamos	traeré	traeremos	traía	traíamos	traje	trajimos	trajera	trajéramos	traído	traería	traeríamos
	traes	traéis	trae	traed	traigas	traigáis	traerás	traeréis	traías	traíais	trajiste	trajisteis	trajeras	trajerais		traerías	traeríais
	trae	traen	traiga	traigan	traiga	traigan	traerá	traerán	traía	traían	trajo	trajeron	trajera	trajeran	trayendo	traería	traerían
Venir	vengo	venimos		vengamos	venga	vengamos	vendré	vendremos	venía	veníamos	vine	vinimos	viniera	viniéramos	venido	vendría	vendríamos
	vienes	venís	ven	venid	vengas	vengáis	vendrás	vendréis	venías	veníais	viniste	vinisteis	vinieras	vinierais		vendrías	vendríais
	viene	vienen	venga	vengan	venga	vengan	vendrá	vendrán	venía	venían	vino	vinieron	viniera	vinieran	viniendo	vendría	vendrían
Ver	veo	vemos		veamos	vea	veamos	veré	veremos	veía	veíamos	vi	vimos	viera	viéramos	visto	vería	veríamos
	ves	veis	ve	ved	veas	veáis	verás	veréis	veías	veíais	viste	visteis	vieras	vierais		verías	veríais
	ve	ven	vea	vean	vea	vean	verá	verán	veía	veían	vio	vieron	viera	vieran	viendo	vería	verían

LEXIQUE ESPAGNOL-FRANÇAIS

Ce lexique ne saurait se substituer à un dictionnaire et n'en exclut pas l'usage.
Il complète les notes fournies pour chaque texte ou document iconographique. Il comporte 1 181 entrées accompagnées d'une centaine d'exemples d'emplois, de tournures idiomatiques, de constructions particulières qui devraient vous aider dans votre recherche d'une expression authentique.

adj. = adjectif	[i] indique un verbe à fermeture, type **pedir**.	n. pl. = nom au pluriel
adj. indéf./pron. = adjectif indéfini ou pronom	[ie] ou [ue] indique un verbe à diphtongue, type **pensar** et **poder**.	part. pass. irrég. = participe passé irrégulier
adj./n. = adjectif ou nom	[ie/i] ou [ue/u] indique un verbe à alternance, type **sentir** et **morir**.	prép. = préposition
adj./pron. relat. = adjectif ou pronom relatif	interj. = interjection	pron. déf. = pronom défini
adv. = adverbe	inv. = invariable	pron. indéf. = pronom indéfini
amér. = américain	irrég. = verbe irrégulier	pron. relat. = pronom relatif
conj. = conjonction	loc. adv. = locution adverbiale	v. i. = verbe intransitif
exclam. = exclamation	n. f. = nom féminin	v. imp. = verbe impersonnel
fam. = familier	n. m. = nom masculin	v. pr. = verbe pronominal
fig. = figuré		v. t. = verbe transitif

A

abajo, *adv., en bas.*
abierto, a, *adj., ouvert, e.*
abrazar, *v. t., prendre dans ses bras, étreindre.*
abrazo, *n. m., accolade, étreinte.*
abrir, *v. t., part. pass. irrég.,* **abierto,** *ouvrir.*
absoluto, a, *absolu, e.* **En absoluto,** *pas du tout.*
abuelo, a, *n., grand-père, grand-mère.* **Los abuelos,** *les grands-parents.*
aburrido, a, *adj., ennuyeux, euse.*
aburrir, *v. t., ennuyer ; lasser ; dégoûter ; rebuter.*
acabar, *v. t., achever, finir.* **Acabar (de),** *venir (de).*
acariciar, *v. t., caresser.*
aceite, *n. m., huile.*
aceituna, *n. f., olive.*
aceptar, *v. t., accepter.*
acequia, *n. f., canal d'irrigation ; (amér.) ruisseau.*
acera, *n. f., trottoir.*
acercarse, *v. pr., s'approcher.*
acoger, *v. t., accueillir.*
acogida, *n. f., accueil.*
aconsejar (que), *v. t., conseiller (de).*
acostar(se) [ue], *v. t./pr., (se) coucher.*
acostumbrarse, *v. pr., s'habituer.*
acribillar, *v. t., cribler (de balles...).*
actor, actriz, *n., acteur, actrice.*
actuar, *v. i., agir.*
acuerdo, *n. m., décision ; résolution ; accord.* **Estar de acuerdo,** *être d'accord.*
afectar, *v. t., toucher, concerner.*
afortunadamente, *adv., heureusement.*
afuera, *adv., dehors.*
afueras, *n. f. pl., alentours.*
agachar (la cabeza), *v. t., baisser (la tête).*
agarrar, *v. t., saisir.*
agotado, a, *adj., épuisé, e.*
agradecer, *v. t., remercier, être reconnaissant.*
agresivo, a, *adj., agressif, ive.*
aguantar, *v. t., supporter.*
ahogarse, *v. pr., se noyer ; s'étouffer.*
ahora, *adv., maintenant.*
ahorrar, *v. t., économiser, épargner.*
ala, *n. f., aile.*
alabar, *v. t., vanter.*
alba, *n. f., aube.*
alcanzar, *v. t., atteindre, rattraper ; saisir, comprendre.*
alcohol, *n. m., alcool.*
alegrar, *v. t., réjouir.*
alegría, *n. f., joie.* **Estar loco de alegría,** *être fou de joie.*
algo, *pron. indéf., quelque chose.*
alguien, *pron. indéf., quelqu'un.*
algún (*apocope de* **alguno**), *quelque.*
alguno, a, *adj., quelque ; pron. indéf., quelqu'un, une personne.*
alicates, *n. m. pl., pince.*
alimentarse, *v. pr., se nourrir.*
aliviar, *v. t., alléger, soulager, calmer.*
alquilar, *v. t., louer.*
alquiler, *n. m., location ; loyer.*
alrededor, *adv., autour, alentour.*
altura, *n. f., hauteur.*
alzar, *v. t., lever ; ériger.*
ama, *n. f., maîtresse de maison ; propriétaire ; nourrice (de* **niños**).
amanecer, *n. m., lever du jour.*
amargo, a, *adj., amer, ère.*
amargura, *n. f., amertume.*
amarillo, a, *adj., jaune.*
amarrar, *v. t., ligoter.*
ambigüedad, *n. f., ambiguïté.*
ambos, as, *adj./pron. pl., tous les deux.*
amenaza, *n. f., menace.*
amenazar, *v. t./i., menacer.*
amigo, a, *adj./n., ami, e.*
amistad, *n. f., amitié.*

amistoso, a, *adj., amical, e.*
amo, *n. m., maître.*
anciano, a, *n., vieux, vieille.*
andar, *irrég., v. i., marcher ; se déplacer.* **¡Anda!,** *interj., Allez !*
ángel, *n. m., ange.*
angustia, *n. f., angoisse.*
animar, *v. t., encourager.*
ánimo, *n. m., esprit, âme.* **Estado de ánimo,** *état d'esprit ; (fig.), courage.* **¡Ánimo!,** *interj., Courage !*
anoche, *adv., hier soir.*
antaño, *adv., jadis.*
antepasado, a, *n., ancêtre.*
antes (de), *adv., avant (de).*
antiguo, a, *adj., ancien, enne.*
anunciar, *v. t., annoncer ; afficher ; faire de la publicité.*
anuncio, *n. m., annonce ; affiche, pancarte.*
añadir, *v. t., ajouter.*
año, *n. m., an, année.* **A los quince años,** *à quinze ans.*
añorar, *v. t., regretter ; avoir le mal du pays.*
apagar, *v. t., éteindre, couper.*
aparcar, *v. i., (se) garer.*
aparecer, *irrég., v. i., apparaître.*
apenas, *adv., à peine, presque pas.*
apodo, *n. m., surnom.*
aprender, *v. t., apprendre (l'élève).*
aprobar [ue], *v. t., approuver ; réussir un examen.*
aprovechar, *v. t., profiter de.* **Aprovechar la ocasión para,** *profiter de l'occasion pour.*
apuntar, *v. t., noter.*
apunte, *n. m., annotation, note.* **Tomar apuntes,** *prendre des notes.*
aquí, *adv., ici.*
araña, *n. f., araignée.*
arco iris, *n. m., arc-en-ciel.*
arder, *v. i., brûler.*
arena, *n. f., sable.*
arma, *n. f., arme.*
armonía, *n. f., harmonie.*
arraigado, a, *adj., enraciné, e.*
arrasar, *v. t., détruire ; envahir.*
arrepentirse [ie/i], *v. pr., se repentir.*
arriba, *adv., en haut.*
arriesgar, *v. t., risquer.*
arrodillado, a, *adj., agenouillé, e.*
arroz, *n. m., riz.*
arte, *n. m., art.* **Las Bellas Artes,** *les Beaux-Arts.*
artesano, a, *adj./n., artisan, e.*
asegurar, *v. t., assurer, affirmer.*
asesinar, *v. t., assassiner.*
así, *adv., ainsi.*
asilarse, *v. pr., trouver asile.*
asistir, *v. t., soigner ; assister.* **Asistir a clase,** *aller en cours.*
asombrar(se), *v. pr., (s') étonner.*
asombro, *n. m., surprise.*
astuto, a, *adj., astucieux, euse ; rusé, e.*
asunto, *n. m., sujet ; question ; affaire.*
asustar, *v. t., effrayer.*
atardecer, *n. m., soir, tombée du jour.*
atasco, *n. m., embouteillage.*
atención, *n. f., attention.* **Llamar la atención,** *attirer l'attention.*
atender [ie] (a), *v. t., s'occuper (de).*
atento, a, *adj., attentif, ive ; attentionné, e.*
atmósfera, *n. f., atmosphère.*
atraer, *irrég., v. t., attirer.*
atrás, *adv., derrière, en arrière.*
atrasar, *v. t., retarder.* **Mi reloj atrasa diez minutos,** *ma montre retarde de dix minutes.*
atraso, *n. m., retard.*
atravesar [ie], *v. t., traverser.*
atreverse (a), *v. pr., oser.*
atrevido, a, *adj., audacieux, euse ; insolent, e.*
aumentar, *v. i., augmenter.*
aun, *adv., même ; cependant.*
aún, *adv., encore, toujours.*
aunque *(+ ind.), conj., bien que.*
ausencia, *n. f., absence.*
avasallar, *v. t., asservir ; soumettre.*
ave, *n. f., oiseau.*
ayuda, *n. f., aide.*
ayudar, *v. t., aider.*
ayuntamiento, *n. m., mairie.*
azúcar, *n. m., sucre.*
azul, *adj., bleu, e.*

B

bachillerato, *n. m., baccalauréat.*
bailar, *v. t./i., danser.* **Sacar a bailar,** *inviter à danser, faire danser.*
baile, *n. m., danse, bal, ballet.*
bajar, *v. i., descendre.*
bajo, a, *adj., bas, basse ; prép., sous.*
bandera, *n. f., drapeau.*
bañarse, *v. pr., se baigner.*
baño, *n. m., bain, baignade ; baignoire.* **El cuarto de baño,** *la salle de bains.*
barato, a, *adj., bon marché.*
barba, *n. f., barbe ; menton.*
barco, *n. m., bateau.*
barrer, *v. t., balayer.*
barrio, *n. m., quartier.*
barro, *n. m., boue.*
bastante, *adv., assez.*
bastar, *v. i., suffire.*
basura, *n. f., ordures.*
bebida, *n. f., boisson.*
beneficiarse (de), *v. pr., profiter (de).*
besar, *v. t., embrasser.*
beso, *n. m., baiser.*
bienestar, *n. m., bien-être.*
bigote, *n. m., moustache.*
bisabuelo, a, *n., arrière-grand-père, arrière-grand-mère.*
boca, *n. f., bouche.*
bocadillo, *n. m., sandwich.*
bolsillo, *n. m., poche.*
bolso, *n. m., sac à main.*
bonito, a, *adj., joli, e.*
borrar, *v. t., effacer.*
bosque, *n. m., bois ; forêt.*
botella, *n. f., bouteille.*
brasa, *n. f., braise.*
brazo, *n. m., bras.*
broma, *n. f., plaisanterie.*
bromear, *v. i., plaisanter.*
bruja, *n. f., sorcière.*
bueno, a, *adj., bon, bonne.*
burlarse (de), *v. pr., se moquer (de).*
buscar, *v. t., chercher.*
búsqueda, *n. f., recherche.*
buzón, *n. m., boîte aux lettres.*

C

caballo, *n. m., cheval.*
cabello, *n. m., cheveux, chevelure.*
cabeza, *n. f., tête.*
cabo, *n. m., bout.* **Llevar a cabo,** *mener à bien.*
cada, *adj., chaque.* **Cada cual a lo suyo,** *chacun pour soi.*
cadena, *n. f., chaîne.*
caer(se), *irrég., v. i./pr., tomber.*
caída, *n. f., chute.*
cajón, *n. m., tiroir.*
calcetín, *n. m., chaussette.*
calentar [ie], *v. t., chauffer.*
calentura, *n. f., fièvre.*
cálido, a, *adj., chaud, e.* **Un color cálido,** *une couleur chaude.*
calor, *n. m., chaleur.* **Hace calor,** *Il fait chaud.* **Tener calor,** *avoir chaud.*
caluroso, a, *adj., chaud, e.*
callado, a, *adj., silencieux, euse (pour une personne).*
calle, *n. f., rue.*
callejero, a, *adj., de la rue.*
cama, *n. f., lit.*
camarero, a, *n., garçon de café, serveuse.*
cambiar, *v. t., changer.* **Cambiar por,** *échanger contre.*
cambio, *n. m., change ; monnaie ; changement.* **En cambio,** *en revanche.*
camino, *n. m., chemin ; route.*
camisa, *n. f., chemise.*
campeonato, *n. m., championnat.*
campesino, a, *adj./n., paysan, anne.*
campo, *n. m., champ ; campagne.*
canción, *n. f., chanson.*
cansancio, *n. m., fatigue.*
cantante, *n., chanteur, euse.*
cantidad, *n. f., quantité.*
capaz, *adj., capable.*
capítulo, *n. m., chapitre.*
capricho, *n. m., caprice.*
cara, *n. f., visage.*
caramelo, *n. m., bonbon.*
cárcel, *n. f., prison.*
carecer (de), *irrég., v. i., manquer de.*
caricaturizar, *v. t., caricaturer.*
caridad, *n. f., charité.*
cariño, *n. m., affection.* **Tener cariño a,** *avoir de l'affection pour.*
cariñoso, a, *adj., affectueux, euse.*
carne, *n. f., chair ; viande.*
caro, a, *adj., cher, ère.*
carretera, *n. f., route.*
carta, *n. f., lettre.*
cartera, *n. f., portefeuille.*
cartero, *n. m., facteur.*
casa, *n. f., maison.* **En casa de,** *chez.*
casar, *v. t., marier.*
casi, *adv., presque.*
castigar, *v. t., punir.*
casualidad, *n. f., hasard.* **Por casualidad,** *par hasard.*
caza, *n. f., chasse.*
cegado, a, *adj., aveuglé, e.*
ceja, *n. f., sourcil.*
celda, *n. f., cellule.*
celo, *n. m., zèle.* **Los celos,** *la jalousie.*
celoso, a, *adj., jaloux, ouse.*
cemento, *n. m., ciment.*
cena, *n. f., dîner.*
cerca (de), *adv., près (de).*
cercar, *v. t., encercler.*
cerebro, *n. m., cerveau.*
cerrar [ie], *v. t., fermer.*
cerveza, *n. f., bière.*
charlar, *v. i., bavarder.*
chicano, a, *n., Mexicain, e, résidant aux États-Unis.*
chimenea, *n. f., cheminée.*
chispa, *n. f., étincelle ; lueur.*
chocar, *v. t., heurter.*
chófer, *n. m., chauffeur.*
ciego, a, *adj./n., aveugle.*
cierto, a, *adj., certain, e.*
cifra, *n. f., chiffre.*
cirujano, *n. m., chirurgien.*
cita, *n. f., rendez-vous.*
ciudad, *n. f., ville.*
ciudadano, a, *n., citadin, e.*
claro, a, *adj., clair, e.*
clase, *n. f., cours ; sorte, espèce.* **Dar clase,** *faire cours.* **Ir a clase,** *aller en cours.*
clavar, *v. t., clouer.*
cliente, *n., client, e.*
cobarde, *adj./n., lâche, poltron, onne.*
cobre, *n. m., cuivre.*
coche, *n. m., voiture.*
codo, *n. m., coude.*
coger, *v. t., prendre.*
colmo, *n. m., comble.*
colocar, *v. t., placer, mettre, poser.*
color, *n. m., couleur.*
coma, *n. f., virgule.*
combatir, *v. t., combattre.*
comer, *v. t., manger.*
cómico, a, *adj., comique.*
comida, *n. f., nourriture.*
cómodo, a, *adj., confortable.*
compadecido, a, *adj., compatissant, e.*
compañía, *n. f., compagnie.* **Hacer compañía,** *tenir compagnie.*
comparar (con), *v. t., comparer (à).*
compartir, *v. t., partager.*
compasión, *n. f., pitié.*
competir [i], *v. i., rivaliser, concurrencer.*
comportamiento, *n. m., comportement.*
compra, *n. f., achat.* **Ir de compras,** *faire des courses.*
comprar, *v. t., acheter.*
comprobar [ue], *v. t., vérifier ; constater.*
comprometerse (por), *v. pr., s'engager (en faveur de).*
computador, a, *n. f., calculateur ; ordinateur.*
concluir, *irrég., v. i., conclure.*
condena, *n. f., condamnation.*
condenar, *v. t., condamner.*
conducir, *irrég., v. t., conduire.*
confiar (en), *v. i., avoir confiance (en).*
confortar [ue], *v. t., réconforter.*
confundir, *v. t., confondre.*
conjunto, *n. m., ensemble.*
conmover [ue], *v. t., émouvoir.*
conocer [zco], *irrég., v. t., connaître.*
conocimiento, *n. m., connaissance.*
conquistar, *v. t., conquérir.*
consecuencia, *n. f., conséquence.*
conseguir [i], *v. t., obtenir ; réussir à.*
consejo, *n. m., conseil.*

consigo, *pron. pers. réfl., avec soi.*
consumidor, a, *n., consommateur, trice.*
contar [ue], *v. t., raconter.*
contigo, *pron. pers., avec toi.*
contrario, a, *adj., contraire, opposé, e.* **Al contrario,** *au contraire.*
contundente, *adj., sans appel.*
convencer, *v. t., convaincre.*
convertirse [ie/i] (en), *v. pr., devenir.*
convidar, *v. t., inviter.*
convivir, *v. i., vivre ensemble.*
copa, *n. f., coupe.* **Una copa de agua,** *un verre d'eau.*
copla, *n. f., couplet.*
corazón, *n. m., cœur.*
cornada, *n. f., coup de corne.*
coro, *n. m., chœur.*
corredor, *n. m., couloir.*
correo, *n. m., courrier ;* **correos,** *poste ; bureau de poste.*
correr, *v. i., courir ; couler (eau) ; passer (temps).*
corriente, *n. f., courant.*
cortar, *v. t., couper.*
cortés, *adj., courtois, e.*
cortesía, *n. f., courtoisie, politesse.*
cortina, *n. f., rideau.*
coser, *v. t., coudre.*
costar [ue], *v. i., coûter.* **Le cuesta Ø,** *il a du mal à.*
costumbre, *n. f., coutume, habitude.*
crear, *v. t., créer.*
crecer, *irrég., v. i., grandir.*
creencia, *n. f., croyance.*
criado, *n. m., domestique.*
criar, *v. t., élever.*
criatura, *n. f., bébé.*
cristal, *n. m., verre.*
crudo, a, *adj., cru, e (aliment).*
cruz, *n. f., croix.*
cruzar, *v. t., traverser.*
cuadrado, a, *adj./n., carré, e.*
cuadro, *n. m., tableau.*
cualidad, *n. f., qualité.*
cualquier, cualquiera, *adj./pron. indéf., n'importe quel(le), n'importe qui.*
cuanto, a, *adj./pron. indéf./adv., généralement corrélatif de* **tanto, a,** *autant de ; tant ; combien.* **En cuanto a mí,** *quant à moi.*
cuartel, *n. m., caserne.*
cuarto, *n. m., pièce (d'appartement).* **El cuarto de dormir,** *la chambre à coucher.*
cubrir, *v. t., part. pass. irrég.,* **cubierto,** *couvrir.*
cuchillo, *n. m., couteau.*
cuello, *n. m., cou.*
cuenta, *n. f., compte ; addition.* **Darse cuenta de (que),** *se rendre compte de.*
cuento, *n. m., conte, histoire.*
cuerpo, *n. m., corps.*
cuesta, *n. f., côte, pente.*
cuidado, *n. m., soin, attention ; interj., Attention !* **Andar con cuidado,** *prendre des précautions.*
cuidar, *v. t., soigner, s'occuper de.*
culpa, *n. f., faute (morale).* **No es culpa mía,** *Ce n'est pas ma faute.*
cultivo, *n. m., culture.*
culto, *n. m., culte.* **El culto al mundo natural,** *le culte du monde naturel.*
cultura, *n. f., culture (au sens culturel).*
cumbre, *n. f., sommet.*
cumpleaños, *n. m., anniversaire.*
cumplir, *v. t., réaliser, accomplir.*
curar, *v. i., guérir ; v. t., soigner.*
cuyo, a, *pron. relat., dont le, dont la, dont les.*

D

daño, *n. m., mal ; dommage.* **Hacerse daño,** *(se) faire mal.*
dañino, a, *adj., nuisible.*
dato, *n. m., donnée, renseignement.*
débil, *adj., faible.*
decepcionar, *v. t., décevoir.*
decidir, *v. t., décider.*
decir, *irrég., v. t./i., part. pass. irrég.,* **dicho,** *dire.*
dedicar(se) (a), *v. t., dédier ; consacrer ; v. pr., se consacrer à, s'adonner à.* **Dedicar su vida a,** *consacrer sa vie.*
dedo, *n. m., doigt.*
deducir, *irrég., v. t., déduire.*
defecto, *n. m., défaut.*
defender [ie], *v. t., défendre, soutenir (une opinion).*
dejar (de), *v. t., arrêter de.*
delante, *adv./loc. prép., devant.* **Delante de la tienda,** *devant la boutique.*
demás, *pron. indéf., autre.* **Los demás,** *les autres.*
demasiado, a, *adj./adv., trop de, trop.*
demostrar [ue], *v. t., démontrer.*
dentro, *adv., dedans, à l'intérieur.*
denunciar, *v. t., dénoncer.*
dependiente, *n. m., vendeur ; employé.*
deporte, *n. m., sport.* **Practicar deporte,** *faire du sport.*
derecho, a, *adj./n., droit, e.* **Tener derecho a,** *avoir le droit de.*
derrumbarse, *v. pr., s'effondrer.*
desaparecer, *irrég., v. i., disparaître.*
desarrollar, *v. t., développer.*
desarrollo, *n. m., développement.*
desayunar, *v. i., déjeuner.*
desayuno, *n. m., petit-déjeuner.*
descalzo, a, *adj., nu-pieds.*
descansar, *v. i., (se) reposer.*
desconfiar (de), *v. i., se méfier (de).*
desconocido, a, *adj., inconnu, e.*
descubrimiento, *n. m., découverte.*
descubrir, *v. t., part. pass. irrég.,* **descubierto,** *découvrir.*
desde, *prép., dès, depuis.* **Desde hace tres años,** *depuis trois ans.*
desdén, *n. m., dédain.*
desear, *v. t., désirer, souhaiter.*
desembocar (en), *v. i., déboucher (sur).*

desempeñar, *v. t., jouer.*
Desempeñar un papel, *jouer un rôle.*
desenlace, *n. m., dénouement.*
deseo, *n. m., désir.*
desgracia, *n. f., malheur.*
desgraciadamente, *adv., malheureusement.*
desigualdad, *n. f., inégalité.*
desinteresarse (de), *v. pr., se désintéresser (de).*
deslomarse, *v. pr., travailler dur.*
desnudo, a, *adj., nu, e.*
despabilado, a, *adj./n., débrouillard, e.*
despacio, *adv., lentement, doucement.*
despacho, *n. m., bureau.*
despedirse [i] (de), *v. pr., faire ses adieux (à).*
despertar [ie], *v. t., (se) réveiller.* **Despertar la curiosidad,** *éveiller la curiosité.*
despiadado, a, *adj., impitoyable.*
despreciar, *v. t., mépriser.*
desprecio, *n. m., mépris.*
despreocupación, *n. f., insouciance.*
desprovisto, a, *adj., démuni, e.*
después (de), *adv., après.*
destino, *n. m., destin ; destination.*
destruir, *irrég., v. t., détruire, dévaster.*
desvalido, a, *adj., faible ; abandonné, e ; déshérité, e.*
desvivirse (por), *v. pr., se mettre en quatre (pour).*
detalle, *n. m., détail.*
detener [ie], *v. t., arrêter.*
detenido, a, *adj., n., détenu, e.*
determinar, *v. t., décider.*
detrás, *adv., derrière.*
deuda, *n. f., dette.*
devolver [ue], *v. t., part. pass. irrég.,* **devuelto,** *rendre, rembourser.*
día, *n. m., jour, journée.* **Cada día,** *chaque jour.*
diario, *n. m., journal.* **El diario de a bordo,** *le journal de bord.*
dibujar, *v. t., dessiner.*
dichoso, a, *adj., heureux, euse, bienheureux, euse.*
diente, *n. m., dent.*
difundir, *v. t., répandre.*
dinero, *n. m., argent.* **Tener dinero,** *avoir de l'argent*
dios, *n. m., dieu.*
dirección, *n. f., direction ; adresse ; mise en scène.*
director, a, *n., directeur, trice ; metteur en scène.*
dirigirse (a), *v. pr., se diriger (vers) ; s'adresser (à).*
discapacitado, a, *adj., handicapé, e.*
discrepar, *v. i., être en désaccord.*
disculparse, *v. pr., s'excuser.*
disfraz, *n. m., déguisement.*
disfrutar, *v. t./i., jouir de, profiter de.*
disgusto, *n. m., contrariété ; chagrin.*
disparar (a), *v. t., tirer (sur).*
dispensar, *v. t., excuser.*
disponer, *irrég., v. t., part. pass. irrég.,* **dispuesto,** *disposer.*
distinto, a, *adj., différent, e.*
divertido, a, *adj., amusant, e.*
divertirse [ie/i], *v. pr., se distraire, s'amuser.*
dividir, *v. t., diviser ; partager.*
divisar, *v. t., apercevoir.*
documentación, *n. f., les papiers d'identité.*
doler [ue], *v. i., avoir mal.*
dolor, *n. m., douleur.*
dondequiera, *adv., n'importe où.*
dormir [ue/u], *v. t./i., dormir, endormir.*
duda, *n. f., doute, hésitation.*
dulzura, *n. f., douceur.*
duración, *n. f., durée.*
durante, *prép., pendant.*

E

echar, *v. t., jeter, lancer ; expulser.* **Echar a** *(+ inf.), se mettre à.*
Echar de menos, *avoir la nostalgie de, regretter.*
edad, *n. f., âge ; temps, époque.*
La Edad Media, *le Moyen Âge.*
edificio, *n. m., construction, immeuble.*
eficacia, *n. f., efficacité.*
eficaz, *adj., efficace.*
ejemplo, *n. m., exemple.*
ejército, *n. m., armée.*
elección, *n. f., choix ; élection.*
elegir [i], *v. t., choisir ; élire.*
elogio, *n. m., éloge.*
embargar, *v. t., gêner, embarrasser.* **Embargar el ánimo,** *envahir (absorber, accaparer) l'esprit.*
empezar [ie], *v. t., commencer.*
emplear, *v. t., employer.*
emplumadura, *n. f., plumage.*
emprendedor, a, *adj., entreprenant, e.*
empresa, *n. f., entreprise.*
empujar, *v. t., pousser.*
enamorado, a, *adj./n., amoureux, euse.*
enamorarse, *v. pr., tomber amoureux.*
encanto, *n. m., charme.*
encargarse de, *v. pr., se charger de.*
encender [ie], *v. t., allumer.*
encerrar [ie], *v. t., enfermer.*
encima, *adv., au-dessus, en haut.* **Encima de la mesa,** *sur la table.*
encontrar [ue], *v. t., trouver.*
enemigo, a, *adj./n., ennemi, e.*
enfermedad, *n. f., maladie.*
enfermo, a, *adj., malade.*
engañar, *v. t., tromper.*
engaño, *n. m., tromperie.*
enlazar, *v. t., relier.*
enmarcar, *v. t., encadrer.*
enriquecerse, *v. pr., s'enrichir.*
ensalzar, *v. t., exalter.*
en seguida, *adv., tout de suite.*
enseñanza, *n. f., enseignement.*
enseñar, *v. t., montrer ; enseigner.*
entender [ie], *v. t., comprendre.*
No entender nada de, *ne rien connaître à.*
enterarse (de), *v. pr., apprendre (une nouvelle).*
entonces, *adv., alors ; donc.*
entorno, *n. m., environnement.*

entre, *prép., entre, parmi.*
entregar, *v. t., livrer, remettre.*
entretener [ie], *v. t., amuser, distraire ; occuper.*
entristecer, *v. t., attrister.*
envejecer, *irrég., v. i., vieillir.*
envolver [ue], *v. t., part. pass. irrég.,* **envuelto,** *envelopper.*
equilibrio, *n. m., équilibre.*
equivocación, *n. f., erreur ; quiproquo (théâtre).*
equivocarse, *v. pr., se tromper, faire une erreur.*
escalera, *n. f., escalier ; échelle.*
escapar, *v. i., échapper.*
escaso, a, *adj., rare, peu abondant, e.*
escena, *n. f., scène.*
escenificación, *n. f., mise en scène.*
escoger, *v. t., choisir.*
escribir, *v. t., part. pass. irrég.,* **escrito,** *écrire*
escuchar, *v. t., écouter.*
escudo, *n. m., bouclier ; écusson.*
escudriñar, *v. t., scruter.*
escupir, *v. i., cracher.*
esforzarse [ue] por, *v. pr., s'efforcer de.*
esfuerzo, *n. m., effort.*
eslogan, *n. m., slogan.*
esmerado, a, *adj., soigné, e.*
espalda, *n. f., dos.*
espantar, *v. t., faire peur, effrayer.*
espantoso, a, *adj., épouvantable, effrayant, e.*
espectáculo, *n. m., spectacle.*
espejo, *n. m., miroir.*
espera, *n. f., attente.*
esperanza, *n. f., espoir.*
esperar, *v. t., attendre ; espérer.*
espeso, a, *adj., épais, épaisse.*
espíritu, *n. m., esprit.*
espléndido, a, *adj., splendide ; généreux, euse.*
esposo, a, *n., époux, ouse.*
espuma, *n. f., écume.*
esquiar, *v. i., skier.*
esquina, *n. f., coin (d'une rue).*
estación, *n. f., saison ; gare.*
estancia, *n. f., séjour.*
estatal, *adj., de l'État.*
estilo, *n. m., style.*
estrecho, a, *adj., étroit, e.*
estrella, *n. f., étoile ; star.*
estribillo, *n. m., refrain.*
estupendo, a, *adj., super (fam.) ; extraordinaire, formidable.*
eterno, a, *adj., éternel, elle.*
evolucionar, *v. i., évoluer.*
examinarse, *v. pr., passer un examen.*
exclamar, *v. i., s'exclamer.*
éxito, *n. m., succès.*
experimentar, *v. t., éprouver (un sentiment).*
explotación, *n. f., exploitation.*
explotar, *v. t., exploiter.*
expresar, *v. t., exprimer.*
extranjero, a, *adj., étranger, ère.*
extraño, a, *adj., bizarre.*

F

fábrica, *n. f., usine.*
falda, *n. f., jupe.*
falso, a, *adj., faux, fausse.*
falta, *n. f., manque ; faute.* **La falta de,** *le manque de.*
faltar, *v. i., manquer ; faire défaut.*
fama, *n. f., renommée, réputation.*
famoso, a, *adj., célèbre.* **Hacerse famoso,** *devenir célèbre.*
fastidiar, *v. t., ennuyer, embêter.*
fatal, *adj., fatal, e ; très mauvais, e.* **Estar fatal,** *se sentir très mal.*
fe, *n. f., foi.*
fecha, *n. f., date.*
feliz, *adj., heureux, euse.*
feo, a, *adj., laid, e ; vilain, e.*
ferrocarril, *n. m., chemin de fer.*
fiel, *adj., fidèle, loyal, e.*
fin, *n. m., fin.* **El fin de semana,** *le week-end.*
fingir, *v. t., faire semblant.*
firmar, *v. t., signer.*
flecha, *n. f., flèche.*
flechazo, *n. m., coup de foudre.*
flor, *n. f., fleur.*
folleto, *n. m., dépliant.*
fomentar, *v. t., encourager.*
fortuna, *n. f., fortune.* **Probar fortuna,** *chercher fortune.*
fracasar, *v. i., échouer.*
fracaso, *n. m., échec.*
fraude, *n. m., fraude.*
frente, *n. f., front (visage).*
frente, *n. m., front (guerre).*
frente a, *prép., face à.*
frescura, *n. f., fraîcheur.*
frío, a, *adj./n., froid, e.*
fruta, *n. f., fruit.*
fuego, *n. m., feu.*
fuente, *n. f., source ; fontaine.*
fuerza, *n. f., force.* **A la fuerza,** *par force.*

G

gafas, *n. f. pl., lunettes.*
gana, *n. f., envie.* **Tener [ie] ganas de,** *avoir envie de.* **Dar ganas de,** *donner envie de.*
ganar, *v. t., gagner.* **Ganarse la vida,** *gagner sa vie.*
garganta, *n. f., gorge.*
gasolina, *n. f., essence.*
gastar, *v. t., dépenser ; user.*
gasto, *n. m., dépense ; pl.,* **gastos,** *frais.*
gato, *n. m., chat.*
gaviota, *n. f., mouette.*
gente, *n. f., les gens ; le monde.*
gesto, *n. m., expression (sur le visage).*
girar, *v. i., tourner.* **Girar alrededor de,** *tourner autour de.*
globo, *n. m., ballon ; bulle (de B.D).*
gloria, *n. f., gloire ; paradis ; joie, bonheur.* **Estar en la gloria,** *être aux anges.*
gobernar [ie], *v. t., gouverner.*
gobierno, *n. m., gouvernement.*
golpe, *n. m., coup ; coup d'État.*
De golpe, *soudain.*
gordo, a, *adj., gros, grosse.*
gorrión, *n. m., moineau.*
gota, *n. f., goutte.*
gozar (de), *v. t./i., jouir (de).*
grabar, *v. t., enregistrer.*
gracias, *n. f. pl., merci.* **Gracias a,** *grâce à.*
grandeza, *n. f., grandeur.*

gritar, *v. t., crier.*
grito, *n. m., cri.*
guapo, a, *adj., beau, belle (personne).*
guardar, *v. t., garder ; ranger (dans un meuble).* **Estar guardado,** *être rangé.*
guía, *n. m., guide (d'un musée) ;*
n. f., guide, indicateur, plan d'une ville.
guiar, *v. t., guider.*
guiñar, *v.t./i., cligner de l'œil.* **Guiñar el ojo,** *faire un clin d'œil (fam.).*
guiño, *n. m., clin d'œil.*
gusto, *n. m., goût.* **Estar a gusto,** *se trouver bien.*

H

habitación, *n. f., pièce (d'appartement) ; chambre.*
hablar, *v. i., parler.* **Hablar en primera persona,** *parler à la première personne.*
hacerse, *irrég., v. pr., devenir.* **Hacerse rico,** *devenir riche.*
hacha, *n. f., hache.*
hacia, *prép., vers, en direction de.*
hallar(se), *v. t./pr., (se) trouver.*
hambre, *n. f., faim, famine.*
harina, *n. f., farine.*
harto, a, *adj., rassasié, e ; fatigué, e, las, lasse.* **Estar harto, a (de),** *en avoir assez (de).*
hecho, *n. m., fait.* **De hecho,** *en fait.*
helado, a, *adj., glacé, e, gelé, e.*
helar [ie], *v. t., glacer, geler.*
hembra, *n. f., femelle.*
heredar, *v. t., hériter.*
hermano, a, *n., frère, sœur.*
hermoso, a, *adj., beau, belle.*
hielo, *n. m., glace, glaçon.*
hierro, *n. m., fer.*
hijo, *n. m., fils ; enfant.*
hilo, *n. m., fil.*
hincarse, *v. pr., s'agenouiller.*
historieta, *n. f., bande dessinée.*
hoja, *n. f., feuille.*
hojarasca, *n. f., feuilles mortes.*
hombro, *n. m., épaule.*
honra, *n. f., honneur.*
huelga, *n. f., grève.*
hueso, *n. m., os ; noyau (fruit).*
huevo, *n. m., œuf.*
huir, *irrég., v. i., fuir.* **Huir del peligro,** *fuir le danger.*
humano, a, *adj., humain, e.*
húmedo, a, *adj., humide.*
humilde, *adj., humble.*
humo, *n. m., fumée.*
humor, *n. m., humour ; humeur.*
hundir(se), *v. t., enfoncer ; v. pr., s'affaisser, couler (navire).*

I

idioma, *n. m., langue (langage).*
iglesia, *n. f., église.*
ilusión, *n. f., illusion ; joie, plaisir.* **Me hace ilusión ir...,** *Je rêve d'aller...*
iluso, a, *adj./n., rêveur, euse.*
impactar, *v. i., faire de l'effet.*
impedir [i], *v. t., empêcher.*
imponer, *irrég., v. t., part. pass. irrég.,* **impuesto,** *imposer.*
importar, *v. i., importer.* **Le importa un bledo,** *il s'en moque complètement.* **No importa,** *cela n'a aucune importance.*
imprescindible, *adj., indispensable.*
incluso, *adv., même (y compris).*
incorrupto, a, *adj., non corrompu, e.*
increíble, *adj., incroyable.*
indígena, *n. m., indigène.*
inesperado, a, *adj., inattendu, e.*
infantil, *adj./n., infantile.*
infeliz, *adj./n., malheureux, euse.*
infiel, *adj./n., infidèle.*
infierno, *n. m., enfer.*
informalidad, *n. f., économie parallèle (amér.).*
ingresar, *v. t./i., entrer, rentrer.*
iniciar(se), *v. t./pr., commencer.*
inservible, *adj., inutilisable.*
insistir (en), *v. i., insister (sur).*
instituto, *n. m., lycée.*
intercambio, *n. m., échange.*
interés, *n. m., intérêt.*
invadir, *v. t., envahir.*
inverosímil, *adj., invraisemblable.*
investigar, *v. i., enquêter.*
ira, *n. f., colère.*
ironía, *n. f., ironie.*
irse, *irrég., v. pr., partir.*

J

jabón, *n. m., savon.*
jade, *n. m., jade (pierre).*
jamás, *adv., jamais.*
jamón, *n. m., jambon.*
jaula, *n. f., cage.*
jefe, *n. m., chef.*
joven, *adj./n., jeune ; jeune homme, jeune fille.*
joya, *n. f., bijou, joyau.*
joyería, *n. f., bijouterie.*
juego, *n. m., jeu.*
juez, *n. m., juge ; arbitre.*
jugar [ue], *v. i., jouer.*
juicio, *n. m., jugement ; raison ; avis.* **Con buen juicio,** *avec bon sens.*
juntar, *v. i., allier, associer.*
junto a, *adv., près de.*
juntos, as, *adj., ensemble.*
justicia, *n. f., justice.*
juventud, *n. f., jeunesse.*
juzgar, *v. t., juger.*

L

labio, *n. m., lèvre.*
labor, *n. f., travail, labeur ; ouvrage.*
laboral, *adj., du travail.*
labrar, *v. t., travailler (la pierre, etc.) ; labourer.*
lado, *n. m., côté.*
ladrar, *v. i., aboyer.*
ladrón, ona, *adj./n., voleur, euse.*
lágrima, *n. f., larme.*
lamentar, *v. t., lamenter, regretter.*
lámpara, *n. f., lampe.*
lápiz, *n. m., crayon.*
largarse, *v. pr., partir ; se casser (fam.).*
largo, a, *adj., long, longue.*
lastimoso, a, *adj., pitoyable.*

latir, *v. i., battre (cœur...).*
lejos, *adv., loin.*
lema, *n. m., slogan.*
leña, *n. f., bois de chauffage.*
letra, *n. f., lettre ; écriture ; paroles (d'une chanson).*
letrero, *n. m., écriteau.*
levantarse, *v. pr., se lever.*
leve, *adj., léger, ère.*
ley, *n. f., loi.*
leyenda, *n. f., légende.*
lienzo, *n. m., tableau, toile.*
ligereza, *n. f., légèreté.*
ligero, a, *adj., léger, ère.*
limosna, *n. f., aumône.*
limpiar, *v. t., nettoyer.*
limpieza, *n. f., propreté ; nettoyage.*
lindo, a, *adj., joli, e ; gentil, ille ; gracieux, euse.*
listo, a, *adj., intelligent, e.* **Estar listo,** *être prêt.*
llamar, *v. t., appeler.* **Llamar la atención,** *attirer l'attention.*
llamativo, a, *adj., vif, vive.* **Colores llamativos,** *des couleurs vives.*
llanto, *n. m., pleurs.*
llave, *n. f., clé ; robinet.*
llegar, *v. i., arriver ; parvenir ; atteindre.* **Llegar a ser una estrella,** *devenir une star.*
lleno, a, *adj., plein, e, rempli, e.*
llevar, *v. t., porter.*
llorar, *v. i., pleurer.*
llover [ue], *v. imp., pleuvoir.*
lluvia, *n. f., pluie.*
lo, *art. déf. neutre, ce qui est, ce qu'il y a de.* **Lo increíble,** *ce qui est incroyable.*
loco, a, *adj., fou, folle.*
locura, *n. f., folie.*
lodazal, *n. m., bourbier.*
lodo, *n. m., boue.*
logotipo, logo, *n. m., logotype, logo.*
logrado, a, *adj., réussi, e.* **Un anuncio logrado,** *une publicité réussie.*
lograr, *v. t., réussir ; obtenir.*
lucha, *n. f., lutte.* **La lucha por la vida,** *la lutte pour la vie.*
luchar (por), *v. i., lutter (pour).*
lucir, *v. i., briller.*
luego, *adv., ensuite, après.*
lugar, *n. m., lieu, place.* **En lugar de,** *au lieu de.*
lujo, *n. m., luxe.*
luz, *n. f., lumière.*

M

machacar, *v. t., rabâcher.*
macho, *n. m., mâle.*
madera, *n. f., bois.*
madrugada, *n. f., aube, point du jour.*
madrugar, *v. i., se lever tôt.*
mal, *adv., mal.* **Está mal ∅,** *ce n'est pas bien de.*
maldad, *n. f., méchanceté.*
maleta, *n. f., valise.*
malgastar, *v. t., gaspiller.*
malo, a, *adj., méchant, e.*
manchar, *v. t., tacher ; salir.*
mandar, *v. t., ordonner.*
manera, *n. f., manière, façon.* **Una manera de demostración,** *une espèce de démonstration.*
mano, *n. f., main.* **Echar una mano,** *rendre service.*
manso, a, *adj., calme ; doux, douce.*
manta, *n. f., couverture.*
mantel, *n. m., nappe.*
mantequilla, *n. f., beurre.*
manzana, *n. f., pomme.*
mañana, *n. f. , matin, adv. demain.* **Por la mañana,** *le matin.*
mapa, *n. m., carte géographique.*
margen, *n. m./f., bord, rive ; marge.*
marido, *n. m., mari.*
marinero, *n. m., marin, matelot.*
mariposa, *n. f., papillon.*
marisco, *n. m., fruit de mer.*
mármol, *n. m., marbre.*
martillo, *n. m., marteau.*
masa, *n. f., masse ; pâte.*
más, *adv., plus, davantage.* **Más bien,** *adv., plutôt.*
matanza, *n. f., meurtre ; tuerie ; abattage.*
matar, *v. t., tuer.*
matrimonio, *n. m., couple.*
mayo, *n. m., mai.*
mayor, *plus grand, plus âgé ; majeur, important.* **El mayor número,** *le plus grand nombre.*
medio, *n. m., milieu ; moyen.*
mediodía, *n. m., midi.*
mejilla, *n. f., joue.*
mejorar, *v. t., améliorer.*
melón, *n. m., melon.*
mendigo, a, *n., mendiant, e.*
menor, *adj., plus petit, e ; moindre ; plus jeune.*
menos, *adv., moins ; prép., sauf.* **Todos menos,** *tous sauf.*
menosprecio, *n. m., mépris.*
mente, *n. f., esprit, entendement.*
mentira, *n. f., mensonge.*
mentiroso, a, *adj., menteur, euse.*
mercado, *n. m., marché.*
merecer, *irrég., v. t., mériter.*
merendar [ie], *v. i., prendre son goûter.*
mesa, *n. f., table.*
mesón, *n. m., auberge.*
mestizaje, *n. m., métissage.*
meta, *n. f., but.*
metáfora, *n. f., métaphore.*
meterse (en), *v. i., entrer (dans).*
mezcla, *n. f., mélange.*
mezclarse, *v. pr., se mélanger.*
mezquino, a, *adj., mesquin, e.*
miedo, *n. m., peur.* **Dar miedo,** *faire peur.*
mientras, *conj., pendant que, tant que.*
mientras que, *conj., alors que.*
milagro, *n. m., miracle.*
mimado, a, *adj., gâté, e.* **Un niño mimado,** *un enfant gâté.*
minero, *n. m., mineur.*
mirada, *n. f., regard.*
mirar, *v. t., regarder.*
mismo, *adj./pron. indéf., même, pareil, semblable.*
mitad, *n. f., moitié.*
modo, *n. m., mode ; manière, façon.* **El modo de vida,** *le mode de vie.*
mofarse (de), *v. pr., se moquer (de).*
mojar, *v. t., mouiller.*

molestarse (en), *v. pr., prendre la peine (de).*
molesto, a, *adj., gênant, e.* **Estar molesto,** *être mal à l'aise.*
monte, *n. m., mont, montagne ; forêt, bois.*
morder [ue], *v. t., mordre.*
mostrar [ue], *v. t., montrer.*
moverse [ue], *v. pr., bouger, se mouvoir.*
muchedumbre, *n. f., foule.*
mudanza, *n. f., changement ; déménagement.*
mudo, a, *adj., muet, ette.*
mueble, *n. m., meuble.*
muerte, *n. f., mort.*
mujer, *n. f., femme.*
muleta, *n. f., béquille.*
multa, *n. f., amende.*
muñeca, *n. f., poignet ; poupée.*
músico, a, *n./adj., musicien, enne.*

n

nacer, *irrég., v. i., naître.*
nacido, a, *adj., né, e.* **Recién nacido,** *nouveau-né.*
nacimiento, *n. m., naissance.*
nada, *n. f., néant ; pron. indéf., rien ; adv., pas du tout.*
nadar, *v. i., nager.*
nadie, *pron. indéf., personne.*
naranja, *n. f., orange.*
nariz, *n. f., nez.*
natural, *adj./n. m., naturel, elle.* **Reproducir del natural,** *peindre sur le vif.*
naturaleza, *n. f., nature.*
náufrago, a, *n., naufragé, e.*
nave, *n. f., vaisseau.*
navegante, *n., navigateur, trice.*
navegar, *v. i., naviguer.*
Navidad, *n. f., Nativité, Noël.*
necesitado, a, *adj./n., indigent, e.*
necesitar (Ø), *v. t., avoir besoin (de).*
negarse [ie] (a), *v. pr., se refuser (à).*
negocio, *n. m., négoce ; commerce.* **Los negocios,** *les affaires.*
nervioso, a, *adj., nerveux, euse.*
nevar, *v. imp., neiger.*
niebla, *n. f., brume, brouillard.*
nieto, a, *n., petit-fils, petite-fille.*
nieve, *n. f., neige.*
ninguno, a, *adj./pron. ind., aucun, e.*
niñez, *n. f., enfance.*
niño, a, *n., enfant.*
noche, *n. f., nuit.* **Es de noche,** *il fait nuit.* **Dar las buenas noches,** *souhaiter bonne nuit.*
nombre de pila, *n. m., prénom.*
noticia, *n. f., nouvelle (actualité).*
novedad, *n. f., nouveauté.*
novela, *n. f., roman.*
novelista, *n., romancier, ère.*
novio, a, *n., fiancé, e ; petit, e ami, e.*
nube, *n. f., nuage.* **Caer de las nubes,** *tomber des nues.*
nuevo, a, *adj., nouveau, elle ; neuf, ve.*
numeroso, a, *adj., nombreux, euse.*
nunca, *adv., jamais.*

o

obedecer, *irrég., v. t., obéir.*
objetivo, *n. m., but.*
objeto, *n. m., objet.*
obrero, a, *n., ouvrier, ère.*
obtener [ie], *v. t., obtenir.*
ocio, *n. m., loisir.*
ocurrir, *v. i., se produire, survenir, avoir lieu.* **Se le ocurre,** *il a l'idée de.*
odiar, *v. t., haïr.*
oficina, *n. f., bureau (à l'extérieur de chez soi).*
oído, *n. m., ouïe ; oreille.*
oír, *irrég., v. t., entendre.*
ojo, *n. m., œil.* **Avivar el ojo,** *ouvrir l'œil.*
ola, *n. f., vague.*
oler [ue] (a), *v. t., sentir.* **Oler bien / mal,** *sentir bon / mauvais.*
olor, *n. m., odeur.*
olvidar, *v. t., oublier.*
opción, *n. f., option.* **No dejar / tener opción,** *ne pas laisser / avoir le choix.*
oponer, *irrég., v. t., part. pass. irrég.,* **opuesto,** *opposer.*
orden, *n. f., ordre, commandement.*
ordenador, *n. m., ordinateur.*
ordenar, *v. t., ordonner ; mettre en ordre.*
orgulloso, a, *adj., fier, ère.*
origen, *n. m., origine.*
originarse, *v. pr., tirer son origine.*
orilla, *n. f., bord ; lisière ; limite ; rive.* **A orillas del mar,** *au bord de la mer.*
oscuro, a, *adj., obscur, e.*
ostentar, *v. t., exhiber.*

p

padre, *n. m., père.* **Los padres,** *les parents.*
pagar, *v. t., payer.*
paisaje, *n. m., paysage.*
pájaro, *n. m., oiseau.*
palabra, *n. f., mot ; parole.*
palo, *n. m., bâton ; bois.*
paloma, *n. f., pigeon.*
pantalla, *n. f., écran.*
pañuelo, *n. m., mouchoir ; foulard.*
papel, *n. m., papier ; rôle.* **Los papeles,** *les papiers d'identité.*
parada, *n. f., arrêt (d'autobus).*
paraguas, *n. m. inv., parapluie.*
paraíso, *n. m., paradis.*
paraje, *n. m., endroit.* **Los parajes,** *les parages.*
parar, *v. t., arrêter.*
parecer, *irrég., v. i., apparaître, paraître ; sembler.* **Si le parece bien,** *si ça lui va.*
parecer, *n. m., avis, opinion.* **A mi parecer,** *à mon avis.*
pareja, *n. f., couple.*
paro, *n. m., chômage ; arrêt de travail.*
parte, *n. f., partie ; part.* **Por todas partes,** *partout.* **Formar parte,** *faire partie.*
participar (en), *v. t., participer (à).*
partir, *v. i., s'en aller, partir.*

pasar, *v. t./i., passer ; dépasser ; se dérouler.* **Pasarlo bien / pipa,** *bien s'amuser ; profiter de.* **Pasar por alto,** *laisser de côté.* **Pasar un mal rato,** *passer un mauvais quart d'heure.*
pasarse, *v. pr., passer.* **Pasarse el tiempo** *(+ gér.), passer son temps à.*
paseo, *n. m., promenade.* **Dar un paseo,** *se promener.*
pastel, *n. m., gâteau.*
patio, *n. m., cour.*
patriotismo, *n. m., patriotisme.*
patrocinar, *v. t., sponsoriser.* **Patrocinado por,** *sponsorisé par.*
paz, *n. f., paix.*
peatón, *n. m., piéton.* **Un paso de peatones,** *un passage pour piétons.*
pecado, *n. m., péché.*
pedazo, *n. m., morceau.*
pedir [i] que *(+ subj.), v. t., demander (de).*
pegado, a, *adj., collé, e.*
pegar, *v. t., coller ; joindre ; battre ; mettre.*
pelea, *n. f., bagarre, lutte.*
peligro, *n. m., danger.*
peligroso, a, *adj., dangereux, euse.*
pelo, *n. m., poil ; cheveux.* **Un corte de pelo,** *une coupe de cheveux.*
pena, *n. f., peine.*
penacho, *n. m., panache.*
pendiente, *adj., pendant, e, suspendu, e.* **Estar pendiente de la televisión,** *être collé à la télévision.*
penoso, a, *adj., pénible.*
pensar [ie] (en), *v. t./i., penser (à).*
peor, *adj., plus mauvais, e, pire ; adv., pis, plus mal.*
perder [ie], *v. t., perdre.*
perezoso, a, *adj., paresseux, euse.*
perfil, *n. m., profil.* **De perfil,** *de profil.*
periódico, *n. m., journal, quotidien.*
periodista, *n. m., journaliste.*
permanecer, *irrég., v. i., rester, demeurer.*
permitir, *v. t., permettre, autoriser à.*
pertenecer, *irrég., v. i., appartenir.*
pesadilla, *n. f., cauchemar.*
pesar, *n. m., chagrin ; souci ; regret.* **A pesar de,** *malgré.*
pesca, *n. f., pêche.*
pescado, *n. m., poisson (une fois pêché).*
pescar, *v. t., pêcher.*
peso, *n. m., poids, pesanteur ; importance ; monnaie américaine.* **Cae de su peso que,** *il semble évident que.*
pez, *n. m., poisson (qui n'a pas été pêché).*
picaflor, *n. m., colibri.*
pie, *n. m., pied.* **Estar de pie,** *être debout.*
piel, *n. f., peau ; cuir.*
pierna, *n. f., jambe.*
pintar, *v. t., peindre.*
piso, *n. m., sol, plancher ; étage ; appartement.*
placer, *n. m., plaisir.*
plaga, *n. f., plaie.*
planear, *v. t., planifier ; projeter.*
plantear, *v. t., poser.* **Plantear un problema,** *poser un problème.*
plata, *n. f., argent.*
plátano, *n. m., platane ; banane ; bananier.*
plato, *n. m., assiette.*
playa, *n. f., plage.*
pobre, *adj., pauvre.*
poder, *n. m., pouvoir.* **El poder adquisitivo,** *le pouvoir d'achat.*
pollo, *n. m., poulet.*
poner, *irrég., v. t., part. pass. irrég.,* **puesto,** *mettre, poser ; faire devenir, rendre.*
por, *prép.* **Por eso,** *c'est pourquoi.*
porvenir, *n. m., avenir.*
posición, *n. f., situation.* **La posición social,** *la situation sociale.*
postre, *n. m., dessert.*
pozo, *n. m., puits.*
precio, *n. m., prix ; valeur ; estime.*
precioso, a, *adj., précieux, euse.*
precisar, *v. t., préciser ; obliger ; avoir besoin de.*
preferir [ie/i], *v. t., préférer ; surpasser.*
pregunta, *n. f., question.* **Hacer una pregunta,** *poser une question.*
preguntar (por), *v. t., prendre (demander) des nouvelles (de).*
premio, *n. m., récompense, prix.*
prensa, *n. f., presse.*
preocuparse (por), *v. pr./t., se préoccuper (de).*
preso, a, *adj./n., prisonnier, ère, détenu, e.*
principio, *n. m., commencement, début.* **A principios de siglo,** *au début du siècle.*
probar [ue], *v. t., éprouver ; prouver ; mettre à l'épreuve ; essayer ; goûter.*
procurar (∅), *v. t., essayer (de).*
proeza, *n. f., prouesse.*
prohibir (que) *(+ subj.), v. t., interdire (de).*
pronto, *adv., vite, rapidement.* **De pronto,** *soudain.*
propuesta, *n. f., proposition.*
proyecto, *n. m., projet.*
pueblo, *n. m., peuple.*
puente, *n. m., pont.*
pues, *conj., puisque ; donc ; eh bien.*
punto, *n. m., point.* **Estar a punto de,** *être sur le point de.*
puñado, *n. m., poignée.*

Q

quedar, *v. i., rester, demeurer ; être.*
quejarse, *v. pr., se plaindre.*
quemar, *v. t., brûler.*
queso, *n. m., fromage.*
quitar, *v. t., enlever, ôter.*

R

rabia, *n. f., rage.*
raíz, *n. f., racine.*
rama, *n. f., branche.*
rato, *n. m., instant.*

ratón, *n. m., souris (y compris en informatique).*
rayo, *n. m., rayon.*
reaccionar, *v. i., réagir.*
realce, *n. m., relief.* **Poner de realce,** *mettre en valeur.*
realista, *adj., réaliste ; royaliste.*
rechazar, *v. t., rejeter.*
recibir, *v. t./i., recevoir.*
recio, a, *adj., rude.*
recordar [ue] (Ø), *v. t., se souvenir (de) ; se rappeler.*
recorrer, *v. t., parcourir.*
recuerdo, *n. m., souvenir.*
recurso, *n. m., ressource, moyen.*
reflexionar, *v. i., réfléchir.*
refrán, *n. m., proverbe.*
refresco, *n. m., boisson fraîche.*
regalar, *v. t., offrir.*
regalo, *n. m., cadeau.*
regar [ie], *v. t., arroser, irriguer.*
registrar, *v. t., fouiller.*
regresar, *v. i., rentrer ; revenir.*
regreso, *n. m., retour.*
reino, *n. m., royaume.*
relamerse, *v. pr., se pourlécher.*
reloj, *n. m., horloge.*
remedio, *n. m., remède.* **No tener otro remedio,** *ne pas avoir d'autre moyen.*
reñir [i], *v. t., réprimander ; se disputer.*
repartir, *v. t., répartir ; partager ; distribuer.*
(de) repente, *n. m., soudain.*
repletar, *v. t., remplir.*
reportero, a, *n., reporter.*
rescatar, *v. t., sauver, racheter.*
respetar, *v. t., respecter.*
respuesta, *n. f., réponse.*
reto, *n. m., défi.*
retraso, *n. m., retard.*
rico, a, *adj., riche.* **Hacerse rico,** *devenir riche.*
riesgo, *n. m., risque.*
riqueza, *n. f., richesse.*
robar, *v. t., voler.*
robo, *n. m., vol.*
rocío, *n. m., rosée.*
rodar [ue], *v. t., rouler ; tourner.*
rodear, *v. t., entourer.*
rodilla, *n. f., genou.*
rompecabezas, *n. m., casse-tête.*
romper, *v. t./i., part. pass. irrég.,* **roto,** *casser, briser.*
ronco, a, *adj., rauque.*
ropa, *n. f., vêtements.*
rostro, *n. m., visage.*
ruido, *n. m., bruit.*
rumoroso, a, *adj., murmurant, e ; gazouillant, e.*

S

saber, *irrég., v. t./i., savoir.*
sabiduría, *n. f., savoir ; sagesse.*
sabio, a, *adj., savant, e ; sage.*
sabroso, a, *adj., savoureux, euse.*
sacar, *v. t., tirer ; ôter.* **Sacar beneficios,** *faire des bénéfices.*
sacudir, *v. t., secouer.*
sal, *n. f., sel ; (fig.), sel, piquant.*
salida, *n. f., sortie, départ.*
salir, *irrég., v. i., sortir, partir ; paraître.*
saltar, *v./i., sauter.*
salud, *n. f., santé.*
salvar, *v. t., sauver.*
salvo, *adv., sauf.*
sangre, *n. f., sang.*
secar, *v. t., sécher.*
sed, *n. f., soif.*
seguir [i], *v. t./i., suivre ; continuer à.*
según, *prép., selon.*
seguro, a, *adj., sûr, e.* **Estar seguro de sí,** *être sûr de soi.*
selva, *n. f., forêt.*
semilla, *n. f., semence.*
sencillez, *n. f., simplicité.*
sentado, a, *adj., assis, e.*
sentarse [ie], *v. pr., s'asseoir.*
sentir(se) [ie/i], *v. t., sentir ; v. pr,. se sentir.*
ser, *n. m., être.*
serio, a, *adj., sérieux, euse.*
siempre, *adv., toujours.*
siglo, *n. m., siècle.*
siguiente, *adj., suivant, e.* **Lo siguiente,** *ce qui suit.*
silbido, *n. m., sifflement.*
simpleza, *n. f., naïveté.*
sin, *prép., sans.* **Sin embargo,** *cependant.*
siquiera, *adv., au moins.* **Ni siquiera,** *même pas.*
sitio, *n. m., place, endroit.*
sobre, *prép., sur, au-dessus de ; vers.*
sobrenatural, *adj., surnaturel, elle.*
sofocar, *v. t., étouffer.*
sol, *n. m., soleil.*
soledad, *n. f., solitude.*
soler [ue] *(+ inf.), v. i., avoir l'habitude de.*
solidaridad, *n. f., solidarité.*
soltar [ue], *v. t., détacher, délier ; lâcher.*
sombrero, *n. m., chapeau.*
sonido, *n. m., son.*
sonrisa, *n. f., sourire.*
soñar [ue] (con), *v. t./i., rêver (de).*
soñoliento, a, *adj., somnolent, e, endormi, e.*
sordo, a, *adj., sourd, e.*
sorprenderse, *v. pr., s'étonner, être surpris.*
sorpresa, *n. f., surprise.*
sosiego, *n. m., calme.*
sospecha, *n. f., soupçon, suspicion.*
suave, *adj., doux, douce.*
subir (a), *v. i., monter (dans).*
suceder, *v. i., arriver ; se produire.*
sucio, a, *adj., sale.*
sudor, *n. m., sueur.*
suelo, *n. m., sol.*
sueño, *n. m., rêve.*
suerte, *n. f., sort ; chance.* **La mala suerte,** *la malchance.* **Tener suerte,** *avoir de la chance.*
sufrir, *v. t./i., souffrir (de), avoir.*
sumergirse, *v. pr., plonger.*
sustento, *n. m., aliment.*
sustituir, *irrég., v. t., remplacer.*

T

tabla, *n. f., planche.*
talento, *n. m., talent.*
tamaño, *n. m., taille.*
también, *adv., aussi.*
tampoco, *adv., non plus.*
techo, *n. m., plafond.*
tejado, *n. m., toit.*
temblar [ie], *v. i., trembler.*
temer, *v. t., craindre.*
temor, *n. m., crainte.*

temporal, *n. m., mauvais temps.*
temprano, *adv., tôt.*
tener, *irrég., v. t., avoir.* **Como si tuviera,** *comme s'il avait.*
ternura, *n. f., tendresse.*
tesoro, *n. m., trésor.*
tienda, *n. f., boutique, magasin.*
tierno, a, *adj., tendre.*
tío, *n. m., oncle ; type.*
tirar, *v. t., jeter.*
tocar, *v. t., toucher ; jouer (musique).*
todavía, *adv., encore.*
tolerancia, *n. f., tolérance.*
tomar, *v. t., prendre.* **Tomar por,** *prendre pour.*
tontería, *n. f., bêtise.*
toparse (con), *v. pr., rencontrer quelqu'un (par hasard).*
trabajos, *n. m. pl., souffrances.*
traer, *irrég., v. t./i., apporter, amener.*
tráfico, *n. m., trafic ; circulation.*
tragarse, *v. t./pr., avaler.*
trago, *n. m., gorgée ; boisson.*
trampa, *n. f., piège.* **Caer en la trampa,** *tomber dans le piège.*
trapichear, *v. i., trafiquer.*
trasladarse, *v. pr., se rendre, aller.*
tratarse (de), *v. pr., s'agir (de).*
tremendo, a, *adj., terrible.*
trigo, *n. m., blé.*
tripulación, *n. f., équipage.*
triunfar, *v. i., triompher ; réussir dans la vie.*
tropel, *n. m., cohue, foule ; hâte, précipitation ; tas.*
tumbado, a, *adj., allongé, e.*
tumbarse, *v. pr., s'allonger, s'étendre, se coucher.*

U

ubicarse, *v. pr., se trouver.*
último, a, *adj., dernier, ère.*
usar, *v. t., utiliser ; v. i., faire usage de.*
uva, *n. f., raisin.*

V

vacío, *n. m., vide.*
valer, *irrég., v. t., valoir, coûter.* **Valerse,** *se débrouiller tout seul.*
valeroso, a, *adj., courageux, euse.*
valor, *n. m., courage.*
vecino, a, *adj./n., voisin, e.*
vejez, *n. f., vieillesse.*
vela, *n. f., voile.*
velocidad, *n. f., vitesse.*
vencedor, a, *n., vainqueur.*
ventana, *n. f., fenêtre.*
verano, *n. m., été.*
verdad, *n. f., vérité.*
verdadero, a, *adj., vrai, e.*
vergonzoso, a, *adj., honteux, euse.*
verso, *n. m., vers.*
vestido, *n. m., vêtement ; robe.*
vestir [i], *v. t., habiller.*
vez, *n. f., fois.* **A la vez,** *à la fois, en même temps.* **A veces,** *parfois.* **Cada vez más,** *de plus en plus.* **En vez de,** *au lieu de.* **Muchas veces,** *souvent.*
viajar, *v. i., voyager.* **Viajar por el mundo,** *voyager dans le monde.*
viaje, *n. m., voyage.*
viajero, *n. m., voyageur.*
vida, *n. f., vie.*
vigilar, *v. t., surveiller.*
villorrio, *n. m., petit village, (fam.) trou.*
violento, a, *adj., violent, e.*
vista, *n. f., vue ; regard.* **Un punto de vista,** *un point de vue.*
viviente, *adj., vivant, e.*
volver [ue], *v. i., revenir.*
volverse [ue], *v. pr., devenir.*
voz, *n. f., voix.*
vuelta, *n. f., tour.* **A la vuelta de,** *au bout de.*

Y

ya, *adv., déjà.* **Ya no** *(+ verbe) ne plus.* **Ya no recuerda,** *elle ne se souvient plus.*

Z

zanjar, *v. t., trancher.*
zapato, *n. m., chaussure.*
zumo, *n. m., jus.*

LEXIQUE FRANÇAIS-ESPAGNOL

Les mots en gras renvoient à l'index grammatical.

A

à
à cause de, **por**.
à moi, à toi, à lui.
à nouveau, de nuevo, otra vez, **volver [ue] a**.
abandonné, desvalido.
absolu, absoluto ; *pas du tout*, en absoluto.
accepter, aceptar.
accomplir, cumplir.
accueillir, acoger.
l'addition, la cuenta.
s'adonner à, dedicarse a.
l'affaire, el asunto.
l'affection, el cariño ; *avoir de l'affection pour*, **tener [ie]** cariño por.
affectueux, cariñoso.
agenouillé, arrodillado.
s'agenouiller, hincarse.
s'agir (de), tratarse (de).
aimer, plaire, **gustar**.
aimer que.
aimer quelqu'un, **querer [ie] a** alguien, amar.
l'aliment, el sustento.
les alentours, las afueras.
aller, trasladarse.
allier, juntar.
allongé, tumbado.
alors que, mientras que, **mientras**.
l'ambiguïté, la ambigüedad.
amener, **traer**.
amoureux, enamorado.
(s') amuser (être drôle), divertir(se) [ie/i], **hacer** gracia.
l'an, el año ; *à quinze ans*, a los quince años.
l'angoisse, la angustia.
sans appel, contundente.
appeler, llamar.
s'arrêter, detenerse [ie] *(comme* **tener***)*, pararse.
asservir, avasallar.
assez, ***assez de***, **bastante** ; *en avoir assez*, estar harto.
l'assiette, el plato.
assis, sentado.
l'atmosphère, la atmósfera.
attendre, esperar.
l'attention, la atención ; *faire attention*, **tener** cuidado, **poner** atención ; *faire attention à*, **fijarse en** ; *attirer l'attention*, llamar la atención.
attirer, atraer *(comme* **traer***)*.
l'auberge, el mesón.
aucun, **ninguno, ningún**.
augmenter, aumentar, crecer *(comme* **parecer***)*.
aussi, también.
aussi... que.
autant ; autant de... que ; autant que.
autre, un autre, d'autres.
avaler, tragarse.
avec, con ; *avec moi, toi, lui...*, **conmigo, contigo, consigo...**
aveugle, ciego.
aveuglé, cegado.
avoir (posséder), **tener [ie]**.
avoir (auxiliaire), **haber**.
en avoir assez (de), estar harto (de).
avoir lieu, pasar, transcurrir, verificarse, **tener [ie]** lugar, ocurrir.

B

la bagarre, la pelea.
se baigner, bañarse.
baisser (la tête), agachar (la cabeza).
beaucoup ; ***beaucoup de*****, mucho**.
le bébé, la criatura.
le bénéfice, el beneficio ; *faire des bénéfices*, sacar beneficios.
avoir besoin (de), necesitar (∅).
le bien-être, el bienestar.
bienheureux, dichoso.
bien que**, aunque**.
la bijouterie, la joyería.
bizarre, raro.
le bois, la madera.
la boisson fraîche, el refresco.
le bouclier, el escudo.
au bout de, a la vuelta de.
le bout, el cabo ; *mener à bien*, llevar a cabo.
la boutique, la tienda.
briller, lucir.
le bruit, el ruido.

C

ça.
le cadeau, el regalo.
car, pues, porque, ya que, **que**.
caresser, **acariciar**.
caricaturer, caricaturizar.
la caserne, el cuartel.
se casser (fam.), largarse.
le casse-tête, el rompecabezas.
le cauchemar, la pesadilla.
à cause de, a causa de, debido a, **por**.
ce, cet, cette, ces.
ceci, cela.
cela fait.
célèbre, famoso.
la cellule, la celda.
celui-ci, celui-là, ceux-ci...
celui de, ceux de, celle de, celles de.
cent, **ciento, cien.**
cependant, sin embargo.
ce qui, ce que.
ce qui a trait à, ce qui concerne.
ce qui est, ce qu'il y a de.
certain, cierto.
c'est moi, c'est lui qui.
chacun pour soi, cada cual a lo suyo.
le chagrin, el pesar.
la chance, la suerte ; *avoir de la chance*, **tener [ie]** suerte ; *tenter sa chance*, probar [ue] fortuna.
le change, el cambio.
changer, cambiar.
le chanteur, el cantante.
chaque, cada.

chacun pour soi, cada cual a lo suyo.
se charger, encargarse.
le charme, el encanto.
chaud, cálido ; *une couleur chaude*, un color cálido.
la chaussure, el zapato.
le chef, el jefe.
la chemise, la camisa.
les cheveux, el pelo ; *la coupe de cheveux*, el corte de pelo.
le chiffre, la cifra.
le chœur, el coro.
choisir, escoger *(comme* **coger***)*, **elegir [i]**.
le choix, la opción ; *ne pas laisser / avoir le choix*, no dejar / **tener [ie/i]** opción.
la chute, la caída.
le client, el cliente.
cligner de l'œil, guiñar ; *faire un clin d'œil (fam.)*, guiñar el ojo.
le clin d'œil, el guiño.
la colère, la coléra, el furor.
collé, pegado ; *être collé à la télévision*, **estar** *(irrég.)* pendiente de la televisión.
le comble, el colmo.
comme.
comme si, como si + *imp. du subj.*
la compagnie, la compañía ; *tenir compagnie*, **hacer** *(irrég.)* **compania**.
compatissant, compadecido.
le comportement, el comportamiento.
composer, componer *(comme* **poner***)* ; *composé*, compuesto.
comprendre, entender [ie] ; *faire comprendre*, **dar** a entender.
le compte, la cuenta ; *se rendre compte de*, darse cuente de que.
concerner, afectar.
conclure, **concluir**.
conduire, **conducir**.
la confiance, la confianza ; *avoir confiance (en)*, **tener [ie]** confianza (en).
connaître, **conocer** ; *faire connaître*, dar a **conocer**.
se consacrer à, dedicarse a.
conseiller de.
le consommateur, el consumidor.
continuer à, continuar, **seguir [i]** + *gér.*
le corps, el cuerpo.
non corrompu, incorrupto.
le côté, el lado.
coudre, coser.
couler (eau), correr.
la couleur, el color.
le coup de foudre, el flechazo.
la coupe, la copa.
couper, apagar.
le couplet, la copla.
la cour, el patio.
coûter, **costar [ue]** ; valer *(irrég.)*.
la coutume, la costumbre.
craindre, temer.
craindre que.
créer, crear.
le cri, el grito.
cribler (de balles...), acribillar.
croire, je ne crois pas que.
la croix, la cruz.
la croyance, la creencia.
le culte, el culto ; *le culte du monde naturel*, el culto al mundo natural.
la culture, el cultivo.
la curiosité, la curiosidad ; *éveiller la curiosité*, despertar la curiosidad.

D

dangereux, peligroso.
dans, en, dentro de + *nom*, **por. de.**
se débrouiller tout seul, valerse.
la découverte, el descubrimiento.
le défi, el reto.
le déguisement, el disfraz.
demander *(poser une question)*, **preguntar.**
demander de, **pedir [i] que** + *subj.*
démuni, desprovisto.
dénoncer, denunciar.
le dépliant, el folleto.
depuis, *dès*, desde, ***desde hace*** ; *depuis que*, desde que.
des.
dès que, **en cuanto.**
être en désaccord, discrepar.
déshérité, desvalido.
se désintéresser (de), desinteresarse (de).
désirer que.
le détenu, el detenido.
détruire, arrasar, destruir **(*verbes* en -uir)**.
devenir.
devoir, ce doit être (hypothèse).
devoir (obligation).
être différent, discrepar.
dire, **decir** ; *c'est-à-dire*, es decir, o sea.
dire de, dire que.
disparaître, desaparecer *(irrég.)*.
se disputer, reñir [i].
le doigt, el dedo.
le domestique, el criado.
donner, **dar**.
dont.
dormir, **dormir [ue/u].**
la douceur, la dulzura.
un doute, una duda ; *il n'y a pas le moindre doute*, no cabe la menor duda ; *sans doute*, **quizá, tal vez**.
doux, manso.
du, de la.

E

échanger (contre), cambiar (por).
échapper, escapar.
écouter, escuchar.
l'écran, la pantalla.
l'écume, la espuma.
faire de l'effet, impactar.
l'efficacité, la eficacia.
s'effondrer, derrumbarse.
s'efforcer de, esforzarse [ue] por.
l'effort, el esfuerzo.
émouvoir, conmover [ue].
empêcher de, **impedir [i] Ø**.
encercler, cercar.
encore, aún, todavía, otra vez, de nuevo, seguir + *gér.*
encourager, animar.
endormi, soñoliento.
l'enfant, el niño.
l'ennemi, el enemigo.
l'ennui, el fastidio.
enquêter, investigar.
enraciné, arraigado.
s'enrichir, enriquecerse.
enseigner, enseñar.
entendre, **oír** *(irrég.)*
l'entreprise, la empresa.
entrer (dans), meterse (en).
envahir, arrasar.
l'envie, la gana ; *avoir envie de*, **tener [ie/i]** ganas de ; *donner envie de*, **dar** *(irrég.)* ganas de.
l'environnement, el entorno.

l'épaule, el hombro.
éprouver (un sentiment), experimentar.
épuisé, agotado.
l'équilibre, el equilibrio.
l'équipage, la tripulación.
ériger, alzar.
de l'État, estatal.
éteindre, apagar.
éternel, eterno.
l'étoile, la estrella.
étouffer, sofocar.
s'étouffer, ahogarse.
être, ser, estar.
être aux anges, estar en la gloria.
être debout, estar de pie.
être en train de.
évoluer, evolucionar.
s'exclamer, exclamar.
excuser, dispensar.
exhiber, ostentar.
l'exploitation, la explotación.
exploiter, explotar.
l'expression (sur le visage), el gesto.

F

faible, débil ; desvalido.
faire, **hacer.**
faire semblant de, fingir Ø, **hacer** como que, **hacer** como quien.
falloir, **hay que, tener que.**
fatigué, harto.
la fatigue, el cansancio.
il faut que, il faut que je.
le feu, el fuego.
fier, orgulloso ; ufano.
le fil, el hilo.
la flèche, la flecha.
la foi, la fe.
la forêt, la selva.
la fortune, la fortuna ; *faire fortune*, probar fortuna.
fouiller, registrar.
la foule, la muchedumbre.
la fraîcheur, la frescura.
le fruit, la fruta.
fuir, huir ***(verbes en* -uir*)*** ; escapar.

G

gâté, mimado ; *un enfant gâté*, un niño mimado.
gêner, embargar.
les gens, la gente ; *peu de gens*, poca gente.
la gloire, la gloria.
le goût, el gusto.
la goutte, la gota.
grand, **grande, gran** ; *(taille d'une personne)*, alto ; *plus grand*, **mayor**.
la grandeur, la grandeza.
le grand-père, el abuelo.
guérir, curar.
guider, guiar.

H

l'habitude, avoir l'habitude de.
handicapé, discapacitado.
l'harmonie, la armonía.
la hauteur, la altura.
heureusement, afortunadamente.
heureux, dichoso.
honteux, vergonzoso
humain, humano.

I

***ici*, aquí.**
il faut.
l'illusion, la ilusión.
il y a.
impitoyable, despiadado.
l'importance, la importancia ; *Cela n'a aucune importance*, No importa.
n'importe quel ; *n'importe qui*, cualquiera ; *n'importe quoi*, cualquier cosa ; *n'importe où*, dondequiera ; *n'importe quand*, en cualquier momento, cuando sea.
importer, importar.
inattendu, inesperado.
l'indigène, el indígena.
indigent, necesitado.
infantile, infantil.
influer sur, influir ***(verbes en* -uir*)*** en.
l'insouciance, la despreocupación.
interdire de.
inutilisable, inservible.
inviter, convidar.

J

jadis, antaño.
la jalousie, los celos.
jaloux, celoso.
***jamais*,** nunca.
la joue, la mejilla.
jouer (un rôle), desempeñar un papel.
jouer (instrument), tocar.
jouir (de), gozar (de).

L

***là*, aquí, ahí, allí.**
***là-bas*, allí, allá.**
lancer, tirar.
le, la, les.
la légende, la leyenda.
léger, ligero, leve.
la légèreté, la ligereza.
le mien, le tien, le sien.
lever, alzar.
le lever du jour, el amanecer.
se lever, levantarse.
le vôtre, les vôtres.
un lieu, un lugar, un sitio ; *avoir lieu*, **tener [ie]** lugar ; *au lieu de*, en vez de, en lugar de.
ligoter, amarrar.
le lit, la cama.
le logotype, le logo, el logotipo, el logo.
le loisir, el ocio.
les lunettes, las gafas.
la lutte, la lucha, la pelea ; *la lutte pour la vie*, la lucha por la vida.
lutter (pour), luchar (por).

M

le magasin, la tienda.
la main, la mano.
la mairie, el ayuntamiento.
mais.
avoir le mal du pays, añorar.
malade, enfermo.
la maladie, la enfermedad.
la malchance, la mala suerte.
malheureusement, desgraciadamente.
manger, comer.
le marbre, el mármol.
marcher, **andar**.
le mari, el marido.
le matin, la mañana.
se méfier (de), desconfiar (de).
le mélange, la mezcla.
le melon, el melón.
même pas, **ni siquiera.**

***même si*, aunque.**
le mendiant, el mendigo.
le mépris, el menosprecio.
mépriser, despreciar.
merci, gracias.
la mère, la madre.
mettre, **poner** ; *se mettre à*, **ponerse** a ; *mettre du temps à*, tardar en.
le midi, el mediodía.
la mise en scène, la escenificación.
le mode de vie, el modo de vida.
le moineau, el gorrión.
moins, **menos** ; ***le moins*** ; ***moins... que*** ; *moins... moins...*, cuanto menos... menos... ; *de moins en moins*, cada vez menos.
mon, ton, son, ma...
mordre, **morder [ue].**
la mouette, la gaviota.
le moyen, el recurso.

N

nager, nadar.
naître, nacer ***(verbes en* -acer*)***.
la naïveté, la simpleza.
naturel, natural.
le naufragé, el náufrago.
le navigateur, el navegante.
naviguer, navegar.
le navire, la nave.
né, nacido ; *nouveau-né*, recién nacido.
nettoyer, limpiar.
ne... même pas.
ne... pas.
ne... plus.
ne... que.
ne... rien.
ni... ni.
non pas... mais.
non seulement... mais aussi.
normal, il est normal que.
la note, el apunte ; *prendre des notes*, tomar apuntes.
noter, apuntar.
nourrir, alimentar.
à nouveau, de nuevo, otra vez, **volver [ue] a**.
nuisible, dañino.
la nuit, la noche ; *il fait nuit*, es de noche.
noyer, ahogar.

O

obéir, obedecer ***(verbes en* -ecer*)***.
obtenir, conseguir [i] *(comme* **seguir***)*, obtener [ie] *(comme* **tener***)*.
s'occuper (de), ocuparse de, **atender [ie]**.
l'odeur, el olor.
l'œil, el ojo.
l'oiseau, el pájaro.
on.
ordonner, mandar.
les ordures, la basura.
l'origine, la origen ; *tirer son origine*, originarse.
***où*, donde**, dónde.
l'ouvrier, el obrero.

P

le panache, el penacho.
le papier, el papel ; *les papiers d'identité*, la documentación, los papeles.
***par*, por**.
paraître, **parecer.**
les parents, los padres.
parfois, a veces.
parler, hablar ; *parler à la première personne*, hablar en primera persona.
partager, compartir.
partir, largarse.
le péché, el pecado.
peindre, pintar ; *peindre sur le vif*, reproducir del natural.
pendant que, **mientras.**
pénible, penoso.
penser, je ne pense pas que.
le père, el padre.
***personne*, nadie.**
le petit-fils, el nieto.
peu à peu.
***peu de*,** poco, a, os, as.
le peuple, el pueblo.
***peut-être que*, quizá, acaso, tal vez...**
le pied, el pie.
le piège, la trampa ; *tomber dans le piège*, caer en la trampa.
le piéton, el peatón ; *le passage pour piétons*, el paso de peatones.
la pince, los alicates.
la pitié, la compasión.
pitoyable, lastimoso.
plaire, **gustar**.
le plaisir, el placer.
le plafond, el techo.
la plage, la playa.
la planche, la tabla.
pleurer, llorar.
les pleurs, el llanto.
plonger, sumergirse.
le plumage, la emplumadura.
plus, **más** ; *en plus*, además, por lo demás ; ***le plus*** ; ***plus... que*** ; *plus... plus...*, cuanto más... más... ; *plus loin*, más lejos, más allá ; *de plus en plus*, cada vez más ; *non plus*, tampoco.
plusieurs.
le poisson, el pez *(qui n'a pas été pêché)* ; el pescado *(une fois pêché)*.
le pont, el puente.
poser, plantear ; *poser un problème*, plantear un problema.
possible, il est possible que.
***pour*, por, para.**
***pour que*, para que.**
se pourlécher, relamerse.
***pourvu que*, ojalá.**
pousser, empujar.
pouvoir, **poder [ue].**
précieux, precioso.
préférer que.
***premier*, primero, primer ;** *au premier plan*, en el primer término.
prendre, tomar, coger ; *prendre au sérieux*, tomar en serio ; *ne pas prendre au sérieux*, tomar a broma, bromear ; *prendre conscience*, tomar conciencia, concienciarse ; *se prendre pour*, **tenerse [ie/i]** por.
prendre la peine (de), molestarse (en).
le prénom, el nombre de pila.
se préoccuper (de), preocuparse (por).
***prier de*, rogar [ue] que** + *subj.*
produire, producir ***(verbes en* -ucir*)***.
le profil, el perfil ; *de profil*, de perfil.
le projet, el proyecto.
la promenade, el paseo.
se promener, dar un paseo.

proposer, proponer *(comme* **poner***)* ; *proposer de*, proponer que + *subj*.
la prouesse, la proeza.
punir, castigar.

Q

***quand*, cuando,** cuándo, **al + *inf*.**
la quantité, la cantidad.
le quartier, el barrio.
***que*.**
***quel(s), quelle(s)*.**
***quelque*.**
***quelque chose*, algo.**
***quelqu'un*, alguien.**
***qui, que, quoi*.**
***quoique*, aunque + *ind*.**

R

rabâcher, machacar.
racheter, rescatar.
la racine, la raíz.
la rage, la rabia.
le raisin, la uva.
ranger, guardar ; *être rangé*, estar guardado.
rassasié, harto.
rauque, ronco.
le rayon, el rayo.
réaliser, cumplir.
***recommander de*.**
réconforter, confortar [ue].
le refrain, el estribillo.
regretter, añorar. ; *regretter, déplorer*, **sentir [ie/i]** ; *(l'absence de quelqu'un ou de quelque chose)*, echar de menos.
rejeter, rechazar.
relier, enlazar.
le relief, el relieve ; *mettre en relief*, **poner** de relieve, de realce, de manifiesto, destacar.
remplir, repletar.
se rendre, trasladarse.
rentrer, regresar.
répandre, difundir.
le reporter, el reportero.
réprimander, reñir [i].
ressembler à, **parecerse a** *(comme* **parecer***)*.
ressentir, **sentir [ie/i]**, experimentar.
la ressource, el recurso.
réussi, logrado ; *une publicité réussie*, un anuncio logrado.
réveiller, **despertar [ie].**
revenir, **volver [ue]**, regresar.
rêveur, iluso.
***rien*, nada.**
rude, recio.
de la rue, callejero.

S

le sable, la arena.
saisir, agarrar.
la saison, la estación.
***sans que*, sin que.**
satisfaire, satisfacer *(comme* **hacer***)*.
sauver, rescatar.
le savant, el sabio.
savoir, **saber**.
scruter, escudriñar.
sécher, secar.
secouer, sacudir.
selon, según.
faire semblant, fingir.
sembler, **parecer.**
la semence, la semilla.
rendre service, hacer un favor.
***seulement*, sólo ; *non seulement... mais aussi*.**
***si*,** si.
le sifflement, el silbido.
signer, firmar.
silencieux (pour une personne), callado.
la simplicité, la sencillez.
la situation, la posición ; *la situation sociale*, la posición social.
soigner, curar.
soigné, esmerado.
le soin, el cuidado.
le sol, el suelo.
la solidarité, la solidaridad.
le sommeil, el sueño ; avoir sommeil, **tener [ie/i]** sueño.
somnolent, soñoliento.
son, mon, ton, sa...
les souffrances, los trabajos.
soumettre, avasallar.
la souris, el ratón.
sponsoriser, patrocinar ; *sponsorisé par*, patrocinado por.
la star, la estrella.
suivre, **seguir [i].**
le sujet, el asunto.
super, estupendo.
supporter, aguantar.
sûr, seguro ; *être sûr de soi*, estar seguro de sí.
surnaturel, sobrenatural.
surveiller, vigilar.
suspendu, pendiente.

T

le talent, el talento.
tandis que, mientras que, **mientras**.
***tant*, tanto ; *tant de*, tanto, a, os, as.**
tant que, **mientras.**
la tendresse, la ternura.
terrible, tremendo.
la tête, la cabeza.
tirer (sur), disparar (a).
la tolérance, la tolerancia.
tomber, **caer(se)** *(irrég.)* ; *tomber amoureux*, enamorarse.
ton, mon, son, ta...
toucher, afectar ; tocar.
***toujours*,** siempre.
le tour, la vuelta.
tourner, girar.
tout, todo ; ***tout c.o.d.*, lo... todo** ; *pas du tout*, en absoluto, nada ; *tout au long de*, a lo largo de ; *tout de suite*, en seguida.
trafiquer, trapichear.
trancher, zanjar.
se transformer en, **convertirse [ie/i] en.**
du travail, laboral
travailler dur, deslomarse.
traverser, cruzar.
trembler, temblar [ie].
***très*, muy.**
triompher, triunfar.
troisième, **tercero, tercer** ; *au troisième plan*, en el tercer término.
tromper, engañar.
la tromperie, el engaño.
trop, **demasiado ; *trop de*, demasiado, a, os, as.**
trouver asile, asilarse.
se trouver, ubicarse, **estar**, hallarse.
tuer, matar.

U

un, une ; *les uns et les autres,* unos y otros.

V

la vague, la ola.
le vainqueur, el vencedor.
la valeur, el valor ; *mettre en valeur,* poner de realce.
valoir, valer *(irrég.).*
vanter, alabar.
venir, **venir** ; *venir de (+ inf.),* acabar de ; *venir à l'esprit (à l'idée) de quelqu'un,* ocurrírsele a alguien.
le verre, el cristal ; la copa ; *un verre d'eau,* una copa de agua.
les vêtements, la ropa.
la vie, la vida.
vif, llamativo ; *des couleurs vives,* colores llamativos.
le petit village, el villorrio.
vivant, viviente.
vivre ensemble, convivir.
la voile, la vela.
voir, **ver** ; *vu,* visto.
le voisin, el vecino.
le voleur, el ladrón.
votre, vos, à vous.
vouloir, **querer [ie].**
vouloir que.
vous.
voyager dans le monde, viajar por el mundo.
la vue, la vista.

W

le week-end, el fin de semana.

ÍNDICE

CD Élève

CD Classe

Avant-propos 3
Mode d'emploi 4
Cadre européen (extraits) 6

(REPASO) 8

Aprender y enseñar, Mario Benedetti, *Buzón de tiempo* **(plage 1)** 10
Ecosistema, José María Merino, *Dos veces cuento* 12
ATELIERS *Lenguajes (plages 1-2)* 14
La goma ponchada, Leonardo Padura Fuentes, *Vientos de Cuaresma* 16
Lectura Eyá, Lydia Cabrera, *Cuentos negros de Cuba* 18
Semáforos, semáforos, Jaime Siles, *Semáforos, semáforos* **(plage 3)** 20
Escándalo público, Manuel Vicent, *Tranvía a la Malvarrosa* 22
ATELIERS *Ordenando historias (plages 4-5)* 24
Biografía, Gabriel Celaya, *Itinerario poético* **(plage 2)** 26
Día de la Mujer, *La Razón* 28
¿Los idiomas?,¡sin complejos!, Javier Cercas, *El País Semanal* 30
Oda a la pereza, Pablo Neruda, *Odas elementales* **(plage 3)** 32
ATELIERS *Investigando (plage 6)* 34

(ESPAÑA) 36

¿Te suena? 38

> ESPAÑA

Magazine *La moda española* 40
La casa de Bernarda Alba, Federico García Lorca, *La casa de Bernarda Alba* **(plage 4)** 42
ATELIERS *Autonomías (plages-7-8-9)* 44
Un desierto llamado España, Paula Corroto, *Cambio 16* 46
Fotografías españolas (fotos) 48

> LUCHAS

La poesía es un arma cargada de futuro, Gabriel Celaya,
Cantos iberos ***(plage 5)*** 50
El dos y *El tres de mayo* (cuadros), Francisco de Goya 52
Plan contra la violencia (anuncio) 54
ATELIERS ***Salir adelante (plages 10-11-12-13-14)*** 56

> AMORES

Canción de Casandra, Gil Vicente, *Auto de la Sibila Casandra* ***(plage 6)*** 58
Definiciones del amor, Francisco de Quevedo, *Poemas amorosos* ***(plage 7)*** 60
Crimen, Ray Loriga, *El País* ***(plage 8)*** 62
Romance de la linda Alba, Anónimo ***(plage 9)*** 64

> TRABAJO, QUIERO TRABAJO

"Nurses" españolas, Justin Webster, *El País Semanal* 66
Lectura El anuncio, Antonio Gala, *Más allá del jardín* 68
Alí, el magrebí (canción), Ska-P ***(plage 15)*** 70
ATELIERS ***Trabajo y descanso (plages 16-17)*** 72

> HÉROES Y VÍCTIMAS

El Robin Hood de la cárcel, Olga Pereda, *El Periódico* 74
Un reo de muerte, José Mariano de Larra, *Un reo de muerte* 76
En comisaría, Manuel Rivas, *Una flor blanca para los murciélagos* ***(plage 10)*** 78
¡Clac!, Carmen Posadas, *Pequeñas infamias* ***(plage 11)*** 80
Don Quijote contra los molinos de viento, Miguel de Cervantes,
El ingenioso hidalgo don Quijote de la Mancha ***(plage 12)*** 82

> TURISMO

Magazine *Turismo* ***(plage 18)*** 84
Contra la estrategia del hormigón (anuncio y foto) 86
Los otros españoles, Sergi Pàmies, *El País* 88
ATELIERS ***De un idioma a otro (plages 19-20-21)*** 90

> GUERRA CIVIL Y FRANQUISMO

Magazine *Guernica* 92
Parientes y enemigos, José María Gironella, *Un millón de muertos* 94
Una broma cruel, Manuel Vicent, *Tranvía a la Malvarrosa* 96
Elecciones de 1936, Agustí Centelles (fotos) y poesía, Jesús Munárriz,
De lo real y su análisis 98
Magazine *Poesía y Guerra Civil* 100

> FUTURO
Declaración estratosférica, Manuel Vicent, *El País* 102
Magazine *Nuevas tecnologías* 104
El comercio justo (anuncio) ***(plage 13)*** 106
ATELIERS *Consumir (plages 22-23-24)* 108
Magazine *De cara al futuro* 110

> TRADICIONES
Fiestas populares, Patricia Ortega Dolz, *El País* 112
ATELIERS *José Tomás, torero (plages 25-26-27)* 114
Tapas, Esperanza Peláez, *El País* ***(plage 14)*** 116
Magazine *Gitanos y flamencos (plages 28-29-30)* 118

(AMÉRICA) 120

¿Te suena? 122

> PRODIGIOS
El triunfo de la locomotora (mural), Fernando Leal 124
Difícil rescate, Antonio Calvo Roy, *El País* 126
ATELIERS *Creación (plages 31-32)* 128
Clarisa y el ladrón, Isabel Allende, *Cuentos de Eva Luna* ***(plage 15)*** 130
Lectura Fuego en el trigal, Jorge Victoriano Alonso, *Vientos de noviembre para el amor* 132

> VIOLENCIAS POLÍTICAS
Sendero Luminoso (foto) 134
Magazine *11 de septiembre de 1973 (plage 33)* 136
Desapariciones (canción), Rubén Blades ***(plage 34)*** 138
Esperando a los *caliés*, Mario Vargas Llosa, *La fiesta del chivo* 140

> ANIMALES
¡Tremendos muslones!, Mauricio Vicent, *El País* 142
Lectura Los monitos, Alfredo Bryce Echenique, *Permiso para vivir* 144
La cigarra y la hormiga, Guillermo Cabrera Infante, *Exorcismos de esti(l)o* .. 146

> INDEPENDENCIA Y REVOLUCIÓN
ATELIERS *La canción de protesta (plages 35-36-37)* 148
Sudor y látigo, Nicolás Guillén, *El son entero* ***(plage 16)*** 150
Manifiesto de Hidalgo ***(plage 17)*** 152
Magazine *Revolución Mexicana (plage 38)* 154

> VIVENCIAS

El verano (cuadro), Antonio M. Ruiz, "El Corzo" 156
ATELIERS ***Testimonios (plages 39-40-41)*** 158
El Tío, Eduardo Galeano, *Días y noches de amor y de guerra* 160
Fotógrafos latinoamericanos (fotos) 162

> INDÍGENAS Y CRIOLLOS

Racismos, Eduardo Galeano, *Memoria del fuego-El siglo del viento* y Juan Jesús Aznárez, *El País* ***(plage 18)*** 164
Magazine *Los yamanas, o yaganes (plage 42)* 166
Los hispanicidas, Mario Vargas Llosa, *El País* 168

> ABUSOS

La mordida, J. J. Aznárez, *El País* y Jorge Ibargüengoitia, *Dos crímenes* 170
Los gamines, Eduardo Galeano, *Memoria del fuego-El siglo del viento* ***(plage 19)*** 172
Lectura Rue des Francs-Bourgeois, Alfredo Bryce Echenique, *La felicidad ja ja* 174
Chiquita Brands ***(plage 20)*** - Bananeros, *La Prensa* ***(plage 21)*** 176
Comutras (panfleto) ***(plage 43)*** 178

> EL NORTE

Lisa Demetriou (foto y texto) ***(plage 22)*** 180
Magazine *Los latinos: la principal minoría de EE. UU. (plages 44-45-46-47)* 182
Entre Cuba y Nueva York, Cristina García, *Soñar en cubano* ***(plage 23)*** 184
En la frontera (cuadro), Frida Kahlo 186

> CARACTERES

ATELIERS ***Gentes (plages 48-49)*** 188
El sí de Catalina, Ángeles Mastretta, *Arráncame la vida* ***(plage 24)*** 190
Jardinero, Manuel Vicent, *El País* 192
La guagua, Eduardo Galeano, *El libro de los abrazos* ***(plage 25)*** 194

> VIVIR Y SOBREVIVIR

Magazine *Subsistir en Cuba* 196
ATELIERS ***Luchando por la dignidad (plages 50-51-52-53)*** 198
El pueblo en demanda de salud (mural), Diego Rivera 200
Magazine *Colombia* 202

Index grammatical 204
Grammaire 207
Lexique espagnol-français 234
Lexique français-espagnol 246

Crédits photographiques et illustrations

Couverture : Palomba/Images Agence Photographique - **p. 9** : Marlene Pohle - **p. 11** : Consejería de Educación y Ciencia, Andalucía - **p. 13** : Rafael Doniz © 2004 Banco de México Diego Rivera & Frida Kahlo Museums Trust. Av. Cinco de Mayo N° 2, Col. Centro, Del. Cuauhtémoc 006059, México, D.F./INBA - **p. 15** : 18 Chulos Records - **p. 17** : J. L. Armand/Photononstop - **p. 21** : Oronoz/© Adagp, Paris, 2004 - **p. 23** : Wanadoo - **p. 25** : Tornado Films - **p. 27** : Lluís Gené/EFE - **p. 29** : Campaña de Reparto de Tareas Domésticas del Instituto de la Mujer - **p. 31** : Giralda Center Idiomas, DR - **p. 33** : Gencat, Generalitat de Catalunya - **p. 35** : Fotografía Pablo Cárdenas, www.carasdebelmez.com (hg) - **pp. 36-37** : Taller de Imagen/Cover/© Adagp, Paris, 2004 - **p. 38** : G. Westrich/LAIF-REA (hg); prismaarchivo.com (hd); Postermil (mg) ; John Cancalos/AGE/Hoa-qui (md); «Franco visitando el frente Norte» (F/03931), Archivo General de la Administración - **p. 39** : AISA-Archivo Iconográfico, SA (hg); Juan Medina/EFE (hd) ; H. F. Davis/Hulton Archive/Gettyimages (md); Aleiz, 05/01/00/Gurelur (bg); Carmelo Lattasa/EFE (bd) - **p. 40** : Antoni Bernad/Avec l'aimable autorisation de Laura Ponte et Manuel Pertegaz (hd); Fernando Camino Martín/Cover (bd) - **p. 41** : Fernando Camino Martín/Cover (hg, mc); EPA/Martyn Hayhow/MH/LAB/SW/EFE (hd); Joaquín Llenas/Cover (md); J. J. Guillén/EFE (bg); Ángel Díaz/EFE (bd) - **p. 42** : EFE- **p. 43** : Collection Roger-Viollet - **p. 47** : Gobierno del Principado de Asturias, Consejería de Industria, Comercio y Turismo - **p. 48** : Cristina García Rodero/Agence Vu (h); Ouka Lele/Agence Vu (b) - **p. 49** : Francisco Javier Torrecilla (h); © F. Català-Roca/Fundació Gala-Salvador Dalí, 2004 (b) - **p. 51** : Dro East West, Warner Music Spain (hg, md); Bliss-Records (hd) - **p. 52** : Oronoz - **pp. 54-55** : Comunidad de Madrid, Consejería de Empleo y Mujer, Dirección General de la Mujer; Forges (bd) - **p. 56** : Photos12.com-Oasis - **p. 59** : Maitena - **p. 61** : Jean-Baptiste Rengeval - **p. 63** : Juan Ballesta - **p. 65** : Tornado Films - **p. 67** : Anti-Discrimination Advertisement, EU Commission - **p. 71** : Santa Cruz/Camera Press/Gamma - **p. 73** : Tornado Films - **p. 75** : Pedro Armestre/Greenpeace/EFE - **p. 77** : AISA-Archivo Iconográfico, SA - **p. 79** : Ouka Lele/Agence Vu - **p. 81** : RTVE - **p. 83** : ***Don Quijote y Sancho Panza***, 1955, dessin à l'encre de Chine/© Succession Picasso 2004 (mg); Dubout, DR (mc); Hachette Livre-Photothèque (md) - **p. 84** : Francesc Muntada/Corbis (h); Cyril Le Tourneur/Explorer/Hoa-qui (mhg); prismaarchivo.com (mbg); Beron/ANA (mbc); aa/EFE (bg); J. Raga/Explorer/Hoa-qui (bc) - **p. 85** : prismaarchivo.com (h); R. Martina/AGE/Hoa-qui (bg); Benoît Rajau/Editing (bc, bd) - **p. 86** : Ministerio de Medio Ambiente, Desarrollo Sostenible, DR - **p. 87** : Yann Arthus-Bertrand/Altitude - **p. 89** : Haderer/Stern/Picture Press/Studio X - **p. 90** : AISA-Archivo Iconográfico, SA (hg); EFE (bd) - **p. 92** : jt/EFE (hg); Keystone-France (mg); AISA-Archivo Iconográfico, SA/***Guernica***, 1937/© Succession Picasso, 2004 (md); Oronoz/***Cabeza de Hombre para Guernica***, dessin/© Succession Picasso, 2004 (bd) - **p. 93** : Oronoz/***Estudio n° 10 para composición de Paz***, dessin/© Succession Picasso, 2004 (md); DR/***Mano de guerrero***, dessin/© Succession Picasso, 2004 (bg); Oronoz/***Cabeza llorando VI para Guernica***, dessin/© Succession Picasso, 2004 (bc); Oronoz/***Madre con niño muerto***, dessin/© Succession Picasso, 2004 (bd) - **p. 95** : Eduardo Arroyo/© Adagp, Paris, 2004 - **p. 97** : EFE - **pp. 98-99** : Agustí Centelles/© Adagp, Paris, 2004 - **p. 100** : AISA-Archivo Iconográfico, SA (hg); Fundación Cultural Miguel Hernández (hc); prismaarchivo.com (bg); Ferdinando Scianna/Magnum (bd) - **p. 101** : Postermil (hg); AISA-Archivo Iconográfico, SA (hd) - **p. 103** : Forges - **p. 104** : Juan Ballesta (h) ; Dibujos de Manel Cráneo cedidos por El Arca de Papel editores, España (b) - **p. 105** : J. Gual/AGE/Hoa-qui (h); prismaarchivo.com (m); Dino Fracchia/REA (b) - **p. 106** : Fundación Grupo Eroski - **p. 107** : Amandine Bollard - **p. 108** : prismaarchivo.com - **p. 109** : ConsumeHastaMorir/Ecologistas en Acción - **p. 110** : Mario Foumy/REA (hg); AISA-Archivo Iconográfico, SA (hd); Walter Mueller/Airliners.net (bg); Laurent Dominique/EFE (bd) - **p. 111** : Armestre/Greenpeace (hd, mc); José Manuel Vidal/EFE (mg); Daimler Chrisler/Energias-renovables.com (bd) - **p. 112** : Cristina García Rodero Agence Vu - **p. 113** : Miguel García/Photocollect Creative - **p. 114** : José Manuel Vidal/EFE (a); Bernardo Rodríguez/EFE (b); Ángel Díaz/EFE (c); Francisco Sebastián/EFE (d) ; Alberto Martín/EFE (e); Mario Fourmy/REA (fond) - **p. 115** : Javier Soriano-STR/AFP (hd); Kote Rodrigo/EFE (bg); Antonio Moreno, miembro de Antitauromaquia.com y de la Sociedad Valenciana Protectora de Animales y Plantas (bc) - **p. 117** : Fausto Giaconne Anzenberger/ASK Images - **p. 118** : Travert/Photononstop (m); Bettmann/Corbis (bg); Archivo del Centro de Interpretación del Sacromonte (bc); prismaarchivo.com (bd) - **p. 119** : Pratt/Pries/Photononstop (hg); EFE (hd); prismaarchivo.com (mg); Amandine Bollard (bd) - **pp. 120-121** : Philippe Bourseiller/Hoa-qui - **p. 122** : AP/Sipa Press (hc); STF/AFP (hd) ; Dolores Ochoa/AP/Sipa Press (mg); Miquel Dewever-Plana/Agence Vu (bg); Niurka Barroso-STR/AFP (bhd); Cristobal Herrera/AP/Sipa Press (bd) - **p. 123** : Roberto Candia/AP/Sipa Press (hc) ; Chas Gerretsen/Nederlands Fotomuseum (hd); Najlah Feanny/REA (mg); Ralf-Finn Hestoft/Corbis (md); TecApro, Costa Rica SA (bd) - **pp. 124-125** : Michel Gounot/DR (h); AISA-Archivo Iconográfico, SA (md) - **p. 127** : Guillaume Dargaud - **p. 129** : J. du Sordet/ANA (mg); Robert Frerck/Gettyimages (md); Marta Nascimento/REA (bg); Jean-Marc Loubat/Gamma (bd) - **p. 131** : Jenaro Olivares, DR - **pp. 134-135** : Wesley Bocxe - **p. 136** : Bettmann/Corbis (h); Christian Belpaire/Camera Press/Gamma (mc); Horacio Villalobos/Corbis (bg); STP/AFP (bd) - **p. 137** : Horacio Villalobos/Corbis (md); Marcel Garcés/Notimex/EFE-UGI (bg) - **p. 139** : Argentine/Talleres Psicoasistenciales, Abuelas de Plaza de Mayo, Familiares de Detenidos Desaparecidos y Presos, S.E.R.P.A.J., A.V.I.R.A., Comisión Peronista de Derechos Humanos, DR - **p. 141** : Tornado Films - **p. 143** : Michel Renaudeau/Hoa-qui - **p. 147** : Hector Mata-STF/AFP (hg); Vince Bucci-STR/AFP (hd); Roberto Schmidt-STF/AFP (mg); Capital, Chile (md) - **p. 148** : Alejandra Bratin/Gamma (hd); Santiago Llanquin/AP/Sipa Press (bc) - **p. 149** : Eric Fougere/Corbis (hd); prismaarchivo.com (mc); Jeon Hwasig/Hoa-qui (bc) - **p. 151** : Michel Gounot/© Adagp, Paris, 2004 - **p. 153** : Don Klumpp/AGE/Hoa-qui/© Adagp, Paris 2004 (hg); AISA-Archivo Iconográfico, SA (hd) - **p. 154** : University of Hawaii (hg); Collection Roger-Viollet (hd); Dagli Orti/© Adagp, Paris, 2004 (bg); Rafael Doniz/© 2004 Banco de México Diego Rivera & Frida Kahlo Museums Trust. Av. Cinco de Mayo N° 2, Col. Centro, Del. Cuauhtémoc 006059, Mexico, D.F./INBA (bd) - **p. 155** : J. P. Courau/Keystone-France (hd); AISA-Archivo Iconográfico, SA (mc); Emiliano Thibaut/Gamma (md); Collection Roger-Viollet (bd) - **p. 156** : Rafael Doniz/Antonio Ruíz, DR - **p. 158** : Neville Elder/Corbis (hg); Dan Heller (bg) - **p. 159** : Robert Stolarik/Gamma (hd); Ferdinando Scianna/Magnum (bg) - **p. 160** : Marc Fasol/Planet Reporters-REA - **p. 161** : Dado Galdieri/AP/Sipa Press - **p. 162** : Couturier Gallery (h); Juan Rulfo/Fundación Juan Rulfo (bg); Sergio Larraín/Magnum (bd) - **p. 163** : Graciela Itúrbide/Agence Vu (h); Bazar de Fotografía Casasola (b) - **p. 165** : STR/José Luis Quintana/Reuters/Maxppp - **p. 166** : 1999-2002 by Smithsonian Institution. All Rights Reserved (h); Con la amable participación del Museo del Fin del Mundo (mg) - **p. 167** : Con la amable participación del Museo del Fin del Mundo (hc, hd, bg); François Gohier/Phone (md) - **p. 168** : AISA-Archivo Iconográfico, SA - **p. 169** : Antonio Turok - **p. 171** : Pierre Bessard/REA - **p. 173** : STR/Reuters/Maxppp - **p. 177** : Antonio Berni, DR - **p. 179** : Reebok Spain, SA - **p. 180** : Rita Rivera - **p. 182** : David Maung/EFE (hg); Alison M. King (md); Gérard Boutin/Explorer/Hoa-qui (bg); J. Greenberg/AGE/Hoa-qui (bc) - **p. 183** : Roberto Ramírez/Gamma (hg, hc); Carlos Álvarez-Stringer/AFP (mg); Gamma (mc); Lucy Nicholson-STR/AFP (md); Mike Nelson-STF/AFP (bg) - **p. 185** : Sarah Caron - **p. 186** : Ediciones Dolmen/© 2004 Banco de México Diego Rivera & Frida Kahlo Museums Trust. Av. Cinco de Mayo N° 2, Col. Centro, Del. Cuauhtémoc 006059, México, D.F./INBA - **p. 187** : AKG Images - **p. 188** : Frank Micelotta-Staff/AFP - **p. 189** : Mike Hewitt-Staff/AFP (h); El Nacional (b) - **p. 191** : Sergi Pons - **p. 193** : Juan Rulfo/Fundación Juan Rulfo - **p. 195** : Nobeltours, DR - **p. 196** : Martin Parr/Magnum (h); Marta Nascimento/REA (b) - **p. 197** : Bruno Morandi/Photononstop (hg); Jérôme Deya/ANA (hd); Pierre Hausherr/Photononstop (mc); Martin Parr/Magnum (bd) - **p. 198** : Raphaël Gaillarde/Gamma (hd, mg); Everton Macduff/Corbis (b) - **p. 199** : Diego Stringer Giudice/AP/Sipa Press (h); Ángel Carlos/Gamma (b) - **pp. 200-201** : Michel Gounot/© 2004 Banco de México Diego Rivera & Frida Kahlo Museums Trust. Av. Cinco de Mayo N° 2, Col. Centro, Del. Cuauhtémoc 006059, México, D.F./INBA - **p. 202** : Ferdinando Scianna/Magnum (hg); San Bughet/Jacana/Hoa-qui (hcg); Ignacio Gómez-Pulido/Photononstop (hd); Federación Cafeteros de Colombia/EFE (mg); Pressens Bild/Hasse Persson/yu/EFE (bhg); Sergio Pérez/Reuters/Maxppp (bhd); Paul Hanna/Reuters/Maxppp (bg) - **p. 203** : Juan Carlos Sierra, Revista Semana/Con la amable colaboración de la Oficina de Turismo de Colombia, Paris (hg); Carlos Durán Araújo/EFE (mc); Stringer Oswaldo Páez/AP/Sipa Press (md); Daniel Herard/Editing (bg).

Table des références des textes

p. 10 : Mario Benedetti, fragmento de la obra ***Buzón de tiempo***, 1999 - **p. 12** : Ediciones Internacionales Universitarias - **p. 15** : ***Cuervo Ingenuo***, paroles et musique : Javier Krahe © by BMG Music Publishing Spain représenté par BMG Music Publishing France pour la France, les territoires de perception de la SACEM comprenant Radio RTL, Radio Europa 1, les programmes TV français, mais Luxembourg exclu - **p. 16** : Leonardo Padura Fuentes, ***Vientos de Cuaresma*** © Publicado originalmente por Tusquets Editores, S.A., Barcelona, 1994 - **pp. 18-19** : Icaria - **p. 20** : Jaime Siles, fragmento de la obra ***Semáforos, semáforos***, 1987-1990 - **p. 22** : Santillana - **p. 24** : Isabel Allende, un fragmento de ***Retrato en sepia***, 2000 - **p. 26** : Editorial Anaya - **p. 32** : Pablo Neruda, ***Oda a la pereza*** poema perteneciente a la obra ***Odas elementales*** © Fundación Pablo Neruda, 1954 - **p. 34** : Herederos de Miguel Mihura - **p. 42** : Herederos de Federico García Lorca, un fragmento de ***La casa de Bernarda Alba***, 1936 - **p. 45** : Sergio Ayala Gonzalez, ***Debate sobre los nacionalismos*** - **p. 50** : Alianza Editorial - **pp. 68-69** : Editorial Planeta - **p. 70** : ***Alí el Magrebí***, José Antonio López Pancorbo, Francisco Navio Alcázar, Roberto Gañán Ojea, sc 1487932 © EMI Music Publishing Spain, SA. Avec l'aimable autorisation de Emi Music Publishing France, SA - **p. 78** : Manuel Rivas, 2000 - **p. 80** : Carmen Posadas, 1998 - **p. 90** : Javier Tomeo, 1995 - **p. 94** : Editorial Planeta - **p. 96** : Editorial Santillana - **p. 98** : Del libro ***De lo real y su análisis***, © Jesús Munárriz/Ediciones Hiperión, 1994 - **p. 100** : Juan José Domenchina, Editorial Castalia; Augusto Haupol Gay, DR; Arturo Serrano Plaja, DR ; Miguel Hernández, Vientos del pueblo ; Herederos de Manuel Machado; Luis Martínez Kleyser, DR - **p. 101** : Agustín de Foxá, Editorial Prensa Española; Manuel Barrios Maseros, DR ; Rafael Alberti, Un fragmento del poema "Siervos" de la obra ***De un momento a otro*** (Poesía e historia) © Rafael Alberti, ***El Alba del alhalí***, 1937. León Felipe, Editorial Anaya - **pp. 110-111** : Eulalia Sacristán, ***Así son las cosas* Por cortesía de la revista**/Muy Interesante, 2004 - **p. 114** : Internet Rec 2000, SL - **p. 118** : Aulazero-va.org ; Unión Romani - **p. 119** : ***Camina y dime***, José Monje Cruz «Camarón de la Isla» © 2002 Atico Music, Madrid (España) - **p. 128** : Andrés Neuman, DR - **p. 129** : Editorial Anaya - **p. 130** : Isabel Allende, un fragmento de ***Cuentos de Eva Luna, Clarisa y el ladrón***, 1988 - **pp. 132-133** : Jorge Victoriano Alonso, 1998 c/o Guillermo Schavelzon & Asoc. Agencia Literaria, info @schavelzon.com - **p. 136** : Isabel Allende, un fragmento de ***Paula***, 1999; Chile Vive - **p. 138** : ***Desapariciones*** de Rubén Blades © Rubén Blades Publishing avec l'aimable autorisation de SONY/ATV Music Publishing France - **p. 140** : Mario Vargas Llosa, un fragmento de ***La fiesta del chivo***, 2000 - **pp. 144-145** : Alfredo Bryce Echenique, un fragmento de ***Permiso para vivir***, 1998 - **p. 146** : Guillermo Cabrera Infante, un fragmento de ***Exorcismos de esti(l)o***, 1976 - **p. 148** : ***Elevad el volumen, argentinos: cantad***, Yagalante Lopide, DR; ***Me gustan los estudiantes***, Violeta Parra © Editorial Lagos. Droits exclusifs pour France, Territoires SACEM (Luxembourg exclu), Europe n° 1 RTL (Programmes Français) : Warner Chappell Music France - **p. 149** : ***Oye mi bomba***, paroles et musique Bruno García © 1999 by Delabel Editions - **p. 150** : Herederos de Nicolás Guillén - **p. 160** : Alianza Editorial - **p. 164** : Siglo XXI - **p. 170** : Jorge Ibargüengoitia, un fragmento de ***Dos crímenes***, 1979 - **p. 172** : Siglo XXI - **pp. 174-175** : Alfredo Bryce Echenique un fragmento de ***Florence y nós tres, La felicidad ja ja***, 1990 - **p. 176** : AFP - **p. 184** : Cristina García, 1992 - **p. 190** : Editorial Santillana - **p. 194** : Siglo XXI. - **p. 198** : Vocable

Références sonores

p. 70 : ***Alí el Magrebí*** interprété par Ska-p (P) AZ records (CD 18) - **p. 119** : ***Camina y dime*** «Taranto» interprété par El Camarón de la Isla (P) 1969 Universal Music Spain, S.L., avec l'aimable autorisation de Universal Music Projets speciaux (CD 28); ***El corazón de pena***, référence 274859 «La Niña de los Peines», Grands cantaores du flamenco, vol. 3, « Avec l'autorisation du Chant du Monde » (CD 29); Koka Media (CD30) - **p. 136** : Con la amable participación de Chile Vive (CD 37) - **p. 138** : ***Desapariciones*** interprété par Carlos Espósito músicos Juan Carlos Gaviria y Jim López/Béryl Productions/Les Éditions Didier (CD 34) - **p. 148** : ***Me gustan los estudiantes*** interprété par Isalis, guitare Alfonso Pacín/Béryl Productions/Les Éditions Didier (CD 36) - **p. 149** : ***Oye mi bomba*** interprété par Sergent García, avec l'aimable autorisation de Virgin (CD 37) - **p. 155** : ***Adelita*** interprété par Amparo Ochoa/Ediciones Pentagrama, SA México (CD 38) - **pp. 158-159** : vidéo «voces de América», Didacthèque de Bayonne/les Editions Didier

Nous avons recherché en vain les éditeurs ou les ayants droit de certains textes ou illustrations reproduits dans ce livre. Leurs droits sont réservés aux Éditions Didier.

Achevé d'imprimer par G. Canale & C. S.p.A. en avril 2007 - Dépôt légal : 5524/07